国書刊行会

『祝祭の日々　私の映画アトランダム』目次

## 第一章
# 映画と文学のあいだで

## 第二章 映画、そしてジャズで踊って



## 第三章 偏愛する映画作家たち

## 第四章 同時代とジャーナリズムと



## 第五章 メモリーズ・オブ・ユー

# 祝祭の日々

## 私の映画アトランダム

装幀
目次・章扉デザイン
西山孝司

装幀使用写真
［カバー、本表紙、本扉］
『サリヴァンの旅』ヴェロニカ・レイク、ジョエル・マクリー
［前見返し］『快楽』ダニエル・ダリュー、ジャン・ギャバン
［後見返し］『快楽』シモーヌ・シモン

第一章

# 映画と文学のあいだで

山川方夫
（『目的をもたない意志』［清流出版］より）

## イーヴリン・ウォー原作の幻の未公開映画

植草甚一の最晩年に「ユリイカ」(一九七八年十一月号)で「植草甚一氏の奇妙な情熱」という特集が組まれたことがある。そのなかで「植草甚一氏に対する99の質問」(質問者・鍵谷幸信)があり、植草甚一が「孤島へ行くとしたら本は何をもって行きますか」という問いに答えて、当時、没後、刊行が始まったばかりの『吉田健一著作集』(集英社)を挙げていたのが印象に残っている。

かたや百科全書的な雑学知識を誇るサブカルチュア・エッセイの大家、かたや英文学者にして快楽的で融通無碍な小説家であり、一見、ふたりにはまったく共通点はないようにも思える。

ところで、植草甚一に「『衰亡記』などの初版を買った思い出」(『植草甚一読本』所収、晶文社)というエッセイがある。昭和十年に銀座の古本屋でイーヴリン・ウォーの処女作『衰亡記』を買ったが、あまりに難解で、書いてあることが判らず、長い間、イーヴリン・ウォー・コンプレックスにとらわれていたと告白している小文なのだが、ほかならぬ、日本で唯一人、イーヴリン・ウォーを熱烈に擁護し、精力的に翻訳・紹介に努めたのが、吉田健一なのだった。

もしかしたら、植草甚一は、イーヴリン・ウォー・コンプレックスに重ねる形で密かに吉田健一という文学者にずっと敬意を抱いていたのではないだろうか。

私自身、もっぱら吉田健一訳でイーヴリン・ウォーの小説に親しんできた一人である。優雅で残酷きわまりない『黒いいたずら』(白水社)、プルースト風の甘美で悲痛なノスタルジアが横溢する名作『ブライヅヘッドふたたび』(筑摩書房)、爆笑必至の『ギルバート・ピンフォールドの試練』『スコット・キングの現代ヨーロッパ』(ともに集英社)と、どれも癖になるほどの辛辣なユーモアがあり、こういう強烈な毒を含む笑いは、アメリカの、たとえば、テリイ・サザーンのようなカジュアルなブラック・ユーモア作家とは本質的にレベルが違う。

そういえば、テリイ・サザーンは、クリストファー・イシャーウッドと共に、イーヴリン・ウォーの『囁きの霊園』(吉田誠一訳、早川書房)の映画化である『ラブド・ワン』(65)の脚本を書いているが、監督が生粋の英国人トニー・リチャードソンだけに、悪意たっぷりなハリウッド批判、アメリカ批判は冴えわたっていた。

『ラブド・ワン』を頂点に、イーヴリン・ウォーの小説は、これまでたびたび映画化されている。だが、たとえば『ラースト夫人』(二宮一次・横尾定理訳、新潮社)が原作の『ハンドフル・オブ・ダスト』(88)は、原作の辛辣な笑いが消えてしまい、ありきたりな風俗映画となっていた。

さらに、『ブライヅヘッドふたたび』は『情愛と友情』(08)、また、晩年の代表作である戦争三部作『名誉の剣』までが、『バトルライン』(01)のタイトルでテレビ映画化されている(ともに日本未公開、DVDあり)。前者は、エマ・トンプソン主演で『モーリス』風の大味な文芸映画、後者は、ダニエル・クレイグ主演の戦争アクションもので、こちらは意外な拾い物であった。

実は、イーヴリン・ウォーの『衰亡記』を映画化した劇場未公開作品が、一九七〇年代半ばにひっそりとテレビの深夜映画で放映されたことがある。『おとぼけハレハレ学園』という実にふざけた題名だったが、これが抱腹絶倒の傑作なのだった。

『おとぼけハレハレ学園』は、無垢な青年ポール（ロビン・フィリップス）が主人公で、さまざまな社会の矛盾、試練にさらされ、成長するという、ヴォルテールの『カンディード』の現代版みたいな物語である。ポールは、オックスフォード大学に入学するが、女子寮を覗き見していた学生たちの悪戯で、キャンパスで素っ裸にされ、猥褻容疑の濡れ衣をきせられて、退学処分となる。

彼は、ようやくローカルな私立学園に職を得るも、そこには、重婚の常習犯である体育教師やら、刑務所をいったりきたりしている用務員やら、あやしげな人物がうろうろしている。ある時、寄付額最高の長者である妖艶な未亡人（ジュヌヴィエーブ・パージュ）の色香にボーッとなり、誘惑されるままに婚約するも、結婚式の前日、彼女の依頼でモロッコに飛ぶことになる。

実は、彼女は国際的な売春業をビジネスにしており、ポールは捕まってしまい、刑務所に収監される。そこには、なぜか用務員と体育教師も投獄されている。ほうほうの体《てい》で脱走するも、未亡人の奸計で、棺に入れられ、焼かれそうになる始末。

とにかく、めまぐるしいばかりのテンポのよい語り口、主人公以外、全員が気が狂っているような、『不思議の国のアリス』を思わせるナンセンスで馬鹿馬鹿しいギャグが次々に飛び出し、ラスト、悪夢のような遍歴を経て、平原の彼方へ走り去ってゆく主人公に、思わず、『幕末太陽傳』(57)の居残り佐平次を連想したものである。

今、私がこんなふうに、三十年以上も前に見た『おとぼけハレハレ学園』のストーリーを詳細に書けるのは、当時この作品について、映画批評家としてデビューしたばかりの宇田川幸洋が「キネマ旬報」の「TVムービー評」というコラムできちんと紹介していたからである。

宇田川幸洋は、『おとぼけハレハレ学園』について、《もし場末の小さな映画館で出会ったら、狂喜して「ケッ作だ、ケッ作だ！」とふれまわりたくなるだろう、と想像できる奇妙な小品である》と書いているが（一九七六年六月上旬号）、まったく同感で、宇田川さんとは、今でも、たまに一緒に飲むと、この幻の未公開映画の珍品が話題にのぼることがある。

ちなみに、当時、宇田川さんが、この連載で取り上げていた未公開劇場映画では、トニー・リチャードソンの『ジュセフのドキドキ日記』（77／なんとヘンリー・フィールディングの『ジョゼフ・アンドリューズ』の映画化で、最近、『ジョゼフ・アンドルーズの大逆転　苦難と冒険の物語』の題でDVD化された）、イエジー・スコリモフスキーの『ジェラールの冒険』（70）、マルグリッド・デュラスの『冬の旅　別れの詩』（67／彼女の名作戯曲『ラ・ミュージカ』の映画化だ）、それにピーター・ブルック、リンゼイ・アンダースン、トニー・リチャードソンという豪華メンバーによるオムニバス『赤と白とゼロ』（69）などの傑作が目白押しで、このコラムは、本にまとめると貴重な資料になるのではないかと思う。

『おとぼけハレハレ学園』はジョン・クリシュというまったく無名の監督の作品だが、イーリング・コメディの伝統をはっきりと感じさせる才気煥発な演出がすばらしかった。ポール役のロビン・フィリップスは、その後、チャールズ・ディケンズの『デイヴィッド・コパーフィールド』の映画化である『さすらいの旅路』（70）のヒーローも演じているから、当時、こういうビルドゥングス・ロマンの主人公にぴったりだったのだろう。

『衰亡記』は、吉田健一も植草甚一も亡くなった後、一九九一年に、富山太佳夫訳で『大転落』の題で岩波文庫から刊行された。とても読みやすい優れた翻訳だったが、願わくば、吉田健一訳で読んでみたかったなと思う。

さらに、二〇一〇年、新人物往来社から〈20世紀イギリス小説・個性派コレクション〉というシリーズが始まったが、マーガニータ・ラスキの『ヴィクトリア朝の寝椅子』、マックス・ビアボームの『ズリイカ・ドブソン』というあまりにも渋いラインナップの中にイーヴリン・ウォーの『卑しい肉体』を見つけた。

果たしてイーヴリン・ウォー再評価の動きがあるのだろうか。（11・08）

イーヴリン・ウォーの翻訳刊行はつづき、その後も『ラブド・ワン』は、『愛されたもの』（中村健二訳、岩波文庫）『ご遺体』（小林章夫訳、光文社古典新訳文庫）の二冊が出た。ほかにも、『イーヴリン・ウォー傑作短篇集』『スクープ』（ともに高儀進訳、白水社）などが翻訳された。

## パヴェーゼとあるファム・ファタール

「あのころはいつもお祭りだった」――『美しい夏』
「ぼくらはとても若かった。あの年、ぼくは一睡もしなかったのではないか」――『丘の上の悪魔』
チェーザレ・パヴェーゼの小説の書き出しは、どれもあまりに美しい。わけもなく気持ちがささくれたり、意気阻喪が続くと、パヴェーゼの小説を手にとることにしている。なにげなく、数ページ、目を通すだけで、不思議な鎮静作用をもたらしてくれるからである。

イタロ・カルヴィーノと並ぶこの戦後イタリア文学を代表する作家は、ミケランジェロ・アントニオーニの名作『女ともだち』（55）の原作者としても知られているが、一九五〇年、トリノのホテルの一室で自殺している。

原因はあるアメリカの女優に絶望的に執心した末の失恋だったとされているが、このパヴェーゼの最晩年の不幸な恋愛をテーマにした映画がつくられている。フランスの女流監督ディアーヌ・キュリスの『ア・マン・イン・ラブ』（87）だ。正確には、ローマを舞台に映画を撮影中、パヴェーゼを演じるベテランのアメリカ人俳優スティーヴ（ピーター・コヨーテ）が、恋人役の新進女優ジェーン（グレタ・スカッキ）と恋に落ち、作品内と外の恋愛模様が併行して描かれる、一種のメタ・フィクションスタイルの映画である。

作品そのものは、急進的なフェミニストであるキュリスにしては珍しく、優柔不断な妻子持ちの中年男と血気盛んな若い女の煮え切らない関係がだらだらと続く、平凡なメロドラマだった。ただし、ヒロインのグレタ・スカッキがとても魅力的だったこともあり、あのパヴェーゼを自殺に追い込んだという女優の存在もずっと気になっていた。

最近になって、その女優のことがようやく少しずつわかってきた。

ビリー・ワイルダーのオスカー受賞作『失われた週末』（45）に、アル中の主人公レイ・ミランドを酒場で優しく介抱するグロリアというウェイトレスが登場する。演じたのは肉感的で鋭い眼差しを持つドリス・ダウリングで、当時、ワイルダーの愛人だった。そして、彼女にはうりふたつの美貌の女優の姉がいて、やはり、当時、『ブルックリン横丁』（44）で一躍、注目を浴びていた新進気鋭の映画監督エリア・カザンの愛人だった。このコンスタンス・ダウリングこそが、パヴェーゼの最後の恋人なのである。

『エリア・カザン自伝』は、赤狩りの密告者としての自己弁明に辟易させられるが、いっぽうで、マリリン・モンローをはじめとする浮名を流した数多くの女優たちとの情事の一部始終をあけすけに記述した特異なメモワールでもある。そして、コンスタンス・ダウリングにも一章を割いて、克明に彼女との愛欲生活を暴露している。当時、ハリウッドに君臨していた大プロデューサー、サミュエル・ゴールドウィンは、彼女を「第二のキャロル・ロンバードにしてやる」と公言して口説き、我がものにしようとしたらしい。

日本では、コンスタンス・ダウリングは、『ダニー・ケイの新兵さん』(44) ぐらいしか公開されておらず、彼女を知る映画ファンはほとんどいないと思う。彼女のフィルモグラフィをながめると、未公開作では、コーネル・ウールリッチ原作の『黒い天使』(46) というフィルム・ノワールが気にかかる。ポートレイトを見ると、切れ長の愁いを含む鋭いまなざしは、ヒルデガルト・クネフやヴェロニカ・レイクに似た妖艶さと官能性を漂わせ、男を破滅させるファム・ファタール(運命の女)が似合いそうだ。

一時期、写真家のロバート・キャパの恋人でもあった、この恋多き女は、エリア・カザンと別れた後、姉とともにイタリアにわたり、何本かのイタリア映画に出演する。その頃に、パヴェーゼと出会うのだが、やがて、コンスタンス・ダウリングは、パヴェーゼを振り切るようにアメリカに帰国してしまう。失意の中、彼女宛に書き送った次の哀切な詩が、パヴェーゼの絶筆となった。

「君こそは光と朝だ
　死が来て、君の瞳を奪うだろう」

(10・06)

『黒い天使』は後に「フィルム・ノワール ベストコレクションDVDボックス vol.1」(ブロードウェイ)に収録された。コンスタンス・ダウリングは冒頭で殺害される妖艶な悪女を演じている。

## ロマン・ギャリをめぐる断章

昔から、ずっと気になっている一本の映画がある。『夜明けの約束』(70)というジュールス・ダッシン監督の作品で、主演はもちろん妻であるメリナ・メルクーリだ。当時の「映画評論」誌でたしか品田雄吉が書いた作品評を読んだ記憶があるのだが、未公開作品の扱いで、どうやら字幕入りのままオクラになったらしい。

なぜ見たいのかといえば、これがロマン・ギャリの自伝的小説の映画化だからである。

ロマン・ギャリは、一九一四年リトアニア生まれのロシア系ユダヤ人で、ポーランドで母親と二人きりの少年時代を過ごし、十四歳の時にフランスのニースに移住する。戦後は、外交官として世界各地に赴任する傍ら、小説家として盛名を馳せる。ゴンクール賞を受賞した『自由の大地』は、ジョン・ヒューストンによって映画化されている。

ロマン・ギャリという名前が映画史と深く交錯するのは、何といってもジーン・セバーグという神話的な女優との結婚によってである。後にロマン・ギャリ自身、ジーン・セバーグ主演で『ペルーの鳥』(68)、『殺し』(71)と二本の映画を監督している。

実は、『ペルーの鳥』は、私が中学生の時に封切りで見て、初めてエロティシズムというものを強烈に意識した映画だった。ほとんどストーリーらしきものはなく、全篇が仮面劇というか淫らな白日夢のような印象で、ジーン・セバーグのヌードしか記憶には残っていない。

最近、この映画の原作である短篇「ペルーの鳥」が『フランス短篇傑作選』（山田稔編訳、岩波文庫）に収められているのを知って、読んでみたが、まさにエロティックで幻想的な佳品だった。

この短篇集の編者である山田稔が偏愛する作家ロジェ・グルニエのエッセイ集『ユリシーズの涙』（宮下志朗訳、みすず書房）には、パリの路上で、愛犬ユリシーズを連れて散歩するグルニエに親しげに声をかける晩年のロマン・ギャリが登場する。ユリシーズの死が近いことを知ると、ギャリがむせび泣いてしまうくだりがなんとも印象的だ。

ロマン・ギャリのジーン・セバーグへのほとんど妄執のような狂恋を強く感じたのは、一九七〇年代の半ばに角川文庫から出た『白い犬』を読んだ時である。

ワッツの暴動、パリの五月革命を背景に、人種差別主義者によって黒人だけを襲うように調教された〈白い犬〉を象徴的に使ったポリティカルな寓話といえるが、ビバリーヒルズに住むロマン・ギャリ自身が語り手であり、元妻のジーン・セバーグやマーロン・ブランドなどが実名で登場する異様な迫力をもつノンフィクション・ノベルである。

この小説は、後に鬼才サミュエル・フラーによって映画化されている。その『ホワイトドッグ／魔犬』（82）は、ジーン・セバーグ役をクリスティ・マクニコルが演じているが、あまりに力不足な感じは否めなかった。なによりも映画自体に、原作に色濃く立ち込めていたロマン・ギャリの黒人への複雑な混濁した感情やヒロインへの屈折した眼差しがまったく欠落しているからだ。

十数年前、セバーグの波瀾に満ちた生涯を描いた『ジーン・セバーグ／アメリカン・アクトレス』（95・ドナテロ&フォスコ・デュビニ監督）というドキュメンタリーが公開されたことがある。この中に、ロマン・ギャリがジーン・セバーグ主演で撮った『殺し』の撮影風景が映っているのだが、ふたりとも、どこか虚ろな表情を浮かべているのが妙に気にかかる。『白い犬』が書かれたのは七一年。この年に二人の離婚が成立しているのだ。

映画は、FBIがブラック・パンサー党を支持したジーン・セバーグに対して危険分子の烙印を押して、徹底的に監視し、盗聴し、果てはブラック・パンサー党の代表者の子供を妊娠しているというスキャンダラスな情報をマスコミに流して、彼女を精神的な破滅へと追いやったことを克明に証言している。

セバーグは、晩年は鬱病と、薬物依存による症状に苦しんでいたが、離婚した後も、ロマン・ギャリは、ジーン・セバーグが住むパリのアパルトマンの近くに居を構え、最後まで親身になって世話をみたという。

『アメリカン・アクトレス』で、ジーン・セバーグと最後に話したとされる友人の女性が語っているエピソードが興味深い。

彼女によれば、一九七九年、『ある女の恋』（コスタ・ガブラス監督、ロミー・シュナイダー主演、日本未公開）という自分たちの結婚生活を赤裸々に描いたロマン・ギャリの原作の映画を見て、激しく怒り、動揺し、錯乱状態となって失踪してしまったのだという。

その十日後、ジーン・セバーグは、パリの自宅近くの車の中で死んでいるのを発見される。睡眠薬の過剰摂取による自殺とされたが、死因は未だに謎につつまれたままである。

その一年後、ロマン・ギャリは、セバーグの後を追うようにして拳銃自殺を遂げた。

『ジーン・セバーグ／アメリカン・アクトレス』は秀逸な構成になっていて、冒頭はジャン＝リュック・ゴダールの『勝手にしやがれ』（60）で、ギャングに撃たれたベルモンドがよろめくように倒れこむ、あのパリの街頭風景をそっくりそのまま主観移動のカットで再現している。そして、エンディングは、あの「最低ってなに？」とつぶやくパトリシア役のジーン・セバーグのクローズ・アップである。

私は、この『勝手にしやがれ』のラスト、謎めいた表情を浮かべたジーン・セバーグのクローズ・アップを見るたびに、映画史上、最も酷薄なファム・ファタールは、このパトリシアというヒロインではないかと思うことがある。

『勝手にしやがれ』という伝説的な栄光を背負った映画に出演した瞬間に、アメリカ・アイオワ州のスモール・タウンに生まれたジーン・セバーグという女優の運命は激変し、そして、おそらく、この女優に生涯、魅せられてしまったロマン・ギャリというコスモポリタンな作家の数奇な運命も定まってしまったのだ。

近年、ロマン・ギャリ再評価の動きがあるようだ。二〇一七年には、『ペルーの鳥――死出の旅へ』（須藤哲生訳、水声社）、『夜明けの約束』（岩津航訳、共和国）と翻訳が相次いで出ている。

（10・12）

## 映画批評家としての山川方夫

今、山川方夫《まさお》のエッセイ集『目的をもたない意志』（清流出版）を編集している。山川方夫は、一九三〇年生まれ。戦後の「三田文学」を復興させた名編集長であり、江藤淳に「夏目漱石論」を書かせて批評家デビューさせたことはよく知られている。芥川賞に四度、直木賞に一度、候補にもなり、作家としても最も脂が乗っていた一九六五年、不慮の交通事故に遭い、夭折してしまった。まだ三十四歳という若さであった。

私が山川方夫という作家を知ったのは、一九七〇年代に入ってからで、当時、古書店にはよく冬樹社版の『山川方夫全集』全五巻が揃いで並んでいたが、貧乏学生にはあまりに高価でなかなか手が出なかった。

ようやく、端本を見つけて、まず入手したのは、ショートショート集『親しい友人たち』が収められた第四巻「小説Ⅳと戯曲・放送台本」だった。

一読し、驚嘆した。今でも『待っている女』『赤い手帖』『夏の葬列』『クリスマスの贈物』といった名品を時おり、読み返すことがあるが、そのたびに、その清冽で哀切な情感に深く胸を打たれる。中篇でも『愛のごとく』『街のなかの二人』『煙突』といった作品は忘れがたい。

山川方夫はそのあまりに悲劇的な早逝ゆえに、いまだに伝説のマイナー・ポエットとして一部の熱狂的なファンを擁するが、私は、かつて村上春樹の『中国行きのスロウ・ボート』という短篇集が出た時に、山川方夫の再来ではないかと思ったことがある。

今では想像もつかないだろうが、初期の村上春樹には透明で乾いた叙情的なマイナー作家のイメージが漂っていたのである。当時は、アドレッセンスの翳りを硬質で抽象的な言葉によって浮かび上がらせる独特の繊細な文体も、ふたりの親和性を強く感じさせた。

本来であれば、言葉の真の意味での〈青春文学〉である山川方夫の主要作品は、手軽で安価な文庫本で読まれるべきだが、現在、ほとんど絶版状態であり、二〇〇〇年に出た筑摩書房版の全集も法外に高価格なため、とうてい若い世代には手が届かない。

そこで、山川方夫の魅力を幅広い世代に知ってもらいたいという思いから、エッセイ集を編むことにしたわけである。というのも、彼のエッセイ、批評はその小説世界と不可分なものと思えるからである。山川の文芸エッセイでは、江藤淳、石原慎太郎、曽野綾子といった同世代の作家のスケッチがあり、なかでも印象深いのが「中原弓彦について」である。

これは中原弓彦こと若き日の小林信彦の長篇処女小説『虚栄の市』（河出書房新社）の跋文として書かれたものである。たとえば、《そして僕は、つねに「多角的」に火花を散らしつづけている彼という坩堝の底にひそむものが、結局は絶対に他人たちの中には解消しえない自己の自覚であり、（……）彼のユーモアが、他人へのサービスというより、もっと自己本位なものであること、つまり、彼のいっさいは、ときには相手の存在さえ見失うほどの怒りであり、いいかえれば、彼自身のおびえへのそれほど激情的な固執なのだ、と思うようになった》というくだりは、今でも小林信彦論として充分に通用する卓抜でリアルな指摘である。

今度編むエッセイ集でとりわけ、クローズ・アップしたいと考えたのは、映画評論である。たとえば、よく知られている「目的をもたない意志」というアラン・レネの『二十四時間の情事』（59）とピーター・ブルックの『雨のしのび逢い』（60）を比較した論考がある。これは、脚本・原作者であるマルグリット・デュラス論でもある。

とくに『二十四時間の情事』のヒロインを批判し、《女は、正確に彼女の観念の中でしか生きていない、生きようとしてもいない。その女の自己愛的な偏執を、戦争によって失われた愛、汚された無実《イノサンス》、という一つの焦点にしぼり、あらゆる映像をそのために配置したのがあの映画である》とまことに手厳しい。しかし、アラン・レネの審美的映像ばかりが称賛されるこの作品の本質を、このような意想外な視点で抉り出した批評は稀であり、また、その苛烈な批判には、作家としての山川方夫のモラルと信条が賭けられているのだ。

ミケランジェロ・アントニオーニを論じた『情事』の観念性」でも、当時、〈愛の不毛〉などと持て囃されたアントニオーニの問題作を組上にのせている。ここでも、

《彼にとって、愛はおたがいのあいだの「信頼」ですらなく、他者と自分とを一つにくるむような「錯覚」でも「誤解」でもなく、したがって、そこにどんな連帯の夢想もよろこびも保証してはくれない。（……）つまり、いっしょに理由のない個々の存在としての自分に耐えることの、その仲間意識以外に、人間は人間とは結ばれえない。『情事』においてアントニオーニが描いたのは、要するに、以上のような「人間たちの風景」であるにすぎない》

と、アントニオーニの提示する観念的でニヒリスティックなディスコミュニケーションの在りようを批判している。しかし、そのいっぽうで、

《この映画の主要人物のすべては、ほとんどいつも「一人きりの目」をしている。そして、まるで未知の異様な物体をながめるように、ときどきまじまじと相手を見つめなおす。――かれらは、まるで床に撒かれた小豆粒の一つ一つのように、それぞれが単独な「個」でしかなく、いくつかの「物」としてたがいに存在しているのにすぎない。かれらにとっては、「愛」もまた、その「物」と「物」の関係を越えるものではない》

と、アントニオーニ作品の独創的な〈読み〉を提示してもいるのだ。

その山川方夫の映画批評の最高傑作ともいえるのが長篇のエッセイ「増村保造氏の個性とエロティシスム」である。

この論考において、山川は、増村保造の初期の傑作『妻は告白する』（61）の若尾文子について次のように書く。

《僕は、彼女のもつ一切のものが動員され綜合され、あの「彩子」という人妻とぴったりとかさな

りあい、そこになまなましい一人の「女」がむき出しにされているのを見た。あの画面には女そのものの裸体が、強烈なエロティシズムとともに動いていた。僕たちはそこに呼吸のつまるほどなまなましく、美しい一人の女を見たのである》

冷静な論理の運びと迸るような熱狂的なオマージュがめざましく共存する、この見事なエッセイは、まさに真の〈肉声〉によって語られた映画評論の極北といえるのではないかと思う。

山川方夫という稀有な作家の内面世界を深く理解する上でも、これらの映画評論はきわめて重要ではないかと私はひそかに確信しているのだ。

（10・12）

山川方夫の没後五十年に当たる二〇一五年には『親しい友人たち／山川方夫ミステリ傑作選』（創元推理文庫）を編集することができた。

## エリザベス・ボウエンの『日ざかり』が映画になっていた

「新潮」の二〇一一年十一月号で長谷川郁夫の新連載「吉田健一」が始まった。長谷川郁夫は、今や伝説的ともいえる小沢書店の社主であり、『ポエティカ』など吉田健一の著作を数多く手がけた編集者だった。すでに伊達得夫や堀口大學の優れた評伝の書き手としても知られているだけに、この特異な文学者の評伝はどうやら決定版という趣きさえ感じられる。

吉田健一の小説では『金沢』『東京の昔』『瓦礫の中』が代表作として挙げられるが、私は昔から『残光』（中央公論社）という短篇集が好きだ。

種村季弘は名著『書物漫遊記』(筑摩書房)の中で、この短篇集の得もいえぬ魅力を絶妙な語り口で紹介しているが、吉田健一の「或る田舎町の魅力」という名エッセイを知ったのも、この種村のエッセイ集だったような気がする。

しかし、逆説を弄するようだが、私が、吉田健一の仕事の中で密かに最も敬意を表し、感嘆するのは翻訳だ。そして、その厖大な訳業の中から、あえてベスト3を選ぶとすれば、G・K・チェスタトンの『木曜の男』(創元推理文庫)、イーヴリン・ウォーの『ブライヅヘッドふたたび』、そしてエリザベス・ボウエンの『日ざかり』(新潮社)となる。

なかでも六十年前に翻訳されたエリザベス・ボウエンの『日ざかり』は、古書市にもほとんど出ない入手困難な幻の本として有名だが、最近、ようやく入手することができた。

エリザベス・ボウエンは、近年、ミネルヴァ書房から『あの薔薇を見てよ』『幸せな秋の野原』(ともに太田良子訳)の二冊のミステリー短篇集が刊行されて、一部で話題となった。その後、国書刊行会からも長篇の『リトル・ガールズ』『エヴァ・トラウト』『愛の世界』が〈ボウエン・コレクション〉全三巻として、こちらもすべて太田良子訳で刊行されるなど、さながら、小ブームとなっている感があるが、私は、エリザベス・ボウエンという作家の本質的な魅惑を知るには、やはり、まずは、この吉田健一訳の『日ざかり』と『パリの家』(阿部知二・阿部良雄訳、集英社文庫)を復刻すべきだと思う。

『日ざかり』は、吉田健一のあとがきの見事な要約を借りれば、こんな小説である。

《これは恋愛小説であると同時に一種の戦争小説であり、そして又、一種の思想小説でもある。一人の中年の女と、思想的にナチ・ドイツに共鳴している英国の将校の恋愛は、この異常な取り合せの為に本ものの、場合によっては清純に抒情的でさえある恋愛関係たるを少しも失っていない。又一九四〇年当時の空襲下のロンドンと、そのロンドンでの生活の描写は、多少の環境の相違があるにも拘らず、正確で切実である点で我々の戦時中の記憶を甦らせるに充分なものを持っている。それは或は我々の体験と全然異っているかも知れない。併し我々がそう感じないのは、それだけ自分の環境に忠実な作者の眼がそこに働いているからなので、我々はその眼を通して見ずにはいられなくさせられるのである。死を前にしての張り詰めた心境に映る風景の「硝子越しに眺めたような静寂は、我々にも無縁ではない筈である》

ステラという女とその恋人でドイツ側に情報を提供している英国の将校ロバート、そしてステラに横恋慕している英国特務機関に勤めるハリソンとの奇妙な三角関係のドラマであるが、とくに、ステラの寝室で、ステラとロバートとの間で交わされる恋愛と祖国愛をめぐる激しい言葉の応酬は、異様な迫力を帯びていて、胸に迫る。

ところで、この『日ざかり』が、なんと映画化されていたのである。

数年前、近所の小さなビデオ屋が閉店するので百円均一のバーゲンセールをやっていて、のぞいてみたところ、『デス・ヒート／スパイを愛した女』という聞いたこともないビデオを見つけたのだ。パッケージを眺めると、「マイケル・ヨークなど、ヨーロッパの演技派がスリリングに展開するロマンティック・ミステリー！」と惹句に謳われていて、原題が *The Heat of the Day*、原作がエリザベス・ボウエンとある。間違いなく『日ざかり』の映画化だった。

思わず、狂喜してすぐさま購入したが、一九八八年のイギリス映画で、主演はパトリシア・ホッジ、マイケル・ヨーク、マイケル・ガンボンというまことに地味なキャスティングである。監督のクリストファー・モラハンは全く知らないが、テレビのミニシリーズ *The Jewel in the Crown* でエミー賞を受賞している。

ステラを演じたパトリシア・ホッジは、往年のジュリー・アンドリュースを彷彿とさせる親密な雰囲気を発散させているイギリス女優で、なかなか魅力的だった。ロバート役のマイケル・ヨークは、あの独特の腺病質なオーラを放っていて、ひたすら懐かしかったが、ステラにストーカーのように執拗にまとわりつくマイケル・ガンボンが妙に哀切で泣けてくるような名演を見せる。

なかでも、原作のクライマックスをなしている、ステラとロバートの恋愛と祖国愛をめぐる果てのないディスカッションが、みごとに再現されていた。

『デス・ヒート／スパイを愛した女』という映画が、ボウエンの原作のミステリアスな雰囲気をある程度、忠実に伝えることができた最大の功績は、脚本を担当したハロルド・ピンターのアダプテーションが卓越していたからだと思う。

最晩年になってノーベル文学賞を受賞したハロルド・ピンターは、英国劇壇に重鎮として君臨しているが、映画ファンにとっては、ジョゼフ・ロージー監督とコンビを組んだ『召使』(63)『できごと』(67)『恋』(71)などの名作のシナリオ・ライターとして際立った知名度を誇っているのは言うまでもない。

ハロルド・ピンターは、ロージー作品以外にも夥しい数のシナリオを執筆しており、私はむしろ、このような一般には知られていない未公開ビデオの中に、脚本家ハロルド・ピンターの名前を発見するたびに、ささやかな悦びを見出している。

たとえば、イアン・マキューアンの『異邦人たちの慰め』を映画化したポール・シュレイダー監督の『迷宮のヴェニス』(90)は、クリストファー・ウォーケン、ヘレン・ミレン主演で、音楽が何とデイヴィッド・リンチとの名コンビで知られるアンジェロ・バダラメンティである。そのせいであろうか、リンチ風なグロテスクな味わいのエロティック・サスペンスだった。

『海に帰る日』（86）という日本未公開ビデオも忘れがたい。ジョン・アーヴィンが監督で、原作はラッセル・ホーバンの *Turtle Diary*。水族館で出会った書店に勤める冴えない中年の男ベン・キングズレイと女流絵本作家グレンダ・ジャクソンが、水槽の亀を海に逃がそうと画策する。こんな地味でシンプルなお話ながら、ハロルド・ピンターのダイアローグは、孤独な中年男女の相寄る魂の行方を繊細にとらえ、とくにグレンダ・ジャクソンの翳りを帯びた名演がすばらしかった。

こうしてみると、つくづくイギリス映画は奥が深いと思わずにはいられない。（11・10）

『パリの家』『日ざかり』は二〇一四、一五年にそれぞれ晶文社から太田良子訳で刊行されたが、やはり『日ざかり』は吉田健一訳を復刻すべきだと思う。

## バザン、ウォーショウ、そして西部劇

時おり、無性に西部劇が見たくなることがある。手もとにこれというDVDがなかったので、ふと、思いついてアマゾンでチェックしたところ、なんとバッド・ベティカーの『七人の無頼漢』（56）の輸入版DVDが七百円で売っているではないか。さっそく注文して見てみたが、噂にたがわぬ素晴らしさだった。

『七人の無頼漢』という西部劇が神話的な輝きを帯びて語られるのは、むろん、アンドレ・バザンが『映画とは何かⅠ　その社会学的考察』（小海永二訳、美術出版社）の中で「模範的西部劇《七人の無頼漢》」という一章を割いて詳細に論じているからである。バザンは次のように書いている。

《『七人の無頼漢』に感心したからといって、わたしは、バッド・ベティカーが最も偉大な西部劇監督だと――その仮説を完全には否定しないが――結論しているわけではなく、ただ、彼のこの映画はわたしが戦後見た中で恐らく最もすぐれた西部劇だと、結論しているにすぎない。この作品に匹敵しうるのは、ただ『裸の拍車』と『捜索者』とだけだ》

私にとっては、『七人の無頼漢』は、このバザンの有名な一節を呪文のように唱えながら、ずっと、長い間、見てみたいと思っていた〈幻の西部劇〉だったのだ。バッド・ベティカーについては、三十年ぐらい前、テレビで放映された『決闘コマンチ砦』(60)を見て、その簡潔な語り口、意表を突く幕切れに深い感銘を受けたことを憶えている。

ちょうど、その頃、在籍していた「月刊イメージフォーラム」で「ハリウッドの神話学」という特集を組んだ際に、当時、ヘラルド・エースでニコラス・ローグの『ジェラシー』(80)『赤い影』(73)の宣伝をやっていた寺尾次郎さんのアドヴァイスで「カイエ・デュ・シネマ」のバッド・ベティカー・インタビューを翻訳してもらい、掲載したことも懐かしく思い出される。

たとえば、アンドレ・バザンは、〈超西部劇〉という概念を生み出し、《自らが西部劇にすぎないことを恥じ、美学的、社会的、道徳的、心理的、政治的な、また、エロチシズムの次元での補足的な興味によって、要するに、このジャンルの映画に固有のものではないが、それを豊かにするように思われる何らかの価値によって、自己を正当化しようと努力している西部劇》と定義づけ、その典型として、『真昼の決闘』(52)と『シェーン』(53)を挙げている。

バザンの影響を受けた批評家時代のジャン＝リュック・ゴダールが、たしかアンソニー・マンの『西部の人』(58)を論じた「超人《スーパー》・マン」というエッセイにおいて、おそらく西部劇には三種類しかない、それはイメージによる西部劇、思想による西部劇、イメージと思想による西部劇だ、といった爽快な独断に満ちた西部劇論を展開していた記憶がある。しかしこういうユニークな西部劇論は、日本では、なかなかお目にかかることがない。

では、本国アメリカではどうなのかといえば、アンドレ・バザン、ゴダール以前に、まさに、「*The Westerner*（西部の人）」という独創的な西部劇論を書いたロバート・ウォーショウという映画批評家がいたのだ。

「映画評論」の一九六三年一月号に植草甚一の「ロバート・ワーショーの西部劇論──むこうの批評を読むということ・5」というエッセイが載っている。私は『植草甚一スクラップ・ブック』にも収められていない、このシブいエッセイが以前からずっと気になっていた。

植草甚一は、こんなふうにウォーショウという批評家を紹介している。

《(……) そしてこのとき頭に浮んできたのがロバート・ワーショーというアメリカのすぐれた映画批評家が一九五四年三・四月号のパーティザン・レビュー誌に発表した『西部の男』という西部劇論であった。これほどピンときた西部劇論は、ぼくの読書範囲のなかでは、かっていちどもなかったのである。ワーショーはジェームズ・アジーとともに戦後の映画批評家のなかで群をぬいた存在であったが、一九五五年の三月に三十七歳で死んでしまった。それから七年たった一九六二年の春に、彼の評論がまとめられ、ライオネル・トリリングの序文つきで「直接的経験」と題されて出版された。(……) とにかく、ワーショーの西部劇論を八年まえに読んだときは、ちょっと唸ったが、いまでも面白いので、ここで取りあげたくなった》

そして、ウォーショウの西部劇論を紹介していく。

《ギャング映画と西部劇は、アメリカ映画のなかで、もっとも成功した特殊なタイプのものであり、ガンをもった人間が登場し、これらの人間の肉体的な一部となったガンと、ガンをつかうときの身構えが、視覚上の中心となり、またエモーションをあたえる原動力となる点で、この二つのタイプは共通しあっている。（……）西部の男にみられる悒鬱《ゆううつ》性は、人生はイバラの道をゆくようなものだという認識から発生してくるし、その孤独な生きかたは、ギャングのように環境によって左右されるようなものでなく、完全なものでありたいとねがう生れつきの体質から来るものなのだ》

とウォーショウは意想外な指摘をする。さらに、

《馬が走る荒野のなかで、ガンが視覚化されたモラルの核心となり、暴力の可能性をはらみながら物語が展開していく。だがここで気がつくことは、荒野にも、走る馬にもモラルがあるということだ。このことは西部劇が発展するにしたがい複雑なかたちをとるようになるが、要するに〈開かれた世界〉であることを、このような風景が語りはじめる》

ウォーショウは、こんな調子で、創意あふれる知見をおりまぜながら、西部劇独特の魅力を悠然たるトーンで語っていくのだが、まったく見事なものである。

アメリカには、ヴァルター・ベンヤミンやジョージ・オーウェルの衣鉢を継ぐように、映画のようなポピュラー・カルチャーを、深い含蓄と愛情、傑出した才筆によって分析するエッセイストがいる。つまり、『行動と逆行動』（荒地出版社）でノーマン・ポドレッツが指摘した〈芸術としての論文記事〉に仕立て上げるジャーナリスティックな才能の系譜である。

私は、漠然と、レスリー・フィードラーの『終りを待ちながら（アメリカ文学の原型〈2〉）』（新潮社）、スーザン・ソンタグの『反解釈』（竹内書店）あたりが、その先駆だと思い込んでいたのだが、ソンタグのいわゆる〈キャンプ的感受性〉を秘めたエッセイは、映画批評の分野では、すでに五〇年代において三人の批評家によって実現されていたのだ。

それは、先の植草エッセイで「アジー」と記されている *Agee on Film* のジェイムズ・エイジーで

あり、後に*Negative Space*（否定的空間）をまとめるマニー・ファーバーであり、そして*The Immediate Experience*（直接的経験）を書いたロバート・ウォーショウなのだ。

『直接的経験』のなかで、ロバート・ウォーショウは、幾度か、T・S・エリオットの詩とハンフリー・ボガートのギャング映画を同時に、何の矛盾もなく愛することの意味を問うている。

五〇年代後半に、プレストン・スタージェス復権の論文「スタージェスの成功神話」を書いたマニー・ファーバーと同じ年に生まれ、サイレント・コメディの偉大さを広く知らしめた傑作エッセイ「喜劇の黄金時代」を書いたジェイムズ・エイジーと同じ年に亡くなった、この夭折の批評家ロバート・ウォーショウの唯一の著作『直接的経験』を、日本でなんとか翻訳できないかと思う。

その時々の流行思想の用語をまぶしただけの、生硬で晦渋なアカデミックな理論書などよりも、エイジーやファーバー、ウォーショウの映画評論の古典的な名著を翻訳することこそ、今の疲弊しきった日本の映画ジャーナリズムにとって大きな刺戟となるはずである。

（12・05）

## ルー・リードの師デルモア・シュワルツをめぐる断章

最近は、ネットで著名人の訃報に接する機会が多い。ルー・リードが亡くなったのを知ったのもネット上であったが、興味深いのは、何人かがルー・リードが最も深い文学的影響を受けたシラキュース大学の恩師、作家・詩人のデルモア・シュワルツに言及していたことだ。

デルモア・シュワルツは、『夢のなかで責任が始まる』という短篇小説によってアメリカ文学史に燦然と輝いている作家である。

この短篇は、一九八八年に刊行された村上春樹訳編の『and Other Stories とっておきのアメリカ小説12篇』（文藝春秋）の中に、『夢で責任が始まる』という題で収録されている。訳者の畑中佳樹は次のように書いている。

《たった一発の狙いすました弾丸でたった一つの的を射抜き、あとは一切余計なことをせずに死んでいった作家――デルモア・シュウォーツを、ぼくはそんな風に感じている。その一発の弾丸とは、一つの短篇小説である。そのタイトルが、まるで伝説のように、アメリカ小説愛好家の間でひそかに囁かれつづけてきた》

『夢のなかで責任が始まる』が長く語り継がれる伝説の作品となった理由のひとつは、たぶん、それが「映画」と「夢」の親密な関わりについて書かれた最初の、そして最高の小説だからだ。

時は、一九〇九年。主人公の「ぼく」は映画館でスクリーンを見つめている。映っているのは古いサイレント映画で、そこに登場する男女は、若き日の「ぼく」の父と母だ。父は母を連れ出して、コニーアイランドへ出かける。浜辺を散歩し、メリーゴーラウンドに乗り、いちばん高級な店で食事をとる。そこで父は母にプロポーズする。母はうれしさのあまりすすり泣く。すると、「ぼく」は席から立ち上がり、スクリーンに向かって「結婚しちゃいけない！　まだ間に合う、考え直すんだ、二人とも。いいことなんて何も待ってないぞ。後悔とにくしみと醜聞と、それからおそろしい性格の子供が二人、それだけさ！」と叫ぶ――。

かつて、ジャン・コクトーは、「映画とは現在進行形の死をとらえた芸術だ」と書いたが、映画というものの特異さ、そして映画館でスクリーンに魅入っている時の混濁した深層心理、夢想とも妄想ともつかない昏い惑乱状態をこれほど繊細に掬い取った作品はない。

『夢のなかで責任が始まる』は、一九三七年に復刊された「パーティザン・レヴュー」の巻頭を飾ったが、当時、二十四歳だったデルモア・シュワルツは、一躍、若手世代の文化英雄となった。文芸批評家のアルフレッド・ケイジンが『夢のなかで責任が始まる』は、《率直で、美しく、忘れられないものだった。（……）『われわれの経験』についてその後読むことになったもののなかで、最高の寓話だった》と回想しているのは、そのひとつの例証だ（『ニューヨーク知識人の源流 1930年代の政治と文学』秋元秀紀、彩流社）。

私が、デルモア・シュワルツの名前をふたたび強く意識するようになったのは、マガジンハウスの文芸誌「鳩よ！」の二〇〇一年十二月号で「坪内祐三 いつも読書中」という特集が組まれ、その中で坪内祐三がデルモア・シュワルツの「スクリーノ」という短篇を翻訳し、「必敗者シュワルツ」という刺激的なエッセイを寄せていたからである。この「スクリーノ」も「映画」と「映画館」が主題になっていた。

坪内祐三は、その後、二〇〇七年に『変死するアメリカ作家たち』を上梓する。この本は、一九九一年から未來社のPR誌「未来」に断続的に連載された二十世紀のアメリカ文学で変死したマイナー作家たちを描いたポルトレがもとになっており、その巻頭に置かれていたのがデルモア・シュワルツだった。そのほかにハリー・クロスビー、ナサニエル・ウエスト、ロス・ロックリッジ、ウエルドン・キースというシブい名前が並んでいる。

坪内によれば、当初は、さらにジェイムズ・エイジーとリング・ラードナーのふたりの作家を加えて一冊にまとめる構想があったようで、本来なら最初の彼の著作になるはずであったという。

この頃、神田神保町の北沢書店のバーゲンで、*Selected Essays of Delmore Schwartz* を見つけた。デルモア・シュワルツの詩作と小説以外の評論、エッセイを集成した大部のハードカバーで、拾い読みしているうちに、デルモア・シュワルツは、ほぼ同世代のジェイムズ・エイジーにどこか似ているなと思った。

ジェイムズ・エイジーは、アメリカが生んだ最高の映画批評家であり、優れた詩人、作家、シナリオライターでもあったが、デルモア・シュワルツと同様、過度のアルコール中毒と憂鬱症のために、やはり〈変死〉している。ピューリッツァー賞を獲ったエイジーの唯一の長篇小説『家族の中の死』(57) も自伝的な作品で、父親とチャップリンの映画を見に行った幼少時の場面が印象的に描かれていた。

デルモア・シュワルツも、T・S・エリオット、エズラ・パウンド、W・H・オーデンをめぐる詩論、ヘミングウェイ、フォークナー、ジイドについての作家論などのほかに、映画評論も手がけている。

たとえば、「W・C・フィールズの天才」は、サイレント時代からトーキー初期にかけて絶大な人気を誇った喜劇人W・C・フィールズをマーク・トウェイン、リング・ラードナーなどのアメリカの偉大なユーモリストの系譜に位置づけた論考でとても面白い。メアリー・ピックフォード論も彼女の自伝の書評という形で、このサイレント期を代表する女優へオマージュを捧げている。

そのほかにもヒッチコックの『泥棒成金』やビリー・ワイルダーの『七年目の浮気』におけるマリリン・モンローの魅力を論じたり、ロバート・アルドリッチの『悪徳』評でも原作者クリフォード・オデッツに着目し、その才能を称賛している。本格的な文学論から雑文まで、デルモア・シュワルツの鋭い知見とユーモアにあふれたエッセーはとても読みごたえがある。

「デルモア・シュワルツについては、さまざまな人たちがその「恐るべき早熟さ」を指摘している。たとえば、前述のアルフレッド・ケイジンは、デビュー当時、《人生を生きる前にすでに、みずからの全人生を生き尽くしてしまった》印象を受けたと書き、『グループ』の作家メアリー・マッカーシーも、後に夫となるエドマンド・ウィルソンへの手紙で、《彼は化け物です（……）私が今まで会ったなかでもっとも知的な人間で、あまりに知的なので非人間的なくらいです。（……）もうこの世の本は全部読んでしまったので、老い先慰みとするべきものは何も残っていないんですよ》とその印象を書きとめている（『ニューヨーク知識人の源流』）。

数年前、ある一本の映画を見ながら、ひさびさにデルモア・シュワルツのことを思い浮かべた。ショーン・ペンが監督した『イントゥ・ザ・ワイルド』（07）である。ジョン・クラカワーのベストセラー・ノンフィクション『荒野へ』の映画化で、裕福な家庭に育った青年が、突然すべてを捨てて、ヒッチハイクでアメリカを縦断し、最後はアラスカの奥地に分け入り、餓死するまでを描いた作品だ。

この映画の冒頭近くで、主人公がホーム・ムーヴィーを眺めているシーンがある。そこに映っているのは若き日の父と母で、彼はその至福に満ちた映像を見ながら、必死で「結婚なんかしちゃ、だめだ！」と叫ぶのである。

『イントゥ・ザ・ワイルド』はジャック・ケルアックの『路上』の精神的嫡子ともいうべき作品で、アメリカ文学史に時おり現われる、神話性を帯びた浪漫的放浪者を描いている。ショーン・ペンは、この映画を撮る際に、間違いなく、ルー・リードの代表作「ワイルド・サイドを歩け」にインスパイアされたはずだ。そして、さらにルー・リードの詩作に天啓を与えたデルモア・シュワルツの「夢のなかで責任が始まる」の鮮烈で悲痛なイメージを、映画の中でさりげなく引用したに違いないと思うのである。

（13・11）

# 草森紳一ふたたび

近所の書店をのぞいたら、草森紳一の新刊『記憶のちぎれ雲　我が半自伝』（本の雑誌社）が平積みされてあったので、ちょっと驚いた。

草森紳一が亡くなったのは二〇〇八年三月だから、すでに三年以上が経過しているのに、続々と新刊が出されるのは、未だに単行本未収録の厖大な原稿が眠っているということなのだろう。

いずれにせよ、一昨年、亡くなった平岡正明と同様、それぞれ熱烈なファンの編集者が存在するからにほかなるまい。

私も、このふたりの書き手には十代で出会って以来、心底、夢中になり、一時は新刊が出るそばから買っていた時期がある。

とくに、草森紳一は、中国文学の素養をベースに、百科全書的ともいうべき知識を柔軟に駆使しながら、風俗、写真、絵画、イラストレーション、文学、音楽、映画、ファシズム、コマーシャル、書、とあらゆるジャンルを自在に横断する〈雑文〉の書き手として、眩い存在だった。

あれは、たしか一九七九年だったが、当時、定期購読していた「日本読書新聞」に赤瀬川原平による草森の『素朴の大砲――画志アンリ・ルソー』（大和書房）の書評が出たことがある。その紹介の仕方が、あまりに水際立った、購買意欲を刺激する魅惑的なものだったので、どうしても欲しくなってしまい、当時ですら七千円もした大著を、アルバイトをして買った思い出がある。

中野重治ではないが、「素朴」というのは、草森紳一の批評を解くキーワードのひとつであったように思う。評論家としてのデビュー作は一九六四年の「美術手帖」に発表した「幼童の怪奇」というアンリ・ルソー論だった。

草森紳一には、そのほかにも、中国の天才詩人・李賀、永井荷風、副島種臣などをテーマに、永い時間をかけて、じっくりと対象をめぐって考察し、彫琢を重ねた大著が多い。しかし、私にとっては七〇年代に書かれた『ナンセンスの練習』(晶文社)、『底のない舟——悪食病誌』(昭文社)、『軍艦と草原——分別と無分別』(九藝出版)、『印象』(冬樹社)といった雑文集に深い思い入れがある。

「en-taxi」の特集「草森紳一　雑文宇宙の発見者」で、郡淳一郎が、草森紳一を〈日本のロラン・バルトだ〉と喝破していたが、むべなるかなと思う。

『記憶のちぎれ雲』は、雑誌「クイック・ジャパン」に連載されたもので、草森紳一が婦人画報社の「メンズ・クラブ」編集者時代に出会った真鍋博、古山高麗雄、田中小実昌、中原淳一、伊丹十三をめぐるスケッチ的な回想だが、私は、これは草森さんの新境地だなと思い、毎月、興奮しながら読んでいた。

若者向けのサブカル誌に元祖サブカルチュア評論家が自伝的メモワールを載せるという妙味もさることながら、言葉の真の意味でのサブカルチュアがもっとも輝いていた時代への挽歌のような哀調のトーンが底に流れているのが、なんとも魅力的であった。

とくに、離婚寸前にあった伊丹十三と川喜多和子のぎくしゃくするさまを描いたくだりなど、ふたりの関係をみつめながら、思考をめぐらす草森紳一自身の眼の在り処が太い描線として機能し、一篇のフィクションを読んでいるようでもあり、さらに六〇年代という時代の豪奢な寂寥感のようなものまでが、浮かび上がってくるのである。

やはり、草森紳一も時代の子であったのだなと思わせるのは、川喜多和子のポルトレを描く際に、両親である川喜多長政、かしこ夫妻の東和映画の黄金時代に言及した箇所である。

慶應義塾大学では中国文学を専攻しながらも、推理小説同好会に所属していた草森は、実は映画監督志望で、東映の助監督試験を受けるも、面接の際に大川博社長と喧嘩になり、落とされた、と自筆の履歴にある。

しかし、草森紳一は、大勢の人間を傍若無人に動かせるマキャベリスト的な資質が必須の映画監督には、一番向かないタイプの含羞の人であると思う。

映画監督という夢が挫折してしまった反動なのかどうか、草森紳一の著書には、映画評論が意外に少ないという気がする。私が読んだ範囲では、『軍艦と草原』所収の「緑の道のオートバイ――『イージー・ライダー』の起承転結」と「無惨の磁場――三国連太郎の官能的体系」ぐらいである。

なかでも、この三國連太郎論は出色で、三國を阪東妻三郎、三船敏郎、辰巳柳太郎の系譜におき、そこに共通するのは《素朴の魂をのこして大人になってしまった人間の悲哀である。その悲哀が、見るものを攻撃してくるのであり、いわば失われた素朴なるものへの鎮魂の役割を果すのであり、（……）三国連太郎は、（……）この素朴なるものの魂のケイレンを表徴する演技が、よくできるような気がしてならないのである》と書いている。

恐らく誰も指摘していないユニークな卓見で、この論考を読むと、草森紳一は、映画評論家としても優に一家を成すことができたのではないかと思えるほどだ。

私は、一度だけ、草森紳一に会ったことがある。九〇年代の始め、私はビデオ業界誌「ＡＶストア」の編集長をしていたが、コラムの頁だけは、好きな書き手に、なるべく業界的なまぐさい話題とは一切無縁なテーマで自由に書いてもらっていた。

草森さんとは、終の棲家となった門前仲町のマンションの近所にあった喫茶店で待ち合わせ、受け取ったのは、『グローリー』（89）という南北戦争をテーマにした映画の原稿だった。

その小文の趣旨は、テレビは〈情報〉で、ヴィデオは〈研究〉、映画館で見る映画は〈体験〉であるとして、それぞれの差異について考察したものだったが、驚いたのは、私の見ている前で、いきなり原稿用紙を広げて原稿を書き始めたことだ。小一時間ほどで仕上げてしまい、雑談しているうちに、なぜか、どちらともなく、軽く一杯いきましょうということになり、午後も早い時間なのに、近くの蕎麦屋で二、三時間飲んでしまった。

ふだん、書き手と初対面で、打ち合わせがそのまま酒席になるという体験はほとんどなかったので、鮮烈に記憶に残っているのだが、草森さんとはジャズ、ミステリ、それと植草甚一、花田清輝の魅力という話題でかなり盛り上がった。恐らく、彼も、このふたりは〈雑文宇宙の大家〉として、私淑していたのではないかと思う。

草森さんは、私が老け顔のわりに、意外に年齢が若いことを知ると、「あんた、ちょっと、高平（哲郎）に似てるね」と呟いたことを、よく憶えている。髙平哲郎は、言うまでもなく晶文社の創設者のひとり小野二郎の義弟で、六〇年代の後半、学生時代から晶文社に出入りし、植草甚一、小林信彦のカルチャー・エッセイの発掘、ナット・ヘントフの『ジャズ・カントリー』を始めとするジャズ関係の翻訳本の編集者として活躍していた。恐らく、草森さんの『ナンセンスの練習』も、彼が手がけたのであろう。

私が編集者になってしまったのも、生意気盛りのこの時代に、晶文社の本と、草森さんが常連執筆者だった雑誌「話の特集」を耽読していたからには違いないから、この草森さんの言葉は、素直に嬉しかったのである。

草森さんの訃報に接し、しばらく、手許にある彼の雑文集を再読したりしていたが、漠然と、彼の映画エッセイ集をつくろうかと夢想にふけったりもした。しかし、厖大な原稿を探す労力を考えると、いささか、しんどい作業になるなと逡巡していたところ、なんと、近々、若い編集者によって、草森さんの映画エッセイ集が上梓されるのだという。

そのなかには、どうやら、私が依頼した『グローリー』のエッセイも収録されるらしい。刮目して、待つことにしよう。

（11・07）

## 色川武大のサブカルチャー・エッセイの魅力

内藤誠監督が二十四年ぶりに撮った『明日泣く《あす》』のゼロ号試写を見せていただいた。原作は色川武大の自伝的な短篇で、再会した博奕打ちの作家と訳ありの過去を背負うジャズピアニストの女の奇妙な交情を軽快なタッチで描いている。まるで往年の東映のプログラム・ピクチュアのような無駄のない、きびきびとした語り口に魅了された。

色川武大が亡くなったのは一九八九年、まさに昭和の終わりの時期だが、その評価は、没後、ますます高まっているといってよいだろう。阿佐田哲也名義の『麻雀放浪記』は別格にしても、『生家へ』『百』などの名短篇集は、たびたび復刻されているし、最近では、弟子を自称する伊集院静が色川をモデルにした小説『いねむり先生』も話題になった。

私が色川武大という作家を知ったのは、七〇年代の半ば、雑誌「話の特集」で始まった『怪しい来客簿』によってである。たしか、虫明亜呂無の連作『ロマンチック街道』の終わったあとに始まった連載だったと記憶するが、まったく未知の名前ながら、埒外の畸人たちがぞくぞくと登場する不気味な世界にすぐさま魅惑されてしまった。とくに昭和初期の超人気スターだった二村定一を描いた「砂漠に陽は落ちて」とか無名の芸人たちをスケッチした「タップダンス」などが強く印象に残った。

『怪しい来客簿』は話の特集から単行本になり、一九七七年度の泉鏡花文学賞を受賞している。初版の帯にある吉行淳之介の《外見や精神内容が人間の枠からはみ出した連中を作者は好んで書くが、その人たちは常に一枚の鏡をもっていて、作者の姿を映し出している。作者と対象が綯いまぜになって、きわめてリアルだが幻想的でもある世界が現れてくる》という一文が、まさに正鵠を射ている。

しかし、私が色川武大という作家の真の凄み、底知れない魅力を知るのは、映画、ショー芸人、ジャズ、流行歌、落語レビュー、といったサブカルチャーに関するエッセイを愛読するようになってからである。

小説家でエンタテインメント・エッセイの名手といえば、小林信彦だが、小林さんの名著『日本の喜劇人』（新潮文庫）の解説が色川武大で、これはほとんど名人同士のエールの交換のようなものである。色川は次のように書いている。

《実を言うと、私も、自分の故郷ともいうべき喜劇人の世界について、自己流に記してみようとずいぶん長いこと思っていた。この『日本の喜劇人』を一読してその考えを捨てた。小林さんと私は、小説の方でも、まァ同業者であり、あざとくいえばライヴァルのようなもので、こんなふうなことはなまなかな気持で記したくはないのだが、この本は新鮮且つ鋭敏、完璧である。日本の喜劇人を記してこれ以上のものができようとは思えない》

だが、その後、色川武大は同じようなテーマで『なつかしい芸人たち』（新潮文庫）という名著を書いてしまう。この本と、彼が偏愛するジャズのスタンダード・ナンバーを語り尽くした『唄えば天国ジャズソング　命から二番目に大事な歌』（ミュージック・マガジン）は、何度、読み返したことだろう。

色川武大のサブカルチャー・エッセイの魅力は、資料に逐一当たったりせず、永い時間をかけて培われた厖大な雑知識と記憶の赴くままに、好きな芸人や歌について果てもなく饒舌に耽っているかのような、ジャズのインプロヴィゼーションを思わせる無手勝流の奔放な語り口にある。

それは、少年時代から、浅草の芝居小屋や映画館に入り浸り、森川信やシミキン（清水金一）の舞台をナマで見ていたり、戦時下、ヒロポン中毒だった山茶花究と博奕場で出会い、懇意になったり、といった色川自身の特異な体験のすべてが、文章に自ずと浸透し、血肉化されているからにほかなるまい。

しかも、小林信彦が、主にエノケン、ロッパ、森繁久彌、フランキー堺といった正統派の超一流の喜劇人のポルトレを戦後史の中に位置づけ、見事に描き出したのに対し、色川武大が『なつかしい芸人たち』で好んで取り上げるのは、「馬鹿殿さま専門役者の小笠原章二郎」であり、「超一流になれなかった原健策」であり、「デブをトレードマークにした岸井明」であり、「アノネのオッサンこと高勢実乗」といった今や忘れられたマイナーなB級、C級の芸人ばかりなのが嬉しい。

とくに、迷セリフ「アーノネ、オッサン、ワシャ、カナワンヨウ」で知られる高勢実乗は、夭折の天才監督山中貞雄の『丹下左膳餘話・百萬両の壺』（35）のクズ屋、伊丹万作の『国士無双』（32）の贋者に負けてしまう剣豪の名人、『東京五人男』（46）のヤミでもうけた強欲地主などが、強烈に印象に残っている。だが、色川武大はこういう映画史に残る有名作ではない、高勢実乗が出演した凡作、珍作を浴びるほど見ているに違いない。

『なつかしい芸人たち』には、戦前、高勢実乗が画面に出ただけで、映画館の子供たちが、いっせいに、彼のセリフに合わせて、アーノネ、オッサン――、と合唱し、ゲラゲラ笑った光景が記されているが、色川武大のエッセイは、彼自身の私的な記憶がそのまま、ある時代特有の大衆文化や世相の猥雑な空気や匂いまで鮮やかにすくいとっているところが、ほんとうにすごいと思う。

高勢実乗は、奇行の多い伝説的な変人、奇優だったようだが、色川武大は、《私は高勢実乗のことを主人公にして小説を書きたいと以前から思っており、折々に古い映画人を取材して廻っている。それで、未だに小説化する自信がない》と書いている。これは、ぜひ、読んでみたかった。

小林信彦は、色川の全集と『唄えば天国ジャズソング』の文庫本（ちくま文庫）の解説で二つの見事な色川論を寄せている。その中で、《それにしても、色川武大が〈街の中の雑物〉を大胆にとり入れた真のポップ文学を成立させずに終ったのは残念である》《色川武大はこういう〈軽い〉世界に命をかけた人だった。もう少し生きていれば、こうした世界をとり込んだ〈純文学〉を書いたはずである》と指摘しているが、高勢実乗を主人公にした小説などは、まさにとびきりの〈ポップな純文学〉の傑作になったのではないだろうか。

私は、一度だけ、色川武大に真近に接したことがある。一九八〇年代の半ば頃だったが、有楽町の読売ホールで〈シミキン映画祭〉なるものが開催された。清水金一の評伝『強いばかりが男じゃないといつか教えてくれたひと――笑いの王様シミキン』（有吉光也、リブロポート）の刊行を記念したイベントだったと思うが、その会場で会った作家の長部日出雄さんに誘われて呑みに流れ、銀座の文壇バー「まり花」に入ったら、カウンターに色川武大が坐っていたのだ。長部さんは見たばかりの『シミキンの無敵競輪王』（50）や『シミキンのオオ！市民諸君』（48）の感想を熱心に語り、それを色川武大が笑って聞いていたように思う。その後、お二人に連れられて四谷の「ホワイト」

に流れたのを憶えているが、私はといえば、畏怖すべき作家が目の前にいるので、ひたすら緊張し、黙ってふたりの会話を拝聴しているだけであった。（11・07）

## 渡辺温、及川道子、そして『アンドロギュノスの裔』

二年前、私が編集した虫明亜呂無のエッセイ集『女の足指と電話機　回想の女優たち』（清流出版）は意想外な好評を博し、数多くの書評が出たが、中でも読売新聞に掲載されたノンフィクション作家・黒岩比佐子さんの書評はとても印象深いものだった。

黒岩さんはとりわけ、虫明亜呂無が本書で何度も言及していた〈忘れられた伝説の女優・及川道子〉に興味をもったようで、その後、ブログでも、古書市で見つけた昭和八年発行の「婦人倶楽部」の附録「和装洋装流行見立大集」のモデルに及川道子が登場していることを発見し、嬉しそうに書いていた（のちに『古書の森　逍遥』［工作舎］に収録）。

それを読んで、彼女のブログへコメントを送ったりしているうちに、そのやりとりの流れの中で、及川道子と相思相愛だった夭折の天才作家、渡辺温《おん》にゆかりのある「ギャラリー・オキュルス」の存在を知った。電話をすると、オーナーの渡辺東さんが「渡辺温と及川道子の資料ならお見せしますから、どうぞ、いらっしゃいませんか」とおっしゃってくださった。

高輪にある「ギャラリー・オキュルス」のオーナー渡辺東さんは、渡辺温の兄である探偵小説作家・渡辺啓助の御息女で、画家でもある。ちょうど、その前年に、〈W・W・W・長すぎた男・短すぎた男・知りすぎた男　渡辺啓助、渡辺温、渡辺濟――「新青年」とモダニストの影〉というユニークな展示会を開催されており、お伺いした時に、素晴らしいカタログをいただいた。

渡辺東さんは、薔薇十字社刊の『アンドロギュノスの裔《ちすじ》』からインスパイアされた『アンドロギュノスの裔たち』というドローイングの作品集も出しており、叔父である渡辺温への深い想いがうかがえるが、実は、その時に、東京創元社から渡辺温の作品集が出るという話を聞いていた。

そして、先日、ようやく創元推理文庫『アンドロギュノスの裔　渡辺温全集』が出来上がった。薔薇十字社版以外の単行本未収録の小説やエッセイを収めた決定版ともいえる。

渡辺温は、一九二四年、プラトン社の映画筋書懸賞募集に応募した『影』が一等に入選、鮮烈な作家デビューを飾る。選者は谷崎潤一郎で、後に、渡辺温は「新青年」の編集者となり、一九三〇年、原稿依頼で谷崎潤一郎宅に赴いた帰路、西宮市夙川の踏切で、乗っていたタクシーが貨物列車に衝突し、急逝する。享年二十七。まさに奇しき因縁というほかない。

この文庫版全集を繙くと、小説では、メランコリックな代表作『可哀想な姉』や溜め息の出るような名掌篇『兵隊の死』などは、何度読んでも、ただ感嘆するほかないが、あらためて、渡辺温と〈映画〉との深い関わりが見えてくる。

処女作『影』は、もともと映画のシナリオを想定して書かれており、誰もが指摘するようにドイツ表現派の代表作『カリガリ博士』(20)の影響が濃厚である。さらに興味深いのは谷崎潤一郎が、渡辺温と初対面の折に、その憂いに満ちた渡辺の貌自体が、『カリガリ博士』の登場人物アランにそっくりであったと証言していることだ。ちなみに、当時「新青年」の編集長であった横溝正史は、同じ『カリガリ博士』でも〈眠り男〉チェザーレのほうに似ていたそうだ。

映画をめぐるエッセイ、雑文が数多く収められているのも嬉しい。

たとえば「想出すイルジオン」というエッセイでは、『プラーグの大学生』(26)について《僕は未だ二重人格の話さえよく知らない年齢だったのにも拘らず、ようやく、「荒唐無稽」に対する変な嗜好が判然と働きかけて来た頃であったので、すっかりあの写真に引きつけられてしまったのである》と絶賛している。また、『最後の人』（24）についても《フランク・ムルナウの燦然たる技倆は、ああした種類の器用さを誇る米国のどんな監督をも一蹴してしまったことと信ずる。映画技巧の上乗なる見本と云い得るものである》と指摘し、エルンスト・ルビッチの傑作喜劇『花嫁人形』（19）を大好きな映画とも書いている。

幻想文学の作家・渡辺温についての最大級の賛辞は、やはり、江戸川乱歩の次の評言に尽きるのではないだろうか。

《私は身のほど知らずにもポーの名を僭しているものだが、渡辺温君こそ、われわれの仲間では最もポーの影響の感じられる作家ではなかったか。事実また、同君は熱心なポーの愛読者で、ポーの一行一行を味読し、理解している点、私など遠く及ばぬところであった》（『探偵小説四十年』）

さらに、『少女』や『赤い煙突』といった佳篇には、〈永遠の処女〉と呼ばれた女優、及川道子との悲恋の翳が揺曳しているのは明らかである。当時、不治の病と言われた結核に冒された及川道子は、家族の猛反対に遭い、渡辺温と添い遂げることはできなかった。

渡辺温の没後、及川道子は自著『いばらの道』（紀元書房）で次のように回想している。

《私は小学校の時分から、ずっと後に映画界に出るようになる迄、よい指導者として、またよき愛護者として、渡辺さんに、どれだけ御恩を受けているか知れません。——冬の真中にもなお、外套をもっていないということで、母の心を痛めさせた私が、音楽学校への受験写真には、立派な外套を着ているのも、その頃或る雑誌が懸賞でシナリオを募集した時、それに応じて一等に当選された渡辺さんが、賞金の一部で私に買って下さった、思い出深い外套なのです》

このエピソードを、黒岩比佐子さんのブログのコメント欄に書き込んだところ、次のような返信があった。

《高崎さま、及川道子のことを書いたので、気づいてくださるかなと思っておりました（笑）。コメントをいただき、うれしいです。虫明亜呂無の文章を読まなければ、おそらく、その名前さえ知らずに終わっていただろうと思うのですが、彼のおかげで及川道子は、私にとっては〝忘れがたき美女〟となりました。悲恋、結核というと、徳冨蘆花の『不如帰』にも通じますし、「外套をプレゼントされたエピソード」というのも、読むと泣けてきそうな気がします。彼女のことを、もっと知りたくなりました》

私は手許に清水宏監督の『港の日本娘』（33）ほか及川道子が主演した何本かの松竹作品のDVDがあったので、いずれ、折をみて、黒岩比佐子さんにもダビングして差し上げようと思っていた。

ところが、黒岩さんは、二〇〇九年十一月に膵臓癌であることがわかり、以後は、闘病生活を続けながら、ライフワークである『パンとペン　社会主義者・堺利彦と「売文社」の闘い』（講談社）の執筆に専心する日々だった。その壮絶な記述をブログで目にすると、映画を見るような悠長な気分には到底、なれないだろうと思い、DVDを送ることは差し控えた。

そして、黒岩比佐子さんは、二〇一〇年に『パンとペン――』を上梓し、その年の十一月十七日、亡くなられた。

黒岩さんは、『パンとペン――』を書き上げる前に、及川道子の父、鼎寿が、明治期の社会主義者であり、堺利彦とは旧知の仲であったことを知ってとても驚いていた。

私は、もし黒岩さんが病に倒れなければ、いずれ、〈忘れられた伝説の女優・及川道子の数奇な生涯〉をめぐるノンフィクションが生まれたのではないかと夢想するのだ。

（11・09）

# 花田清輝の映画的思考とは何か

毎年、暮れも押しつまり、十一月も半ばを過ぎると、喪中につき年賀欠礼のハガキが届くようになる。いたずらに馬齢を重ねるばかりだが、今年（二〇一一年）はとくに多いような気がする。そのなかに今年の五月、花田黎門《れいもん》さんの逝去を報せるハガキがあった。

花田黎門さんは、花田清輝のただひとりの御子息で、著作権継承者でもある。レイモンという変わった名前は、むろん、レイモン・ラディゲからとられている。『自明の理』など初期の花田の著作にはラディゲがよく引用されていたことが思い出される。

私は、数年前、『ものみな映画で終わる　花田清輝映画論集』（清流出版）を編集した際に、一度、御自宅に出版の許諾のお願いも兼ねて、挨拶にうかがったことがある。花田のエッセイによく登場する小石川植物園近くの住宅街にひっそりとある瀟洒なご自宅で、黎門さんからお聞きした生前の花田清輝をめぐるエピソードがゆくりなくも記憶の底からよみがえってくる。

花田清輝の著作をもう四十年近く読み続けているが、まったく飽きることがない。折に触れて読み返すたびに、さまざまな刺戟を受けるのだが、そういう文学者はほかにそういるものではない。

花田清輝には、ルネッサンスをモチーフにした『復興期の精神』のような掛け値なしの名著もあるが、映画のエッセイのほうが、一般には親しみやすいだろうという判断から私なりの視点で、『ものみな映画で終わる』をまとめたのである。その背景には、漠然と、この十数年、記号分析のような小賢しい映画批評やら、気色悪い多幸症的なグルメ趣味みたいな文章が跋扈し始めたことへの反撥もあったかもしれない。

花田清輝の映画エッセイの魅力とは、G・K・チェスタトンやオスカー・ワイルドを思わせる諧謔と逆説、アイロニーに満ちた豊かな批評精神が息づいていることだ。この映画はこう見ろ、という教条主義や独断専行に走ることなく、ああでもない、こうでもないというふうに、一見、のらりくらりと逸脱を繰り返しながら、常に、読む側の視点を解放させ、不断に新たな〈読み〉を提示する、のびやかなユーモアが、どんなエッセイにも見出せるのである。

たとえば、クロード・シャブロルの『いとこ同志』（59）と松竹ヌーヴェル・ヴァーグを比較した「ヌーベル・バーグ作家とバルザック」という時評では、前者にある《敵を味方の眼でみるとともに、味方を敵の眼でみることを忘れなかったバルザック的なリアリズム》こそ、後者に欠けているものだという鋭い指摘はいまなお新鮮である。

小林信彦（中原弓彦）との論争で知られる映画時評では、《しかし、それにしてもシャブロルとヒッチコックとではくらべものにならない。一方は、やせたりといえども、ちゃんとした芸術家であるのに反し、他方は、デブの職人にすぎないではないか》などと、「カイエ・デュ・シネマ」の〈作家主義〉を信奉する無邪気なシネフィル（映画狂）が読んだら卒倒しそうなことを平気で書いている。しかし、花田黎門さんにお話をうかがったところ、実は、花田清輝は、ヒッチコックが大好きで、テレビの『ヒッチコック劇場』などは毎週欠かさず見ていたそうである。

そもそもこの論争のきっかけとなったのは、小林信彦のデビュー評論「「二重の鍵」とヒッチコック」（『われわれはなぜ映画館にいるのか』所収、晶文社）だが、ここで暗に批判されている花田清輝の「ヒッチコックの張扇」という悪名高いエッセイがある。実は、このエッセイも、一見、ヒッチコックの無思想性を批判しているかにみえて、仔細に読めば、《本来、娯楽というものは、（……）エッセンスのかたちで示された、芸術にほかならない。したがって、娯楽作品のつくり手たちは、否応なしに、かれの芸術家としての正体を、人眼にさらさなければならなくなる》という一節などは、そのまま「娯楽奉仕の心構へ」に徹したヒッチコックへの裏返しのオマージュとも読めるのである。『勝手にしやがれ』で、パリの街中を行き当たりばったりにさまようジャン゠ポール・ベルモンドの歩行と、ディグレッションとしての自分の批評の在り方がまったく瓜二つであることを告白した「ベルモンドよ！」というエッセイも印象深い。花田清輝は、『勝手にしやがれ』のベルモンドの無造作な死にざまと、『灰とダイヤモンド』（58）で、ズビグニエフ・チブルスキーが演じたテロリスト、マチェックの《最後まで、英雄主義の残滓がこびりついてはなれない》悲愴な死にざまを比較し、ベルモンドへの深い共感を語っていた。

ここで、あらためて『灰とダイヤモンド』を批判した「無邪気な絶望者たちへ」というエッセイが思い出される。しかし、花田黎門さんによれば、昔、公開時に、『灰とダイヤモンド』を一緒に見た記憶があり、その時には、深く感動していたそうである。恐らく、花田清輝は、当時の知識人たちが、『灰とダイヤモンド』をあまりにセンチメンタルに、あるいはロマンティックに手放しで礼讃する風潮に腹が立ち、あえて嫌われ役を買って出て、そのヒロイックな感傷性を批判する役割を演じたのかもしれない。

花田清輝には、「イジワルジイサン」と称されるほど、老獪でひねくれた皮肉屋な面を露悪的に誇示するところがあった。私は、その辛辣きわまりないユーモアは、なんとなくロバート・アルトマンの映画に共通するものがあるなとずっと思っていた。すると、それかあらぬか、黎門さんに「父親とふたりで最後に見た映画は何ですか」とお尋ねしたところ、なんとアルトマンのブラック・ユーモアの傑作『M★A★S★H』（70）だったそうで、花田清輝は大絶賛していたという。

この話を聞いて、すっかりわが意を得たりという気分になってしまった。

黎門さんにお会いしたとき、息子の花田十輝さんの『お嬢様特急』という文庫本をいただいた。花田十輝さんはゲーム、アニメの原作者としては大変な人気作家らしい。花田清輝も漫画映画論をずいぶん書いていたし、やはり、血は争えないなと思ったが、黎門さんの話によれば、なんと十輝さんは「おじいちゃんの本は一冊も読んだことがない」そうである。

奥様のお話では、花田清輝の著作権は、その花田十輝さんが引き継いだとのことである。


（11・12）

## 武田百合子の映画エッセイについて

あれは、一九八〇年代の初め頃だったと思う。新宿で飲んでいて終電もなくなり、かなり酔った私は、ゴールデン街の「ジュテ」の階段を上がっていった。ふらふらとカウンターに坐ると、隣には妙齢の美しい女性がひとりいて、ママの川合知代さんとなにやら話している。美貌に似合わず、脳天に突き抜けるような甲高い声が印象的で、その会話の断片から、どうやら渡辺兼人さんの写真展『既視の街』のオープニングの帰りらしいことはわかった。朦朧とした状態で、「渡辺兼人さんは私も知っていますけど、彼の写真はいいですよね」などと話に割って入り、しばらく悦に入って喋っているうちに、その女性は、「ガハハ」と大声で笑いながら、「ところであんた、誰？」とまじまじと私の顔を見た。

その時、私もやっと目の前にいるサングラスをしたその眼の大きい女性が、武田百合子さんであることに気づいたのだ。

すでに、『富士日記』と『犬が星見た　ロシア旅行』（ともに中公文庫）を読んではいたから、何やら、一気に、本の感想やら、武田泰淳の『富士』がいかにすごい小説かとか興奮気味にまくし立ててしまったことを憶えている。酔っていたとはいえ、この畏怖すべき女性と、束の間でも歓談できたことは、私のささやかな至福の記憶となっている。

その十年後ぐらいに、「AVストア」で武田花さんに原稿を頼んで以来、親しくなり、酒席をともにする機会が増えた。ある時、その夜の「ジュテ」の出来事を話すと、私はまったく記憶にないのだが、花さんは、隣のテーブル席で完全に酔いつぶれて寝ていたのだという。

エッセイスト・作家、武田百合子さんの絶大なる人気というのは、没後二十年近くたってもまったく衰えることがない。金井美恵子、川上弘美、小川洋子といった錚々たる作家からのリスペクトもさることながら、今では、夫たる武田泰淳よりも盛名をはせているといえるかもしれない。

たしかに、武田泰淳の最晩年の著作『上海の螢』『目まいのする散歩』が、百合子さんの口述筆記によって、ひと際、味わい深いものになっていることは、特筆しておかなければならないだろう。なかでも、私は『遊覧日記』（ちくま文庫）、『日日雑記』（中公文庫）に現れる映画に関する記述に心ひかれる。

たとえば『日日雑記』には、池袋の文芸坐地下劇場の「推理映画シリーズ　松本清張大会」に通い詰めた日々のことが書かれている。

ある日、『砂の器』（74）の途中で、トイレに立った百合子さんが、ついでに売店で食べ物を物色していると、カメノコ半纏で赤ん坊を背負い、ゴム長靴をはいた小柄のおじさんが寄ってきて、《おねえさん、早く入らなくちゃ。これから丹波哲郎がしゃべるところがはじまるとこだから、急いで入らなくちゃ》と教えてくれるやりとりの絶妙なおかしさはどうだろう。最前列の客が皆、舞台に足を乗せている光景など、閉館する前の文芸坐地下劇場のあの独特のどんよりとくすんだ雰囲気をこれほど見事にとらえた文章を、私はほかに知らない。

『日日雑記』には、花さんと新宿厚生年金ホールの裏手にあったアートシアター新宿に『フリークス』(32)を見に行った際、《角刈り頭の御所人形みたいにつやつやした顔》で紺青色の運動着の上下を着たサンダル履きの男が、上映前の口上をはじめるスケッチがある。

《『フリークス』と併映のアメリカの古いミュージカルものは、マザコン故に五度も女房をかえた男が作ったのです、整然とした振付は軍隊の行進を真似て作ったのです、と静かな口調で簡潔な説明を加える。映画のことを話しだした途端に、本当の知識人、学究の人、といった雰囲気の口のきき方になった。(……)佐藤重臣氏のような人のことを「映画の子」というのだろう》

もうひとりの〈映画の子〉である小川徹から電話がかかってきて、百合子さんは、「映画芸術」の仕事を手伝う。その後、新橋の《「敗戦後の外食券食堂のような店」で「一人前五百円のすきやき」》を御馳走になる件は、次のように描かれている。

《O氏は、「人間ちゃんとしっかり食べとかなくちゃ」をくり返し、ひっきりなしに鍋の中をかきまわしては、黒くなるほど煮え震えている肉を、自分の分までせっせとくれたり、嗄がれ声を張り上げて卵のお代りを頼んでくれたりするので、私は十二分のもてなしをうけているな、と満足した。(……)御馳走様でした、と立ち上り、二足三足歩きだすと、相当大きな平べったい物体が倒れる音が背後でした。ビニールの丸椅子もろとも、O氏が仰向けに床に転がっていた。一瞬、ああ、こうしてOさんは死んでしまうのだ、と思った》

六〇年代末期のアングラ文化を謳歌した「映画評論」の佐藤重臣、そして〈裏目よみ批評〉で一時代を劃した「映画芸術」の小川徹というふたりの伝説的な編集者については、これまで、さまざまな人たちが論評しているが、私は、『日日雑記』に収められた、このふたつのポルトレほどユーモラスで、美しく、哀切で、胸を打つものはほかにないと思っている。

熱狂的なファンの間では、すでに周知の事実であるが、武田百合子さんには、かなりの数の単行本未収録のエッセイが残されている。天衣無縫などと称されるが、実は細心周到な物書きであった百合子さんは、生前、雑誌掲載時の原稿については単行本に収録する際に厳密な加筆、訂正を施し、完璧を期す作業を怠りはしなかった。したがって、遺言によって本人の推敲を経ていない原稿に関しては、単行本化できないということになっているのだ。

私が以前から気になっているのは、八〇年代のはじめ頃に「話の特集」に連載されていた「テレビ日記」と、文芸誌「海」で連載されていた「映画館」というエッセイである。

「テレビ日記」は、私は、まったく読んだ記憶がなく、なんとなく森茉莉の『ドッキリチャンネル』のようなものを想像している。

「映画館」は、手許にコピーが揃っていて、『二百三高地』(80)『氷壁の女』『フィッツカラルド』(ともに82)、文芸坐の「陽の当たらない名画祭」で見た『ストレート・タイム』(78)『ボーダー』(82)の二本立てなど、実にバラエティに富んでいる。

なかでも、浅草の東京クラブで見た『ファイヤーフォックス』(82)『アニマル・ラブ』(74)『殺しのドレス』(80)の三本立ては、映画のみならず、とくに『アニマル・ラブ』を見ながらの観客の反応をヴィヴィッドに再現する筆致が、爆笑ものだ。

百合子さんは東京クラブを出て、仁丹搭近くのお好み焼き屋に入り、そこで見かけた高校生カップルをさりげなくスケッチして、そのエッセイはふいに終わる。

〈映画〉と〈生活〉がそのまま地続きであるような、この素晴らしい連載エッセイをいずれ、単行本で読んでみたいものだ。そういえば、昭和モダニズム建築の粋と称された浅草の東京クラブという名画座を知っている世代は、もはや少数派ではないだろうか。『遊覧日記』には、このモスラの形状を思わせる東京クラブを背後から撮った武田花さんの写真が収められている。（12・08）

二〇一七年、武田花編で、「テレビ日記」「映画館」を含む武田百合子著『あの頃　単行本未収録エッセイ集』（中央公論新社）が刊行された。

## 映画的な作家、武田泰淳の凄みについて

今秋、中央公論新社から刊行される文庫『ニセ札つかいの手記　武田泰淳異色短篇集』の編集を担当していることもあり、ここのところ、武田泰淳の全集を読み直している。

あらためて、すごい作家だなあと感嘆するほかないのだが、今年（二〇一二年）、生誕百周年を迎える武田泰淳について、表立った大きな再評価の動きがないのは、いささかさびしい。

武田泰淳は、『ひかりごけ』や『風媒花』『蝮のする』『異形の者』といった作品から、どうしても〈戦争〉〈革命〉といった気宇壮大なテーマに取り組んだ観念的で難解な作家、あるいは〈第一次戦後派を代表する巨人〉というイメージが流布してしまっていて、結果、敬して遠ざけられる存在になっているような気がしてならない。

私自身は、数年前、『タデ食う虫と作家の眼　武田泰淳の映画バラエティ・ブック』（清流出版）

という映画エッセイ集を編集したせいもあるが、武田泰淳といえば〈映画〉のイメージと深く結びついている。なにしろ、最初に読んだ武田泰淳の小説が『白昼の通り魔』だったからである。

あれは、一九七〇年代の半ば頃だったと記憶するが、四谷公会堂の自主上映会で、初めて大島渚の『白昼の通り魔』(66)を見て、いささか興奮してしまった。そして、すぐさま大島監督の本を読むと、原作は、《文学的にはだれ一人認めていないけれど、すごい傑作だと思います。(……)この傑作に対する感動が出発点になっている》という発言があった(『世界の映画作家6 大島渚』キネマ旬報社)。そこで、ぜひ、原作を読んでみたいと思い、古書店を探し回ったが、なかなか見つからず、偶然、手にした「映画芸術」一九六六年三月号に、原作の短篇がまるまる収録されていたので、狂喜してしまった。一読し、映画とはまた異なった深い感銘を受けた。

小説は篠崎シノの手記という体裁をとっているが、映画の中で、通り魔の英助、彼の妻となる倉マツ子先生、シノの心中相手の村長の息子・源治と、シノとの間で交わされる印象的なダイアローグは、すべてほぼそのまま原作通りで、というより原作ではさらに異様に粘りつくようなセクシャルなイメージを帯びて迫ってくるのだ。

大島渚の映画は、それまでの彼の映画で特徴的だった長回し主体ではなく、細かいショットを積み重ね、ハイキーのモノクロ映像がフォトジェニックで美しい。だが、武田泰淳の原作は、方言のもつ猥雑さ、諧謔がより生かされ、初期の深沢七郎の「ポルカ」ものを彷彿させるような土俗的でフォークロア的な黒いユーモアが溢れているのだった。

『誰を方舟に残すか』も奇妙な短篇である。はるか昔、テレビの土曜洋画劇場で『二十七人の漂流者』(57)というアメリカ映画を見たことがあった。アルフレッド・ヒッチコックの『救命艇』(44)とよく似たワンセット・ドラマで、豪華船が沈没して、一艘の救命ボートに大勢が乗り込み、人数が多すぎて転覆してしまうために、船長のタイロン・パワーが老人、女性、怪我人と、弱い者から容赦なく海に放り出す。小説の前半は、この『二十七人の漂流者』の映画批評としても読める。武田泰淳は、極限状況下で露わにされるエゴイズムとモラルの相克をめぐって入念な考察に耽り、一転、後半では、ノアの方舟におけるノアと三人の子セム、ヤム、ヤペテを登場させ、「旧約」創世記談義を開陳するのだ。

極限状況モノといえば、『「ゴジラ」の来る夜』は、いよいよゴジラが上陸するというときに、資本家とその美人秘書、労組の指導者と天才的な脱獄囚、宗教家と『ゴジラ』映画のグラマー女優による特攻隊が編成される。彼らは無人の病院にたてこもり、なぜか互いに殺し合いを始めるというSFである。武田泰淳は、その数年前に、水爆投下のボタンを押した人物の戦争責任をモチーフに『第一のボタン』という同工のSF小説を書いている。

当時、花田清輝は、「科学小説」というエッセイにおいて、H・G・ウェルズやジョナサン・スウィフトと比較しながら、この作品の文体を強く批判し、《『第一のボタン』のなかに霧のようにただよっていた仏教的なニヒリズムが薄れてしまうと、水爆投下後の風景のような、惨憺たる廃墟があらわれたというわけだ》と皮肉まじりに書いている。しかし、ドタバタ喜劇のタッチで、第三次世界大戦前夜の不安をアレゴリカルに描く、この諷刺的なSFは、むしろファルスの精神を顕揚した花田好みの作品に仕上っており、もっと高く評価されてよいと思う。

『空間の犯罪』は、『流人島にて』（篠田正浩が映画化した『処刑の島』の原作）などに連なる一種の復讐譚である。障碍者の八一がヤクザの親分黒岩に侮辱され、「ガスタンクにでも登ってみろ」という自分に投げかけられた言葉を呪詛のように受け止める。以後、高い所に上るという不可能事に思いをめぐらす主人公が、ガスタンクの頂上に登り詰め、下界の黒岩に向けて絶叫するクライマックスは圧巻である。高所恐怖症者の末期の眼に映じた下界の街の光景は壮麗な幻想と悪夢に彩られ、まるで、エドガー・アラン・ポーやG・K・チェスタトンの瞑想的な恐怖譚を思わせる。武田泰淳は、創意豊かな〈幻視者〉なのだ。

武田泰淳は「映画と私」というエッセイで、幼少期に映画と出会い、《しびれるような魔力から逃れることができなくなった》と告白しているが、自作の映画化作品についてはどう思っていたのだろうか。御息女で写真家の武田花さんによれば、家の中では、ほとんどそうした話題が出たことはなかったそうだ。

大島渚の『白昼の通り魔』をのぞいては、内田吐夢の『森と湖のまつり』（58）も、吉村公三郎の『貴族の階段』（59）も、熊井啓の『ひかりごけ』（92）も成功しているとは言い難い。

一番、私が気にかかっているのは、相米慎二が撮りたがっていた『富士』のことだ。たしか、『台風クラブ』（85）が東京映画祭ヤングシネマ大賞を受賞した直後から、名コンビの田中陽造が脚本に着手していたはずで、あの巨大な傑作と格闘し、呻吟したものの、結局、シノプシス程度のまま完成をみなかったとも伝え聞いたことがある。

いつだったか、新宿の酒場「ブラ」で、武田花さんら数人と一緒に呑んでいたら、離れた席に田中陽造がいて、誰かが武田花さんを紹介したところ、したたかに酔っていた田中さんが、一瞬、直立不動の姿勢になり、恐縮したように挨拶していたのが妙に可笑しかった記憶がある。その時、田中陽造の武田泰淳への深い尊敬のようなものを感じたのだった。

相米慎二と最後に会ったのは、責任編集したロバート・アルトマンの『クッキー・フォーチュン』（99）のパンフレットのためにインタビューした時だった。アルトマンの描く独特のアメリカの風景の話から、相米さんが、なぜか、ふいに「武田花さんの写真は、いいよなあ。すごくいい」

と呟いた。その翌年（二〇〇一年）、相米さんは急逝してしまうのだが、生前、無理をしてでも、武田花さんと相米さんが一緒に呑む機会をつくれればよかった、と悔やまれてならない。

武田泰淳、最晩年の畢生の大作『富士』の映画化は、たぶん、永遠に幻の企画のままである。

（12・07）

## スーザン・ソンタグと蓮實重彦の微妙な対話

草森紳一、平岡正明のように没後、その著作が次々に刊行されるのは稀有なことだが、二〇〇四年に亡くなったスーザン・ソンタグもそのひとりといえそうだ。講演・エッセイをまとめた『同じ時のなかで』（NTT出版）が刊行され、その後も、二〇一〇年には、ソンタグの十四歳から三十歳までの日記を息子が編纂した『私は生まれなおしている——日記とノート　1947—1963』（デイヴィッド・リーフ編、河出書房新社）、二〇一二年には、最初に書かれた長篇小説『夢の賜物』（河出書房新社）が出ている。翻訳はすべてソンタグと生前から交友関係の深かった木幡和江である。

晩年のスーザン・ソンタグは、9・11直後に、ブッシュ政権の対外政策を痛烈に批判して日本でも話題になったことがあるが、やはり、大江健三郎との往復書簡とか、主に政治的なテーマにからめて語られることが多かったような気がする。

ひさびさに、スーザン・ソンタグの著作『私は生まれなおしている』を読むと、若き日の同性愛にまつわる、あからさまで切迫したトーンの記述が延々と続くのに驚かされたり、また、《性的な欠乏感と知的な〈欠乏感〉は似ている》といったアフォリズムめいた言葉が強く印象に残った。

今、スーザン・ソンタグが若い世代にどんなふうに読まれているのかは知らない。しかし、一九七一年に、彼女の『反解釈』（高橋康也他訳、竹内書店）の翻訳が刊行された時の目の覚めるような衝撃は、今も鮮やかに思い浮かべることができる。七〇年代とは、間違いなく、スーザン・ソンタグがアメリカを代表する文化英雄として熱狂的に評価され、競って読まれた時代であった。

私は『反解釈』を、たしか数年後に古本屋で入手したのだと思うが、「模範的苦悩者としての芸術家」と題されたパヴェーゼ論、「ミシェル・レリスの『成熟の年齢』」といった作家論は言うに及ばず、「ブレッソンにおける精神のスタイル」「ゴダールの『女と男のいる舗道』」などの映画評論、「惨劇のイマジネーション」という『地球防衛軍』（57）から『空の大怪獣　ラドン』（56）までを俎上に載せた空想科学映画論などはとてつもなく刺激的だった。

そして、なんといっても「〈キャンプ〉についてのノート」という画期的なエッセイは、何度、読み返したか、わからない。

当時は、今野雄二、金坂健二、小野耕世といった同時代のアメリカ映画・アメリカ文化を論じる批評家の評論が好きだったが、『反解釈』を読むと、彼らの評論が、明らかにソンタグのキャンプ論の受け売りであったり、下敷きにしていることがわかって微苦笑したことを憶えている。

冒頭の「反解釈」というエッセイには、《最良の批評とは（まことに稀少なものだが）、内容への考察を形式への考察のなかに溶解せしめる種類の批評である》とし、その好個の例として、アーウィン・パノフスキーの「映画における様式と媒体」、ロラン・バルトの「ラシーヌ論」と「ロブ゠グリエ論」、アウエルバッハの「ミメーシス」、ヴァルター・ベンヤミンの論文「短篇作家論——ニコライ・レスコフの作品をめぐって」、マニー・ファーバーの映画批評などが挙げられている。

とりわけ、当時の私は、次のような一節にもっとも心ひかれた。

《すぐれた映画は必ずわれわれを、解釈の欲求から完全に解放してくれるところの直接性をもっている。キューカーやウォルシュやホークスやその他かぞえきれない昔のハリウッド映画監督の作品には、トリュフォーの『ピアニストを撃て』や『ジュールとジム』（邦題『突然炎のごとく』）、ゴダールの『勝手にしやがれ』や『女と男のいる舗道』、アントニオーニの『情事』、オルミの『いいなずけ』などのようなヨーロッパの新進監督の最良の作品に劣らず、このような反象徴的、解放的な性格がまさしく存在する》

《透明――これこそこんにち芸術において、また批評において、最高の価値であり、最大の解放力である。透明とは、もの自体の、つまりあるものがまさにそのものであるということの、輝きと艶《つや》を経験することとの謂いである。これが、たとえばブレッソンや小津安二郎の映画の、あるいはルノワールの『ゲームの規則』の、偉大さにほかならない》

今なら、ちょっと気のきいたシネフィルであれば、これに類した文章を書くことはきわめて容易なことだが、スーザン・ソンタグが、すでに一九六四年に、こういう挑発的な論考を書いていたことの決定的な新しさは記憶に留めておきたい。ロラン・バルトやロブ゠グリエの名前が引かれているることから、当時、隆盛を誇っていたフランスのヌーヴェル・クリティックの影響も当然、あったには違いない。

ここで、一九七〇年代にもうひとり、同じように内容よりも形式を重視する、表層批評をマニフェストに掲げて登場した蓮實重彥の名前が浮上してくる。

実は、意外に知られていないが、文芸誌「海」の一九七九年七月号で、創刊十周年記念・特別対談として、スーザン・ソンタグと蓮實重彥が対談しているのだ。

この「メタフォアの陥穽」というテーマで行われた対談は、いま読んでもめっぽう面白い。というのも、当時、『映画の神話学』（泰流社）『映像の詩学』（筑摩書房）を上梓したばかりで、まさに、向かうところ敵なしのカリスマ的存在であった蓮實重彥が、ここではソンタグの前でタジタジになっているからである。

そうなってしまった原因は、明らかに蓮實重彥のほうにある。こんな不用意な屈折した社交辞令のような発言で対話を始めてしまったからである。

《今日、こうしてソンタグさんとお話できるのは、大変嬉しいことだと思います。というのは、もう十年以上昔になりますが、ソンタグさんの『反解釈』という著作の翻訳が出たときに、私がこの『海』という雑誌で書評をしたことがあるからです。私の漠然とした記憶では、たぶん、少し悪口めいたことを言ったんじゃないかという気がします。その悪口というのは、もちろんあの書物の中に書かれている内容に関したものではなくて、当時、ソンタグさんの評判が日本ではあまり高かったので、たぶん一種の嫉妬のようなものから、一種のソンタグ神話批判めいたものを書いたわけです》

と語り、さらに、彼女がその若さと美貌から、明らかに〈アメリカ前衛芸術界のナタリー・ウッド〉と喧伝された例を想定して、こうした現代文明に特有の神話的イメージの弊害について言及したのだが、これがソンタグの次のような怒りを買ってしまったのだ。

《今日の対話のはじまり方は、私にとって、考えうる最も不幸なはじまり方です。一つには、私が出来るならばまったく関わりたくないと思っているまさにそのことを、蓮實さんのいまのご発言は、促進するというか、永続させることに加担するものであるように、私には聞こえるからです。確かに、その率直さには称賛をおくりたいと思いますが、たとえば『海』にお書きになった私の著作に関する書評で、私にまつわりついていたイメージゆえに、あるいは私がすでに有名になり過ぎていたがゆえに批判的な立場を取ったとおっしゃいましたが、そういうものがなかったら取らなかったであろう立場を、そういうものゆえに取ったというのであれば、私にとっては考えられないことですし、また、批判すべきことでもあると思うのです》

こうして極めて不穏なムードで始まった対話は、たとえば、たがいに、〈複製〉と〈複数性〉という主題を微妙に取り違えたりするなど、最後までギクシャクした感じが抜けきらなかった。だが、蓮實重彥が展開した、主人公が死の想念に捉われたときに宇宙論的なヴィジョンが迫ってくるという視点でフローベールの『ブーヴァールとペキッシェ』とソンタグの小説『死の装具』を比較した議論などはとても面白いし、批評家ではなく小説家としてのソンタグを積極的に顕揚するあたりは、蓮實重彥らしいシニカルなイヤミさが際立っている。

実は、この「海」の対談は、蓮實のどの単行本にも、また、のちに熱狂的なハスミファンの編集者によって纏められた蓮實のテキストを網羅する『映画狂人』シリーズ（河出書房新社）にも収められていない。一九七〇年代から八〇年代にかけて、紛れもなく日米を代表する批評家であったふたりの微妙な緊張を孕んだダイアローグは、今でも充分に読まれる価値があると思う。

（12・10）

## 織田作之助と川島雄三

いささか旧聞に属するが、作家の小沢信男さんから届いた年賀状に「今年は富士正晴と青山光二と織田作と、地味な連中の生誕百年とのこと。織田作は地味かな？」とあった。

ああ、織田作ももう生誕百年なのか、とふと思う。織田作之助は、私には珍しく全集を揃えたこともある作家で、以前から、私なりの視点で彼のエッセイ集をまとめてみたいと思っていた。織田作之助に最初に惹かれたのは、十代の終わりの頃で、当時、愛読していた野坂昭如が耽溺する作家として名前をあげていたこと、そして、『サヨナラだけが人生だ　映画監督川島雄三の一生』（ノーベル書房）を読んだせいである。

今村昌平が編纂したこの遺稿集は、川島雄三という映画作家の神話化に多大な貢献をしただけでなく、川島に関する第一級資料としての価値は今もなお絶大である。私は、この本で、川島雄三が戦時下、織田作之助と意気投合して、〈日本軽佻派〉を名乗り、ふたりで暗い世相を笑い飛ばす実にバカバカしい手紙をやりとりしていたことを知って興味を覚えたのだ。

たとえば、その往復書簡（『織田作之助全集』所収、講談社）の中で川島雄三はゲオルク・ジンメルの『日々の断想』からの次のような一節を引用している。

《ある深さを持つ人間にとつて人生に堪えるには一般に一つの可能性しか存しない。即ちある程度の浅薄といふことである》

《大多数の人々にとつては軽佻か退屈か何れか一方に陥ることなくして他方を避けることは全く不可能である》

そして、このジンメルのアフォリズムに、大いに我が意を得たりと思った織田作之助は、晩年の長篇小説『夜の構図』や未完の『土曜夫人』の中でさりげなく引用しているのだ。

戦時下における、ささやかな抵抗にすぎなかったであろうが、彼らの深刻・荘重さを嘲笑し、大上段にふりかぶるのを良しとしない姿勢は、たとえば、後年の吉行淳之介の『軽薄派の発想』などに連なっているように思う。

織田作之助は出世作である『夫婦善哉』ばかりが取り沙汰されるが、ソレリアンの面目躍如たる、日本版『赤と黒』ともいうべき痛快な『青春の逆説』、阿部定伝説に新たな光をあてた『世相』、天折した愛妻一枝への哀切なレクイエムでもある『競馬』などの名品を忘れるわけにはいかない。前述の『夜の構図』『土曜夫人』も凝りに凝った実験性にあふれるモダンな官能小説として出色の面白さである。

織田作は、断じて、旧来の太宰治、坂口安吾らとともに〈戦後焼け跡の無頼派〉などというクリシェで一括りにされ、事足りてしまうような作家ではないのだ。

織田作之助は『モダンランプ』をはじめ劇作でもすぐれた才能を発揮したが、川島雄三が監督デビューするにあたって、織田作の『清楚』『木の都』を原作に選び、さらに脚本も彼に依頼したのは、たんなる友情というレベルを超えて、彼の清新なドラマツルギーの感覚に期待したからにほかなるまい。こうして出来上がった『還って来た男』（44）は、戦時下につくられたとは思えない、みずみずしい佳作に仕上がった。

戦地から帰還した軍医・佐野周二が父親（笠智衆）に見合いを勧められる。一週間後に見合いを控える彼は、慰問袋を送ってくれた女性、戦死した友人の妹、さらに奈良で出会った女性（田中絹代）たちとのちぐはぐな交流を重ねていく。

友人の雨男、日守新一が登場するたびに雨が降り出すくだりなどはルネ・クレールのタッチを彷彿とさせる。さらに佐野周二と笠智衆が温泉の湯船に浸かっている光景などは、同工の小津安二郎の『父ありき』（42）の滋味あふれるトーンとはまったく異なるくつろいだユーモアが感じられる。

この処女作を見ると、後年、破調と諧謔で知られた鬼才川島雄三監督が、いかにオーソドックスな演出テクニックを自家薬籠中のものにしていたかがわかるのである。

早逝した織田作之助を悼むかのように、ふたたび川島雄三は、没後、やはり彼の原作をもとに

『わが町』(56)を映画化している。〈ベンゲットのたぁやん〉と呼ばれた佐渡島他吉という人力車引きの一代記で、一九七〇年代の文芸坐オールナイトで一度、見たきりだが、辰巳柳太郎の名演が忘れられない。とくに子供の運動会に飛び入り参加して、力走するシーンは、『無法松の一生』(43)のやはり運動会で疾走する阪東妻三郎を想起させるほどのすばらしさだった。

川島雄三のフィルモグラフィを眺めると、『銀座二十四帖』(55)『夜の流れ』(60)『花影』(61)など東京の夜の風俗を描く作品とは対照的に、『還って来た男』『暖簾』(58)『わが町』『貸間あり』(59)などの〈大阪もの〉の系譜が目を惹く。これは、たぶん織田作之助との交遊が大きく影を落としているに違いない。

『暖簾』で大阪弁の直しを手伝った藤本義一が、『貸間あり』で川島雄三とコンビで脚本を書き、以後、深い師弟関係を結んだことは、川島の没後七年目に書かれた川島のモデル小説『生きいそぎの記』を読めばわかる。『生きいそぎの記』は直木賞候補になったが、受賞しなかったのが不思議に思えるほどの見事な完成度を示している。

その頃、長部日出雄が川島雄三の評伝を準備していると「話の特集」のコラムで書いていたのを読んだ記憶があり、後年、直接、長部さんにうかがったところ、『生きいそぎの記』を読んで、ショックをうけ、書くのをあきらめたとおっしゃっていた。

『生きいそぎの記』の刊行をきっかけに「キネマ旬報」一九七五年一月下旬号で、「川島雄三という映画監督は我々にとって何であったのか?」という藤本義一と長部日出雄の対談が組まれ、最初の〈川島ブーム〉が到来したことが、つい昨日のことのように思い出される。

藤本義一の初期に書かれた中篇『ちんぴら・れもん』は、「あれがオダサクや」という焼け跡を闊歩する作家を目撃した少年が発する印象的なモノローグが冒頭に置かれていた。大阪出身で東京文壇への対抗意識が異様に強かった若き日の藤本義一を、川島雄三はあたかも織田作之助の生まれ変わりのごとく思い、可愛がったのではないかという気がする。

後年、藤本義一は川島雄三への屈折した返歌ともいうべきライフワーク〈わが織田作〉（『螢の宿』『螢の宴』『螢の街』『螢の死』四部作）という大部な評伝（中央公論社）をものしている。

実は、藤本義一に関しては、苦い思い出がある。三十年ほど前、「月刊イメージフォーラム」の編集を始めたばかりの頃、「日本の喜劇映画」という特集を組んだ際に、藤本義一に川島雄三についてのエッセイを依頼したのだ。

当時、藤本義一は、「イレブンＰＭ」にレギュラー出演しつつ、小説誌にいくつも連載を抱えていた、最も多忙な頃で、なかなかつかまらなかった。ようやく関西の自宅に電話がつながり、あれこれ説得したものの話が嚙み合わず、最後は、原稿料のあまりの安さに呆れられ、断られてしまった。そして、電話を切る際に、「キミ、さっきから川島雄三、川島雄三って、ずっと呼び捨てにしてるけど、川島さんは私の師匠だ、失礼だぞ」と叱責された。

川島雄三という映画監督に深く魅せられ、当時、上映可能な川島作品はすべてスクリーンで見ているという自負と愛着があったがゆえに、私にとっては、川島はすでに神話的な存在と化していた。それゆえ、無意識のうちに呼び捨てにしてしまっていたのだが、藤本義一の怒りは、きわめて真っ当で、返す言葉もなかった。その藤本義一も昨年亡くなり、続いて小沢昭一と川島雄三にゆかりのある映画人たちが相次いで鬼籍に入られていく。

私は、近年、何冊もの太宰治の評伝を上梓している長部日出雄が、川島雄三の評伝を書くのを断念したことを、とても残念に思っている。青森の下北半島に生まれた川島雄三は、明らかに長部さん自らも属する太宰治、寺山修司という〈東北のモダニズム〉を体現する特異な系譜に位置する芸術家であるはずだからである。

そういえば、今年は、川島雄三の没後五十年にあたる。

（13・02）

## 岩田宏、あるいは小笠原豊樹をめぐる断想

淀川長治、蓮實重彥、山田宏一氏の鼎談集『映画千夜一夜』（中公文庫）を読み返すたびに、世の中には、映画ファンであるならば、見ておかなければいけない映画が厖大に存在することにあらためて愕然となる。私の場合、その中でも筆頭に挙げられるのが、ヘンリー・ハサウェイの『永遠に愛せよ』（35）だ。とはいっても、ゲイリー・クーパーとアン・ハーディングが主演したこのハリウッド黄金期の古典的なメロドラマが気になり始めたのは、つい最近のことである。

十年ほど前に上梓された岩田宏のエッセイ集『渡り歩き』（草思社）の中に「夢の領域」という一文がある。アメリカのミステリ、大衆小説に頻出するピーター・イベットスンという謎の名前をめぐって入念に考察したエッセイで、読み進むうちに、それはダフネ・デュ・モーリアの祖父にあたるジョージ・デュ・モーリアの処女作『ピーター・イベットスン』に由来することが判明するのだが、他ならぬ『永遠に愛せよ』の原作が『ピーター・イベットスン』なのだ。

岩田宏は、『ピーター・イベットスン』の主人公の生い立ちが、作家ジョージ・デュ・モーリアのそれとほぼ同じであると指摘し、この夢の中の相愛をテーマにした哀切極まりない物語の骨子を紹介しているが、その手際があまりに見事で惚れ惚れとしてしまうのである。

以来、『永遠に愛せよ』は、もっとも見たい映画の一本となり、恐らく未訳であるはずのジュー

ジ・デュ・モーリアの原作『ピーター・イベットスン』も、ぜひとも彼の翻訳で読みたいと思った。詩人の岩田宏と翻訳家である小笠原豊樹が同一人物であることに気づいたのは、いつ頃だったろうか。最初に名前を知ったのは、もちろん小笠原豊樹のほうである。初めて読んだ小笠原豊樹の翻訳は、多分、レイ・ブラッドベリの『太陽の黄金《きん》の林檎』（ハヤカワ文庫ＮＶ）だったと思う。

私にとって、翻訳者としての小笠原豊樹という名前、ブランドに対する信頼感は絶大でゆるぎないものだ。

たとえば、ロス・マクドナルドの『さむけ』（ハヤカワ・ミステリ文庫）を読み終えた時の得も言われぬ充実感は、今でもあざやかに憶えている。イリヤ・エレンブルグの『芸術家の運命』（美術出版社）の堅牢なタッチで描きだされた数々のポルトレはいかに魅力的であったことか。ウラジーミル・ナボコフの『四重奏／目』（白水社）、『ロシア文学講義』（ＴＢＳブリタニカ）の精妙で酔わせるような言語の魔術にも瞠目させられた。

詩ではウラジーミル・マヤコフスキー、そして何といってもジャック・プレヴェールだ。昔、書肆ユリイカから出ていた小笠原豊樹訳の『プレヴェール詩集』は、何度、読み返したかしれない。たとえば次に引用する「夜のパリ」などは、すっかり暗誦してしまったほどだ。

三本のマッチ　一本ずつ擦る　夜のなかで
はじめのはきみの顔を隈なく見るため
つぎのはきみの目をみるため
最後のはきみのくちびるを見るため
残りのくらやみは今のすべてを想い出すため

きみを抱きしめながら。

この名高い詩を含む詩集『パロール』は、初期の谷川俊太郎の詩作にも深い影響を与えているはずである。私は、未だに、プレヴェールの詩に関しては小笠原豊樹訳以外では読む気がしない。『天井桟敷の人々』(45)のシナリオライターでもあったプレヴェールの詩が映像的であるのは言うを俟たないが、なぜか小笠原豊樹の翻訳には映画化された作品が多いことも特筆されよう。代表作としては、ジョン・ファウルズの『コレクター』(白水社)、『魔術師』(河出書房新社)、そしてメアリイ・マッカーシイの『グループ』(早川書房)を挙げたい。

『コレクター』(65)は、ウィリアム・ワイラーの手堅い演出で見せるが、ジョン・ファウルズの原作は主人公のキャラクターがより一層屈折しており、彫りが深い。『魔術師』(68)は、たしかマイケル・ケイン主演で映画化されたはずで、日本未公開であるが、あの壮麗な地中海的幻想の世界を映像化するのは至難の業である。

シドニー・ルメットが監督した『グループ』(66)は、もっと高く評価されていい〈女性映画〉の秀作である。一九三三年、バッサー女子大を卒業した八人の女性たちが、ニューディール政策下のアメリカ社会で、理想と現実の葛藤にさいなまれ、それぞれが挫折と幻滅を味わうという物語だが、キャメラが名手ボリス・カウフマンのせいか、エリア・カザンの『草原の輝き』(61)を想起させる柔らかな色調と淡いノスタルジックなトーンが強く印象に残っている。

ところが、メアリイ・マッカーシイの原作のほうは、あけすけなまでにドライで、感傷を排した冷静な叙述と文体が、時としてグロテスクなまでに暴露的なユーモアをたたえているのだ。とくに第二章のヒロインの一人、ドティ・レンフルーが初めて男とベッドを共にするくだりなど、彼女のエスカレートする妄想や男とのトンチンカンな会話がアイロニーたっぷりで爆笑をさそう。この辛辣なユーモアが、ルメットの映画にはやや希薄なのだ。

『グループ』の小笠原豊樹の訳者あとがきは、独立したメアリイ・マッカーシイ論として読める卓越したもので、《この小説は、新しい家具のようにグッド・センスという言葉で片付けるには、あまりにも多くの生々しい問題を含み、強烈な個性に満たされている。それはたぶん孤児の悲しみと、バッサーの教育と、トロツキストの政治運動と、「パルティザン・レヴュウ」の文学運動と、そして三度の離婚を経て来たひとりの女性の年輪のようなものであるのだろう》という指摘は正鵠を得ていると思う。

岩田宏には、このあとがきを含む『同志たち、ごはんですよ』(草思社)という大部のエッセイ集がある。本書には、後に『私は好奇心の強い女』(67)で話題となるヴィルゴット・シェーマンの伝説の獣姦映画『491』(64)を試写で見た感想や、エリア・カザンの『アメリカ・アメリカ』とルイ・マルの『鬼火』(ともに63)を比較した「青春の獲得と喪失」などが収められている。『妻よ薔薇のやうに』(35)と『彦六大いに笑ふ』(36)を中野実、三好十郎の原作と比較して論じたエッセイも出色で、職能的映画批評家とはまったく異なる独自の視点がきわめて新鮮である。

そういえば、岩田宏は、ロバート・アルトマンの『三人の女』(77)の劇場用パンフレットにも作品評を書いていて、とても読みごたえがあったと記憶する。私は、今、岩田宏＝小笠原豊樹の映画エッセイ集を編んでみたい、というささやかな夢想にふけっている。

(13・07)

岩田宏は二〇一四年十二月二日に肺炎により死去した。享年八十二。『プレヴェール詩集』はのちにマガジンハウス、二〇一七年には岩波文庫から復刊された。『魔術師』は、二〇一四年に『怪奇と幻想の島』の邦題でＤＶＤ化された。監督ガイ・グリーン、脚本はジョン・ファウルズ自身で、主演マイケル・ケイン、キャンディス・バーゲン、アンナ・カリーナ。

## 大岡昇平とルイズ・ブルックス

大岡昇平の『成城だより』全三巻（文藝春秋）は、時おり読み返す愛読書のひとつだ。日記というものをつける習慣がほとんどない私にとって、〈署名入りの「匿名批評」〉と評されたこの日記は、ちょうど、「文學界」に連載されていた一九七九年の終わりから八五年にかけての時代の文化、政治、社会状況が手に取るように活写されており、当時の記憶がリアルに甦ってくるのも大きな読みどころになっている。

とにかく、『成城だより』のページをめくるたびに、七十歳を超えても文学、映画、音楽、舞台とあらゆるジャンルに触手をのばす、大岡昇平の止まるところを知らない旺盛な好奇心に驚嘆させられる。とりわけ立花隆の批判が火種となったフランシス・コッポラの『地獄の黙示録』（79）をめぐる批評論争に首を突っ込む顚末は有名だが、映画についていえば、この時期、大岡昇平が、突然、狂ったようにオマージュを捧げて、伝説の彼方から鮮やかに甦らせてしまったひとりの女優がいたことを思い出すのである。

その名はルイズ・ブルックス。

サイレントからトーキーの時代にかけて、あまりに斬新なボブ・ヘアで一世を風靡したこの魅惑的な女優は、そのポートレイトを一目見たら、決して忘れようもない。

映画史的には、サイレント期にハワード・ホークスの『港々に女あり』(28)『カナリヤ殺人事件』、そして、とくにG・W・パプストの『パンドラの箱』『淪落の女の日記』(いずれも29)で神話的なファム・ファタールを演じ、人気は絶頂を迎えるが、トーキー以後、急速に忘れられた存在だった。最初に再評価したのは、シネマテーク・フランセーズの創設者アンリ・ラングロワである。

そのルイズ・ブルックスがふたたび復活したのだ。欧米でルイズ・ブルックス自身による回想録*Lulu in Hollywood*、彼女をめぐる証言集*Portrait of an Anti-Star*が刊行され、それを入手した大岡昇平が熱に浮かされるように、文芸雑誌「海」の八四年一月号に「あるアンチ・スター」、同誌三月号に「ブルックスふたたび」を一気に書き上げるや、その後、すぐに『パンドラの箱』の主要場面スチルで構成された豪華本『ルイズ・ブルックスと「ルル」』(中央公論社)として纏められた。

この大岡昇平の刺戟的な論考がとても身近に感じられたのは、ちょうど同じ時期に、私が編集していた「月刊イメージフォーラム」で「ハリウッドの神話学」という特集を組み、当時、ニューヨーク大学の博士課程にいた平野共余子さんに、「私が決して回想録を書かないわけ」というルイズ・ブルックスのエッセイを翻訳してもらい載せていたからだ。

大岡昇平は、このエッセイもさっそく引用し、分析を加えているが、面白いのは、この老大家の異様な熱狂に当てられてしまい、山口昌男、大江健三郎、埴谷雄高、蓮實重彥、山田宏一、四方田犬彦、松田政男といった人たちがルイズ・ブルックス関係の資料を惜しげもなく提供していることだ。筒井康隆にいたっては、以前からブルックスに目をつけて、昭和初期の「キネマ旬報」をほとんど収集していたものの、大岡昇平の文章を読んで、その計画を放棄し、一括送付してきたという。

大岡昇平のエッセイは、『パンドラの箱』の原作者ヴェデキントが創造したヒロイン「ルル」を制度破壊者、トリックスター的道化の文脈で考察したり、当時、『パンドラの箱』の日本版である舞台、蝙蝠座「ルル子」で、日本でも大流行したブルックス刈りをいち早く真似した三宅艶子の証言なども紹介するなど、雑知識、情報が豊富で、興味は尽きない。

筋金入りのスタンダリアンである大岡昇平は、「美は幸福の約束である」というスタンダールの定義を引きながら、《ルイズの顔はなにか幸福を約束していなければならない。それは多分知性をまじえた、友愛的なものだろう。しかしそういいきってしまうには、彼女の身体の曲線には魅力がありすぎ、上眼使いの眼には色気がありすぎる。あれが演技でできるだろうか》と書いている。

当時、この大岡昇平の本をきっかけに、アテネ・フランセやドイツ文化センターで、ルイズ・ブルックスの映画の上映会が幾度か開催された。ただし、上映されたのは『パンドラの箱』『淪落の女の日記』、そして『港々に女あり』にほぼ限られていたと思う。

映画史には、スチル写真を見た記憶だけで、ずっと見たいと切実に夢想してしまうような幻の映画が何本か存在する。私にとって、ある時期までは、プレストン・スタージェスの『サリヴァンの旅』(41)、そしてウィリアム・ウェルマン『人生の乞食』(28)がそういう作品であった。

映画監督の自己探求というメタ・フィクション的な趣向が先駆的な『サリヴァンの旅』で、もっとも魅了されるのは、映画監督サリヴァン(ジョエル・マクリー)と共にホーボーに扮した、女優志願の娘ヴェロニカ・レイクがハンティング帽をかぶった男装で、鉄道の貨車にヘタクソに飛び乗るシーンだ。ヴェロニカ・レイクが、トレードマークである多量な髪が額を覆い尽くすかのような独特のヘアスタイルを封印し、少年のように走り回るシーンは、何度見てもその美しさに陶然となってしまう。

だが、このヴェロニカ・レイクの列車のタダ乗りのシーンには、原典があり、それはサイレント末期の社会派映画『人生の乞食』であるというのが映画史の通説となっている。

最近、不完全な形ながら、その『人生の乞食』をようやく見る機会があり、ホーボーであるリチャード・アーレンとハンティング帽をかぶった男装のルイズ・ブルックスが列車にタダ乗りするシーンを見て、愕然となった。プレストン・スタージェスは、やはり『サリヴァンの旅』で『人生の乞食』のこのシーンを、カット割りまでほとんど丸ごと模倣し、再現していたのだ。これは明らかにパロディというよりもオマージュ、岸松雄ふうに言えば〈心ある踏襲〉と呼ぶにふさわしい。

それにしてもボーイッシュなショート・ボブヘアのルイズ・ブルックスが男装するといったいどうなるか。二重に倒錯した妖しいエロティシズムが生まれるのだ。とくにふたりが干し草の山の中で、一晩過ごすシーンにおける瞳が濡れたルイズ・ブルックスの美しさは筆舌に尽くしがたい。

『サリヴァンの旅』の撮影時、ヴェロニカ・レイクは妊娠していて、当然ながら、危険な列車のシーンは、スタントマンが代役をつとめている。吹き替えをめぐっては、ルイズ・ブルックスの *Lulu in Hollywood* に興味深い記述がある。ロケーション先で、自分の身替わりを演じたスタントマンが、列車から放り出される場面で、確実に死んだと思われるような見事な離れ業をみせたことに深く感動し、彼女は、その青年に、今夜、遅く宿舎の自分の部屋の窓に来れば、入れてあげると誘った。しかし、男は来なかった。翌朝、男は、ロビーで会うと、大声で「ミス・ブルックス」と呼びかけ、声をひそめて「われわれの商売は体が元手なんです。あなたは（私が会ったこともない）映画会社の重役と寝ているという噂です。ところがあの重役は梅毒持ちだということですので」と語ったという。

こんな途方もないエピソードが率直さと親密な語り口で綴られている *Lulu in Hollywood* は、ルイズ・ブルックスという神話的な女優を知るうえで最重要の文献である。私の手許にはバリー・パリスの大部の評伝 *Louise Brooks* もあるのだが、これらの著作をどこかで翻訳・出版できないものかと思う。そして、その際には、ぜひとも『人生の乞食』をニュープリントで上映したい、とあてど（13・07）ない妄想はますますふくらむばかりである。

## 実践者の眼　獅子文六の魅力

昨年（二〇一三年）、ちくま文庫から獅子文六の『コーヒーと恋愛』が復刊された。もしかしたら、獅子文六の静かなブームが起きているのだろうか。永年のファンとしてはうれしい限りだが、周知のように、獅子文六は、映画との関わりが深い。『コーヒーと恋愛』も松竹で『「可否道」よりなんじゃもんじゃ』（63）の題で映画化されているが、井上和男の演出にメリハリがなく、ヒロインの森光子もやや精彩に欠ける。むしろ一九七四年に放映されたNHKの銀河テレビ小説『恋とコーヒー』の渡辺美佐子のほうがはるかに魅力的で、原作の味わいが感じられた記憶がある。

獅子文六の映画化された作品は四十本ほどある。私は三分の一程度しか見ていないが、戦前なら清水宏の『信子』（40）、戦後は渋谷実の『てんやわんや』（50）『やっさもっさ』（53）、松竹と大映の吉村公三郎で競作となった『自由学校』（51）、千葉泰樹の『大番』（57—58）四部作、川島雄三の『特急にっぽん』（61）『箱根山』（62）といった作品がすぐさま思い浮かんでくる。

なかでも、最近、ラピュタ阿佐ヶ谷で上映された野崎正郎の『広い天』（59）は、疎開先に向かう少年と「馬おじさん」と呼ばれる中年の彫刻家との交流を描く隠れた秀作で、馬づらの伊藤雄之助があまりに原作のイメージ通りなので、笑ってしまう。

近年、小林信彦、中野翠、福田和也、堀江敏幸、平松洋子といった読み巧者が絶賛しているせいもあり、獅子文六は、昭和を代表する大衆的なユーモア作家というイメージで語られることが多い。もちろん、その通りなのだが、私は数年前、近所の古本屋で「獅子文六全集」（全十七巻、朝日新聞社）を格安でみつけて以来、折に触れて読み返すたびに、獅子文六はもっと一筋縄ではいかない、巨大なスケールの作家ではないかという思いを強くしている。

たとえば、二・二六事件で九死に一生を得た老首相の皮肉な運命を描いた晩年の傑作『出る幕』のトラジ・コミカルで絶妙な味わいは、ちょっと形容しがたい。こんな意想外な語り口で二・二六事件を描いた小説は空前絶後ではあるまいか。

笠原和夫の『破滅の美学』（幻冬舎アウトロー文庫）に次のような一節がある。

《そういえば、わたしも二度ほど出刃包丁を持とうか、と思ったことがある。

ひとつは、戦争が終って海軍の復員兵として食うや食わずの生活をしていたころで、戦時中、わたしたちの世代なら大方が感奮させられた小説『海軍』の著者岩田豊雄氏が、獅子文六のペンネームで『てんやわんや』『自由学校』を発表し、戦後社会のオピニオン・リーダーとして脚光を浴びているのが許せなかった。海軍の実態は、岩田氏が書いたものとはまったく違う。それはリアリストの岩田氏も認識していたはずである。それを隠して美化し、筆力をもって若者たちを海軍に志向させ、それで死んだものも確実にいたはずだ。なにが『てんやわんや』だ、ふざけやがって——と、二十歳《はたち》前後の荒《すさ》んだ血で、岩田邸に乗りこもうと考えたのだが、これは空想に終ってしまった。いまでも、わたしは獅子文六に好感も敬意ももっていない。ただ、小説『海軍』はいまだに座右に愛蔵している》

たしかに獅子文六は、戦時下に『海軍』を書いたために戦犯の容疑を受けたが、戦後になるや、戦争協力者から、安易に親米の民主主義者に転向した作家たちとは一線を劃すように毅然たる姿勢を貫いた。

　私が獅子文六の面白さを知ったのは花田清輝の影響が大きい。花田清輝は、『乱世今昔談』（講談社）所収の「有名無実」というエッセイで次のように書いている。

《死の直後に発表された『モーニング物語』によれば、獅子文六は、半世紀前にパリでつくったモーニングを一着して、文化勲章をもらいに出かけた。これを、故人がケチだったためであるという人があるが、はたしてそうか。わたしは、そこに、名声というものにほとんど心をうごかされない、ひとりの達人のすがたをみた。おもうに、故人は、戦後、戦犯のリストにのせられたさいにも、大してローバイもせず、虚心にその悪名を受けとったのではなかろうか。達人というのがいいすぎなら、芸術家といいなおしてもいい》

　獅子文六は、『食味歳時記』『飲み・食い・書く』といった食べ物エッセイの名著も多いが、映画に関するエッセイも少なからず残している。獅子文六が、『てんやわんや』でデビューした淡島千景に、「ヘップバーンとコルベールの間に君の道がある」という色紙を贈ったのは有名なエピソードだ。「『大番』余禄」というエッセイでは、小説を書き終わらないうちに始まった映画『大番』シリーズで、途中から淡島千景が演じたおまきさんの評判が高まり、本来、考えていたおまきさんと淡島千景の風貌がちゃんぽんになり、後半は、完全に淡島千景のイメージが作者を支配するようになってしまったと苦笑気味に書いている。

　私は『やっさもっさ』で混血児たちの孤児院の理事長を演じた淡島千景こそが獅子文六の理想的なヒロイン像のように思えてならない。

　一九四〇年に刊行された『牡丹亭雑記』には、獅子文六の笑いに関するエッセイが数多く収められているが、なかでも「映画に現れたユーモア」は、出色な面白さである。幼少期に見たニコニコ大会に始まり、新馬鹿大将、マック・セネットのエロチック喜劇、ウィル・ロジャースの静かなユーモア、マルクス兄弟の瘋癲的ユーモア、チャップリン、ルネ・クレールの諷刺的笑いと自らの喜劇映画体験を回想しながら、日本映画のある喜劇俳優についてこんなふうに書いている。

《だが、藤原釜足という役者だけは、僕の狭い見聞のうちで最も嘱望し得る一人だ。およそ彼ぐらい、平凡な一日本人の体軀容貌を備えた役者はない。まるで、平凡の典型の如きパーソナリティである。そこに、彼の絶大なる強みがあるのだと思う。彼は、あらゆる平凡な日本人の笑いと、悲しみを唄う資格をもっている。芸からいっても、素直で、真実で、P・C・L有数の技術者である。

僕は『坊ちゃん』の中のウラナリを観て、彼に注目し始めたのだが、その後、大体に於て、期待を裏切られていない。（……）彼は現代日本人として濃い属性をもってるのだから、日本の現実から生れた役、演技を与えなければ、ウソである。僕は彼の主演で、牛乳配達かなんかの生活を、シミジミ描いた喜劇が観たい。日本の現代の真実がそこに示されれば、とりもなおさず、それがよいユーモア映画になるわけだ》

藤原釜足の個性をとらえた卓見であると思う。獅子文六は、ほかにも、文学座をつくった盟友岸田國士の娘である岸田今日子を深い愛情をこめつつも怜悧に分析した卓抜なエッセイを書いているし、生涯を通じて無二の親友だった徳川夢声の名著『夢声戦争日記』の書評では、爆撃機の試験飛行中に殉職した夢声の義弟、竜夫の思い出にほとんどの筆を費やしていて、感動的である。

かつて花田清輝が、《三島由紀夫の『近代能楽集』などとはちがって、能狂言の近代化ではなく、能狂言を否定的媒介にして、あざやかに近代をこえることに成功した》と讃嘆したのが岩田豊雄の戯曲『東は東』である。この戦前に発表された狂言形式の一幕物を、一九五四年、上演したのが武智鉄二で、その斬新な演出は、今なお、伝説的な舞台として語り継がれている。

岩田豊雄＝獅子文六は、ピランデルロの『作者を探す六人の登場人物』の名訳者で知られたアヴァンギャルドな芸術家だったのである。

どこか奇特な版元があれば、腕によりをかけて、『獅子文六映画・演劇エッセイ集』を編んでみたいというのが、私のささやかな夢である。（14・03）

その後も、ちくま文庫から『娘と私』『悦ちゃん』『てんやわんや』『七時間半』『自由学校』『青春怪談』『胡椒息子』『バナナ』『箱根山』、さらに河出文庫から『ちんちん電車』、朝日文庫から『おばあさん』『信子』と復刊ラッシュが続いている。

第二章

# 映画、そしてジャズで踊って

中川三郎とベティ稲田
(『舗道の囁き』スチール)

## 天才同士の出会い　スコリモフスキとコメダ

私が昨年見た洋画のベストワンは『アンナと過ごした4日間』（08）だ。ポーランドが生んだ伝説の鬼才イエジー・スコリモフスキが十七年年ぶりに故国で撮った映画である。

舞台はワルシャワ近郊の寒村で、主人公は独身の中年男レオン。彼は家の向かいの看護師寮に住むアンナの部屋を、夜な夜な双眼鏡で覗いている。レオンは、祖母の死をきっかけに、ある日、アンナのお茶に睡眠薬を入れて、深夜、部屋に忍び込み、ベッドで熟睡する彼女の傍らで時を過ごす。映画は、レオンにとっての至福と恩寵に満ちた四日間の出来事を、息詰まるようなサスペンスと絶妙なユーモアを交えて描き出している。

スコリモフスキは一九三八年生まれ。父はナチスの捕虜収容所で虐殺され、母親もレジスタンス運動に関わっていたため、一時期、孤児院で育った。アウシュビッツで母親が虐殺された同時代のポーランドの映画作家ロマン・ポランスキーと同様の悲惨な幼少期を過ごしたといえよう。実際、詩人でボクサー、ジャズ・ミュージシャンでもあったスコリモフスキが一躍注目されたのは、ポランスキーの出世作『水の中のナイフ』（62）とアンジェイ・ワイダの『夜の終りに』（60）の脚本家としてであった。

ポーランド・ニューウェーブの旗手として名声の絶頂にあったスコリモフスキは、長篇五作目の『手を挙げろ！』（67）で〈スターリン批判〉を行ったとされ、当局に国外追放を命じられる。以後、彼は西欧、アメリカ西海岸と世界各地を転々としながら、亡命者のような半生を送ることを余儀なくされるのである。

昨年、東京国際映画祭で来日したスコリモフスキにインタビューした際（「映画．ｃｏｍ」二〇〇九年十月十六日配信）、母国ポーランドへの屈折した複雑な思いを次のように吐露したのが印象的だった。《たとえば、アンジェイ・ワイダは映画を通してポーランドという国を広く世界にアピールしたいと考えています。でも私は彼のような愛国心は稀薄なのです。私は六〇年代に政治的なテーマを描いた『手を挙げろ！』を撮ったために、ポーランドを追放されました。以来、私には、世界中のどんな場所にもルーツがないのです。かつてはズビグニエフ・チブルスキーやクシシュトフ・コメダのような若い時に亡くなった親友たちがいました。彼らこそ、自分のルーツだったのかもしれません。私がつくる映画が、いつもメランコリックな喪失感や愛の困難さをたたえているとすれば、恐らく、そのような私自身の運命と深く関わっているからだと思います》

スコリモフスキの口からコメダの名前を聞いた時には思わずうれしくなってしまった。この〈東欧のミシェル・ルグラン〉ともいうべき天才作曲家兼ジャズ・ピアニストがポーランド映画史に刻んだ偉大な足跡は比類がない。

スコリモフスキはコメダの率いるバンドでドラマーをやっていたこともあり、短篇『タンスと二人の男』（58）を準備中のロマン・ポランスキーに音楽の件で相談され、コメダを推薦したのだという。この不条理劇風な実験映画の傑作が、ポーランド映画史上、前衛ジャズが使われた最初のケースとなったのは周知の通り。以後、コメダはポランスキーと名コンビとなる。

たしかに、『水の中のナイフ』でヨットが疾走するシーンに突然、オーネット・コールマンを思わせるような咆哮するサックスのソロが流れ出す瞬間のエクスタシーは、フランスのヌーヴェル・ヴァーグの諸作をはるかにしのぐほど先鋭的で官能的だった。

六〇年代の後半、コメダはポランスキーとともに渡米するが、『ローズマリーの赤ちゃん』（68）を手がけた翌年、ロスで不慮の交通事故に遭い亡くなってしまう。

コメダとスコリモフスキとのコンビ作ではベルギーで撮られた『出発』（67）のスコアが忘れがたい。当時のアヴァンギャルド・ジャズを牽引していたドン・チェリー、ガトー・バルビエリが痙攣的で壮絶なプレイを聴かせて、圧倒されてしまう。

そういえば、スコリモフスキの映画には、必ずといってよいほど、交通事故や列車事故のシーンが出てくる。彼のもう一人の盟友であり、『灰とダイヤモンド』で非業の死を遂げるテロリスト、マチェックを演じたチブルスキーも六七年、列車に飛び乗ろうとして、ホームとの間に挟まれ、轢死しているのだ。

つねに、根絶やしにされた者に特有の癒しがたい孤絶感、あるいは清澄で、〈メランコリックな喪失感〉がオブセッションのように漂うスコリモフスキの映画は、彼自身にとっての亡き人々へのレクイエム、〈喪の仕事〉にほかならないのかもしれない。

（10・05）

## ウディ・アレンとジャズ　あるいは「いつか聴いた歌」

年末に公開されるウディ・アレンの新作『人生万歳！』(09)の試写を見た。なんと四十本目の監督作品である。かつてノーベル賞候補にもなりながら、落ちぶれた偏屈で厭世的な物理学者ボリスが、家出した若い無知な田舎娘メロディを不憫に思い、世話をするうちに恋が芽生え――。

ボリスを演じるラリー・デヴィッドはウディ・アレンの分身で、まるで『アニー・ホール』(77)や『マンハッタン』(79)の頃のアレン自身を想わせる辛辣で自虐的なユダヤ・ジョークを連発し、突然カメラに向かって観客に話しかけたり、とやりたい放題である。

『人生万歳！』は、『マイ・フェア・レディ』(64)のヒギンズ教授の〈ピグマリオン・コンプレックス〉をパロディに仕立てたような抱腹絶倒の喜劇で、久々に故郷であるニューヨークで撮影しているせいか、アレンがすっかり寛いで、映画づくりそのものを楽しんでいる幸福感が見る側にも伝わってくる。最近のウディ・アレン作品では文句なくベストである。

『ウディ・アレンの映画術』(エリック・ラックス／井上一馬訳、清流出版)は、著者のエリック・ラックスが三十六年にもわたってウディ・アレンにインタビューした対話集の決定版だが、従来の類書と異なり、時系列を自在に往還しながら、脚本、演出、キャスティング、俳優、撮影、編集といった個別のテーマについてじっくり語っているところが大きな読みどころになっている。

なかでも私が一番、興味をおぼえたのは、第七章「背景音楽」のくだりだ。エリック・ラックスは《ウディの頭には、一九〇〇年から五〇年までに作られたほとんどすべての名曲がインプットされていた》と書いているが、これには一片の誇張もない。ウディ・アレンの映画を見る最大の愉しみは、ジョージ&アイラ・ガーシュイン、コール・ポーター、アーヴィング・バーリン、ジェローム・カーン、ロジャース&ハート、ジョニー・マーサーといった二十世紀の至宝である天才ソング・ライターたちのスタンダード・ナンバーを繰り返し聴けることにあるのだから。

『人生万歳！』でも、ボリスが深夜、テレビをつけ、「やはり、これが一番だ」と呟いて、メロディ（エヴァン・レイチェル・ウッド）にフレッド・アステアの映画を見せる場面がある。ＲＫＯというハリウッド五大メジャーの中で最小のスタジオから生まれたアステア&ロジャースのダンス・ミュージカル映画には、前述のガーシュインをはじめとする作曲家たちが不朽の名曲を提供していた。アレンが彼らの曲を好んで使うのはアメリカ映画史へのリスペクトゆえでもあるのだ。

先日、本書の翻訳者である井上一馬さんと一献、傾ける機会があり、その際に、「ウディ・アレンの映画では何が一番、お好きですか？」と尋ねたところ、「『ハンナとその姉妹』ですね」と即答されたので、思わず大きく頷いてしまった。

実は、私も『ハンナとその姉妹』（86）が最も愛するウディ・アレン映画で、封切り以来、何度見ても飽くことがない。娘のような年下の女性に惚れる老いたるインテリ男マイケル・ケインが主人公で、複数の男女が入り乱れるエロティックで哀歓たっぷりの物語は、ちょっと『人生万歳！』に似ているが、なんといっても音楽がすばらしい。私は、擦り切れるほど、この映画のサントラ・アルバムを聴いたが、デレク・スミスのピアノ・ソロによるロジャース&ハートの名曲「You are too beautiful（美しすぎるあなた）」「Isn't it romantic（ロマンティックじゃない？）」は聴くたびに陶然となる。なかでも、マイケル・ケインの浮気のテーマ曲ともいうべきヘレン・フォレストが歌う「I've heard that song before（いつか聴いた歌）」は今でも、時折、ふっと無意識のうちにメロディを口ずさんでいたりする。

ヘレン・フォレストという美しいトーチ・シンガーを知ったのもこの映画のお蔭である。その後、彼女のアルバムを何枚も購入し、ハリー・ジェイムス、アーティ・ショウ、グレン・ミラーといったビッグ・バンドの黄金時代、彼女がいかに絶大な人気を誇った魅惑的な歌手であったかを知った。『マンハッタン』が全篇、ニューヨーク・フィルの演奏によるガーシュインの名曲で彩られているのは周知の通りだ。とくにウディ・アレンとダイアン・キートンが並んで坐っている冒頭に、「ラプソディ・イン・ブルー」が流れ出す名シーンは、もはや語り草になっている。しかし『ウディ・アレンの映画術』によれば、最初の稿では、オープニングに聴こえてくるのは、バニー・ベリガンの「I can't get started（言い出しかねて）」だったと語っているので、驚いてしまった。

バニー・ベリガンは一九三〇年代に活躍したバンド・リーダーで、トランペッターでもあったが、自らヴォーカルも担当した「言い出しかねて」は一世一代の名演として知られている。とくにチェット・ベイカーを想わせるもの憂げで、倒錯的で背徳的な色気をたたえたその独特の声は、一度聴いたら忘れることはできない。

バニー・ベリガンの「言い出しかねて」は、これまでにも何度かスクリーンから聴こえてきたことがある。もっとも有名なのは、ロマン・ポランスキーの傑作『チャイナタウン』（74）だろう。ジャック・ニコルソンの探偵が乗っているカーラジオから、この曲が流れるのだが、背景となる大恐慌後の一九三〇年代という時代の殺伐とした淀んだ空気を、このメランコリックなナンバーが見事に表現しており、『チャイナタウン』のサントラ盤にも収録されている。

この曲をもっとも恐ろしく効果的に使った映画がある。マーティン・スコセッシが学生時代に撮った『ザ・ビッグ・シェイヴ』（67）である。一九八一年、京橋のフィルムセンターで本人も来日して開催された〈マーティン・スコセッシ特集〉で一度だけ上映されたきりの幻の短篇である。ある若い男が真っ白な浴室の鏡の前に立つ。そこへ同時にバニー・ベリガンの甘いヴォーカルが流れてくる。男はおもむろに白い肌着を脱いで上半身裸になり、剃刀を頬に当てる。淡々と髭を剃っているうちに、ふっと頬の下あたりを傷つけてしまう。血がちょっとにじむ。が、しかし、男は気にするふうもなく髭を剃り続ける。やがて、血が一条、スーッと流れ始め、次第にその数がすだれのように増えてくる。やがて、男の顔の下半分は、鮮血に染まってしまう。そして、歌のサビの部分にさしかかると同時に、男は一気に剃刀で咽喉を掻き切り、血の海となった洗面所でこと切れる。

まさに四分四十八秒というこの名演にそのままに捧げられた趣向の、後年の『タクシードライバー』（76）のパラノイアックな世界を先取りしたかのような作品だが、以来、バニー・ベリガンの歌を聴くと、つい、この映画をトラウマのように思い出してしまう。

ウディ・アレンが『マンハッタン』のプロローグで、この名曲を使うのを止めたことはきわめて賢明な判断だった。もし、冒頭で「言い出しかねて」が流れてきたら、『マンハッタン』という映画は、もっと悪夢的で神経症的なニューヨーク讃歌になってしまったに違いない。しかし、時おり、そんなグルーミィなバージョンの『マンハッタン』も見てみたかったなと思うこともある。

（10・09）

ウディ・アレンは、その後も毎年一本のペースで新作を撮り続けているが、とりわけジャズが魅力的に使われているのが『ブルージャスミン』（13）と『カフェ・ソサエティ』（16）である。

## ふたつの『ノスフェラトゥ』 あるいは村上春樹との映画談義

前回、ジャズと映画の話題に触れた際に、ふっと、村上春樹のことを思い出していた。日本でもっとも優れたジャズ批評家は誰か？　私は昔から村上春樹ではないかと思っている。和田誠との共著『ポートレイト・イン・ジャズ』（新潮文庫）を読めば、それは一目瞭然である。

和田誠が描いたジャズメンの肖像画に、村上春樹がエッセイを添えた洒落た本だ。和田誠は、スタンダード・ナンバーの魅力を解説した名著『いつか聴いた歌』（文藝春秋）の著者でもあるが、その彼が、本書のあとがきで《楽曲解説ではなく、ジャズを聴く気分やジャズが持っている力をこんなに適確に文章にできる人を、ほかに知らない》と書いているように、データ資料などを一切使わず、ジャズの本質的魅惑をさらっと一筆書きで透かし彫りにする深い洞察と表現力は神業に近い。

今や書き下ろしの長篇が出るたびに百万部を超えるベストセラーとなり、ノーベル文学賞最有力候補とも目されるほど世界的な名声を得ている一方で、世間から隔絶した隠者のような村上春樹だが、デビュー当時は、もっと身近な存在だった。

村上春樹が「群像」一九七九年六月号に『風の歌を聴け』を発表した当時、彼は千駄ヶ谷で「ピーター・キャット」というジャズ喫茶をやっていた。その頃、私は原宿にあったSF映画雑誌「スターログ日本版」編集部に籍をおいていて、昼休みには、散歩がてら、デザイン部の仲間と連れ立って、「ピーター・キャット」によく顔を出したものだ。カウンターの奥で村上春樹はいつも寡黙で、どこか不機嫌そうな表情で立ち働いていた。明るい陽ざしが射し込む店ではジョン・コルトレーンやアルバート・アイラーなどの過激なアヴァンギャルド・ジャズはかからず、いつも静かな趣味のよいウエスト・コースト・ジャズが流れていた。カウンターの端にポール・ギャリコの『マチルダ』の翻訳本が立てかけてあったのをなぜかよく憶えている。

その後、私は「月刊イメージフォーラム」の編集部に移ったが、八二年、サンリオから『ときにはハリウッドの陽を浴びて』（トム・ダーディス／岩本憲治他訳）というスコット・フィッツジェラルドを筆頭にウィリアム・フォークナー、オルダス・ハクスレー、ナサニエル・ウエスト、ジェームズ・エイジーなどハリウッドに脚本家として雇われたアメリカ文学者たちを描いた評伝が出た。

村上春樹がかつてはシナリオライター志望であり、当時、熱烈にフィッツジェラルド再評価を推進していたことを知っていたので、ぜひ、彼に書評を書いてもらおうと、自宅に電話をすると、「その本なら、もう読んでいますよ」と言って気軽に引き受けてくれた。

その時には、どこか受け取り場所を指定されたものの、私の都合で会うことができず、原稿は郵送してもらったが、自己のシナリオライター挫折体験を軽妙に回想しながら、シナリオと小説の根源的な差異に言及した、とてもよい書評だった。

その後、しばらくして、なぜか村上春樹の家に呼ばれる機会があった。その頃、私の知人が、村上春樹夫人と懇意にしていて、彼の家で数人が集まり、たしか、〈ＬＤ（レーザー・ディスク）で小津安二郎の『秋刀魚の味』と『ブレードランナー』を見る会〉という内輪の企画だった。自宅は千葉の習志野あたりではなかったか。当時、村上春樹は、パロディ雑誌「ビックリハウス」に「人はなぜ千葉県に住むのか？」という愉快なエッセイを連載していた。ちょうど、『羊をめぐる冒険』を書き終えて、代表作『世界の終りとハードボイルド・ワンダーランド』を準備している、作家としても充実していた時期ではなかっただろうか。

今思えば、ワインなどを飲みながら、村上春樹自身の手料理と解説付きで二本の映画を見るという何とも贅沢な体験をしたわけだが、そのときに私は、当時、映画批評界を震撼させていた蓮實重彥の『監督 小津安二郎』（筑摩書房）を丸ごと一冊特集した最新号の「月刊イメージフォーラム」を持参した。村上春樹は、その中に収録されている吉田喜重監督のインタビューを眺めながら、「小津は晩年、新人だった吉田喜重と大喧嘩したんですよね」と呟くので、ああ、ほんとうに村上さんは映画に詳しい人なんだなと思ったのを憶えている。

当時、村上春樹は、今や伝説の文芸雑誌「海」に〈同時代としてのアメリカ〉という長篇エッセイを連載していた。「方法論としてのアナーキズム――フランシス・コッポラと『地獄の黙示録』」、「疲弊の中の恐怖――スティフン・キング」、「反現代であることの現代性――ジョン・アーヴィングの小説をめぐって」「都市小説の成立と展開――チャンドラーとチャンドラー以降」など、どれも刺激的で読み応えがあり、すばらしかった。「あの連載は、本にしないのですか」と尋ねると、「まだ、本にするには分量が少ないですからね」と答えたように思う（この「海」の連載や『ときにはハリウッドの陽を浴びて』の書評を含む、八〇年代に書かれた村上春樹の一連の批評、エッセイ群は、なぜかほとんど単行本化されていない。ぜひ、出して欲しい）。

思えば、ずっと後になって不幸な形で決裂してしまう〈スーパー・エディター〉安原顯との蜜月時代でもあった。晩年は、毀誉褒貶が激しかった安原顯だが、この「海」編集者時代の村上春樹とのコラボレーションは後世に残る傑出した仕事であったと思う。

その頃、私もフィッツジェラルドに心酔していたせいか、とくに、昔、荒地出版社から出ていた龍口直太郎訳の『夜はやさし』が、二度読むといかにすばらしかったかという話題で盛り上がった記憶がある。村上春樹自身が、当時、「フィッツジェラルド体験」というエッセイで、『夜はやさし』について、《今度は感動がやってきた。それはこれまでの読書体験では味わったこともないような感動だった。数カ月前には冗長だと感じた文章の底には熱い感情が暗流となって渦を巻き、堅い岩盤の隙間から耐えかねたようにほとばしり出たその情念は細やかな霧となり、美しい露となって一ページ一ページを鮮かに彩っていた》と見事に表現している。

その数年後、『ノルウェイの森』が超弩級の大ベストセラーとなり、村上春樹は一躍、〈国民作家〉になってしまうのだが、精神を病み、病棟に隔離されるヒロインというこの小説の設定、そして、荒廃した精神の内奥に分け入ろうとする繊細なその〈語り口〉は、私には、『夜はやさし』へのあからさまなオマージュとしか思えなかった。当時、そのことを指摘した文芸批評家はほとんどいなかったように思う。

あの日、『秋刀魚の味』（62）と『ブレードランナー』（82）について、村上春樹がどんな解説をしてくれたのかはまったく憶えていないのだが、ひとつだけ、映画談義をしていて、鮮明に記憶しているエピソードがある。

学生時代に、村上夫婦は、京橋のフィルムセンターでF・W・ムルナウのサイレントの名作『吸血鬼ノスフェラトゥ』（22）を一緒に見て、深い感銘を受けたのだという。ところが、最近、そのリメイクであるヴェルナー・ヘルツォークの『ノスフェラトゥ』（79）をやはり一緒に見て、あまりのひどい出来にすっかり落胆し、怒りすら憶えたのだという。

「この二本の映画の出来の違いって、いったい、何なのでしょうね？」と村上さんは真顔で尋ねるのである。

だいぶ、アルコールも回っていたせいもあり、私は、しばらく考えたふりをして、「ズバリ、才能でしょうね」と答えたのだった。

その言葉を聞いた次の瞬間、村上さんが、奥さん共々、椅子から転げるように大げさにズッコケる仕草をしたのをよく憶えている。

いくらお酒に酔っていたとはいえ、当時、もっとも将来を嘱望されていた気鋭の作家に対して、〈才能〉などという恐ろしい言葉を軽々と使ってしまったことに、私は、すぐさま後悔の念にかられ、しばらくの間、深い自己嫌悪に陥ったのはいうまでもない。

（10・09）

## ジョニー・マーサーをめぐるささやかなアメリカ映画史

先日、「ジャズ批評」誌から「ぜったいジャズ入門」というアンケートが届いた。

そのなかに「これからのジャズ・ファンにすすめたいこの一枚」という設問があり、あれこれ悩んだ末に、クリント・イーストウッド監督の『真夜中のサバナ』（97）のサントラ盤を挙げることにした。クリント・イーストウッドは、以前、このコラムで取り上げたウディ・アレンと同様、アメリカ映画界でもっともジャズに造詣が深い映画作家である。

イーストウッドは、チャーリー・パーカーの伝記映画『バード』、セロニアス・モンクのドキュメンタリー『セロニアス・モンク　ストレート・ノー・チェイサー』を撮っており（ともに88／後者は製作総指揮）、監督デビュー作である『恐怖のメロディ』（原題は*Play Misty for me*）もエロール・ガーナーの名曲「ミスティ」が重要な役割を果たしている。

『真夜中のサバナ』は、イーストウッド作品としては珍しいユルユルの失敗作だが、サントラ盤は超傑作なのだ。というのも、この映画は、アメリカ南部のジョニー・マーサーの邸宅で実際に起きた殺人事件を描いたノン・フィクション（『真夜中のサヴァナ――楽園に棲む妖しい人びと』ジョン・ベレント／真野明裕訳、ハヤカワ文庫NF）が原作であり、全編にわたって、当代一流の歌手たちによるジョニー・マーサーの名曲をふんだんに聴くことができるからである。

K・D・ラングの「スカイラーク」、娘のアリソン・イーストウッドの「降っても晴れても」、ダイアナ・クラールの「真夜中の太陽」、ほかにローズマリー・クルーニー、カサンドラ・ウィルソン、はてはクリント・イーストウッド自身が「アクセンチュエイト・ザ・ポジティヴ」なる地味なナンバーでシブいノドを聴かせてくれる。

ジョニー・マーサーは、ジョージ・ガーシュイン、コール・ポーター、アーヴィング・バーリンとともに二十世紀アメリカを代表するソング・ライターだが、彼らの偉大なキャリアと比較すると、ややマイナーで親しみやすい作風を持っている。それに映画との関わりがとても深いのも私が偏愛する理由のひとつである。

ジーン・ネグレスコのミュージカル映画『足ながおじさん』(55)に流れる「ドリーム」や「サムシングス・ガッタ・ギヴ」は、作詞・作曲ともにジョニー・マーサーだが、彼の持ち味はロマンティシズムにあふれた作詞の領域でもっとも発揮された。シャンソンの名曲「枯葉」（原詞はジャック・プレヴェール）に英語の詞をつけたのも彼である。

ジョニー・マーサーのスタンダード・ナンバーは、映画音楽として発表されたものが多く、中でも一番有名なのは、オットー・プレミンジャーの『ローラ殺人事件』(44)の主題歌「ローラ」である。ジーン・ティアニーが謎めいたファム・ファタールを演じたこの名作は、以後、ハリウッドが量産したフィルム・ノワールの原型の一本となった。

一九六〇年代に入ると、作曲家ヘンリー・マンシーニとのコンビによる名曲でその名前は一躍、ポピュラーなものとなる。ブレイク・エドワーズの『ティファニーで朝食を』(61)の主題歌「ムーン・リヴァー」、『酒とバラの日々』(62)、そしてスタンリー・ドーネンの『シャレード』(63)の主題歌の、思わず口ずさみたくなる美しい旋律は、一度、聴いたら忘れようもない。

私がジョニー・マーサーの作詞でもっとも愛聴する「フールズ・ラッシュ・イン」を初めて聴いたのも、やはり映画の中だったような気がする。

昔、新宿厚生年金会館ホールの裏手の辺りに黙壺子フィルム・アーカイブという小屋があった。ここでは映画評論家・佐藤重臣の解説付きで非合法のアンダーグラウンド・フィルムが常時かかっていて、ノーカット版のジョン・ウォーターズの『ピンク・フラミンゴ』(72)やジャン・ジュネの唯一の監督作品『愛の唄』(50)と並んで定番だったのが、ケネス・アンガーの『スコーピオ・ライジング』(63)だった。

ヘルス・エンジェルたちのオートバイへのメタリックな愛とドラッグ幻想をシャッフルしたこの異様な傑作でもっとも印象的に使われていたのが、リッキー・ネルソンが当時カバーしてヒットさせた「フールズ・ラッシュ・イン」だった。

もともとはクルーナーと呼ばれていた若き日のフランク・シナトラがヒットさせたスロー・バラードだが、近年この曲が最も効果的に使われたのは、ヴィンセント・ギャロが監督・主演した『バッファロー'66』(98)であろう。父親のベン・ギャザラがクリスチーナ・リッチの前でレコードをかけながら口パクで歌うシーン(実際歌っているのはギャロ自身)は、奇妙に感動的だった。

ジョニー・マーサーが作詞を手がけた恐らく最後の映画音楽は、ロバート・アルトマンの『ロング・グッドバイ』(73)である。アメリカン・ニューシネマの末期に、アルトマンは、この傑作によって、ハンフリー・ボガートに象徴される伝統的なハリウッドの探偵映画のジャンルをものの見事に葬送してしまった。

この映画で、アレンジを変えて全編に流れるジョン・ウィリアムスのジャージーなナンバーは忘れがたいが、とくにジョニー・マーサーの哀愁をおびたメランコリックな詞がすばらしい。

映画のラストで、当時、原作のレイモンド・チャンドラーのファンを大激怒させたシーンがある。主人公の探偵フィリップ・マーロウ（エリオット・グールド）が、かつての親友であったテリー・レノックスを射殺してしまうのだ。

そして、メキシコの並木道を遠ざかっていくフィリップ・マーロウの後ろ姿に、「Hooray for Hollywood（ハリウッド万歳！）」の陽気なメロディがけたたましく鳴り響く。

この途方もなく明るいナンバーは、ハリウッドの黄金期、バスビー・バークレーのミュージカル・コメディ『聖林ホテル』(38)のためにつくられたものだ。作詞はもちろん、ジョニー・マーサーである。冒頭、全員が真っ白なスーツを着て、何十台ものジープに分乗したベニー・グッドマン・オーケストラがこの曲を演奏しながら、道路を疾走するシーンが印象的で、まことに能天気なハリウッド讃歌である。アルトマンは『聖林ホテル』のベニー・グッドマンの音源をそのままコラージュのように冒頭とラストで使っている。

アルトマンは、ハリウッドが夢の象徴として楽天的に信じられていた時代をシンボライズする、往年のジョニー・マーサーのナンバーをアイロニカルに引用することで、〈夢の終わり〉の確認と苦い幻滅、さらにはハリウッドへの〈長いお別れ〉を表明したのである。

（10・11）

# 荒木一郎・アフター・ダーク

先日、小沢信男さんから新刊『本の立ち話』（西田書店）を送っていただいた。

小沢信男さんは、周知のように、学生時代に花田清輝に見出された作家で、半世紀にわたって新日本文学会に在籍し、そこで出会った作家たちを回想した『通り過ぎた人々』（みすず書房）は、みずみずしい名著である。以前、私がこのメモワールを「図書新聞」で書評し、また『ものみな映画で終わる　花田清輝映画論集』（清流出版）を編集したことが御縁となって、新著が出るたびに、送っていただいている。

小沢さんはポルトレの名手で、『本の立ち話』にも佐多稲子、長谷川四郎、川崎彰彦といった作家の見事なスケッチが収められているが、『通り過ぎた人々』で最も印象に残ったのは菊池章一という文芸批評家だった。

慶應大学出身で、いつもベレー帽をかぶって小脇にフランス語の原書を抱えていたという、このほそおもてで垂れ眼、長身痩軀の人物は、戦時下に女優の荒木道子らと劇団を創設して、治安維持法にひっかかり、留置場にぶちこまれてもいる。

やはり、戦時下、社会思想研究家だった父親が投獄されるという過酷な時代を描いた映画『母べえ』（08）の原作者、野上照代さんも『蜥蜴の尻っぽ　とっておきの映画の話』（文藝春秋）の中で、戦後、人民新聞社の編集者時代に知り合った、ダンディな菊池章一にすごく憧れたと述懐している。

『通り過ぎた人々』で、小沢信男さんは、さりげなく、この時期に菊池章一と荒木道子は結婚し、生まれたのが荒木一郎だったと書いているが、恐らく荒木一郎の父親の名前が活字で明かされたのは、この本が初めてではなかったろうか。

私のような一九六〇～七〇年代に日本のポップスを浴びるほど聴いて育った世代にとって、荒木一郎とはなによりも不世出の天才シンガー・ソングライターである。

たとえば、ビート・ジェネレーションの聖典、アレン・ギンズバーグの長篇詩「吠える」（諏訪優訳）に、奔放で大胆なロックのリズムの曲をつけた大作「僕は君と一緒にロックランドに居るのだ」は、今、聴いてもまったく古びてはいない。

恩地日出夫の名作『めぐりあい』（68）の冒頭に流れる、荒木一郎が歌った主題歌「めぐり逢い」（作詞も荒木一郎、作曲は武満徹だ！）は、日本の映画音楽史上、もっとも抒情的で美しいスコアのひとつである。

荒木一郎は、映画俳優としても、その存在感は突出していた。

たとえば、大島渚の『日本春歌考』（67）でも、大学受験のために上京した高校生に扮した荒木一郎のぶっきらぼうで虚無的な、不穏な佇まいは、引率の教師を演じた伊丹十三をはるかに凌駕するほど魅力的だった。

さらに、荒木一郎は、中島貞夫の『893愚連隊』（66）『現代やくざ　血桜三兄弟』（71）といった東映のヤクザ映画、村川透の初期日活ロマンポルノの傑作『白い指の戯れ』（72）でも、時には飄々としたチンピラ、時には深い鬱屈を抱えたオタク青年、ニヒルなスリなどをリアルに演じて忘れがたい印象を残した。

七〇年代の半ば頃、三軒茶屋の名画座で見た『スキャンダル夫人』（73）という珍品がある。かつてマスコミを賑わしたデヴィ夫人の愛人スキャンダルと六〇年安保をテーマにしたエロティックな映画で、監督は鬼才武智鉄二だった。全編がキワモノというか前衛舞台劇のような趣向で、荒木一郎は、たしかヒロインのビデ夫人（！）の愛人役を演じていたと思う。この頃は、荒木自身がワイセツ事件スキャンダルに巻き込まれ、音楽業界からパージされていたから、なにやら破れかぶれといった風情の不思議な迫力を感じさせた。

二〇〇六年、ラピュタ阿佐ヶ谷のレイトショーで「ICHIRO ARAKI after dark」と題した荒木一郎の映画祭を企画したことがある。この特集では、何とかこの『スキャンダル夫人』を上映したかったのだが、八方手を尽くしても遂にプリントが見つからなかった。まさに曰くつきの幻のカルト映画といえようか。

この荒木一郎映画祭は、新聞でも取り上げられて一部で話題になり、レイトにもかかわらず、プログラムを追うごとに、とくに若い女性が目立って増えてきた。その評判を聞きつけたのかどうか、急遽、楽日に、荒木一郎本人が来場することが決定した。

当日は、私が司会で一時間ほどトークを行ったが、還暦を過ぎているにもかかわらず、ジーパン、ジージャンにレイバンのサングラスというスタイルで颯爽と荒木一郎が登場した瞬間、若い女性で熱気ムンムンの場内から一斉に溜め息がもれたのを思い出す。

ちなみに特集のタイトルは、荒木一郎が書いた小説『ありんこアフター・ダーク』（河出書房新社）をもじったものである。この書名自体が、カーティス・フラーの名盤『ブルースエット』の大ヒットナンバー「ファイブ・スポット・アフター・ダーク」のもじりであるのはいうまでもない。『ありんこアフター・ダーク』は、渋谷のジャズ喫茶「ありんこ」にたむろする高校生の眼を通して、東京オリンピック前夜の東京を描いたジャズ小説で、とくに、六〇年代前半の渋谷と新宿の風景をこれほどヴィヴィッドにとらえた作品はほかにない。荒木一郎は文庫版（小学館文庫）の「あとがきのかわりに」で《十八歳から二十歳まで、私は、ダンモのバンドを持ち、タイコを叩いていた。街には、チンピラのヤクザがあふれていたが、私たちは、それとは違う意味の不良だった。（……）私は、いつか小説を書こうと思った。そこに起こった、その路地裏で起こったいくつもの出来事、いくつもの青春をこの音にのせて書いてやろうと思った》と書いている。実際に、『ありんこアフター・ダーク』は、政治的メッセージをしのばせた五木寛之のセンチメンタルなジャズ小説よりもはるかに優れた傑作だった。

荒木一郎は、他にも処女作である『シャワールームの女』（大和書房）や『雨の日にはプッシィ・ブルースを』（河出書房新社）といった洒落たミステリー、ハードボイルド小説を書いているが、いつ頃からか、ぷっつりと書くのをやめてしまった。

音楽活動のほうは、最近、久々にライブを行ったようだが、名曲「ジャニスを聴きながら」「空に星があるように」「君に捧げるほろ苦いブルース」を聴くたびに、その歌詞のリリックな美しさには、あらためて感嘆してしまう。

荒木一郎の特異で詩的な言語感覚はどこからくるものなのか、ずっと謎だったのだが、最近、近所の古本屋で、菊池章一の『戦後文学の五十年』（武蔵野書房）という大部の本を格安で見つけた。

自伝的な回想をまじえながら、花田清輝の『復興期の精神』、大岡昇平の『酸素』、長谷川四郎の『目下旧聞篇』、大西巨人の『迷宮』などを仔細に論じたこの評論集を拾い読みしていると、荒木一郎という天才の裡には、間違いなく、この〈戦時下に、ベレー帽をかぶり、フランス語の原書を抱えていた、反骨のダンディ〉の血が流れていることを、しみじみと実感したのだった。（11・03）

二〇一六年は荒木一郎再評価の年となった。十月三日には歌手デビュー50周年を記念してオーチャードホールでプレミアムコンサートが開催。十月十五日からはシネマヴェーラ渋谷で特集「荒木一郎の世界」が組まれたが、『スキャンダル夫人』はやはり見つからなかった。語り下ろしによる『まわり舞台の上で／荒木一郎』(文遊社)が刊行され、私も「文學界」十一月号でロングインタビューを行なった。

## ジャズで踊って、または幻のタップ映画『舗道の囁き』

最近、戦前の日本のジャズソングが静かなブームになっている。「君恋し」「アラビヤの唄」「私の青空」で知られる日本最初のジャズ歌手二村定一の評伝が二冊も出ているし、二村定一、ディック・ミネ、川畑文子、岸井明などのアルバムを復刻した『ニッポン・モダンタイムス』シリーズ、昭和初期のマイナーレーベルのSP盤を復刻した『ニッポンジャズ水滸伝』シリーズも売れているらしい。

このブームの発火点となっているのは、明らかに、色川武大の傑作短篇集『怪しい来客簿』(話の特集)や『なつかしい芸人たち』などの一連の芸人を描いたサブカルチュア・エッセイ集、そして瀬川昌久さんの『舶来音楽芸能史　ジャズで踊って』(清流出版)である。

とくに瀬川昌久さんの『ジャズで踊って』は、大正末期に日本に渡来したジャズが、戦前の昭和モダニズム文化の中でいかに豊かに開花したかを貴重な資料を駆使して描いた類例のない名著である。前述のふたつのCD復刻版シリーズも瀬川さんが監修をされている。

『ジャズで踊って』は、一九八三年にサイマル出版会から上梓されたが、直後に版元が倒産したため、長い間、入手困難になっていた。当時、古書店で見つけて愛読していた私は、清流出版に企画を持ち込み、瀬川さんの幼少期から戦争時に至る体験記、エノケン劇団のくだりを大幅に加筆していただき、二〇〇五年に増補決定版として復刻することができた。

サイマル出版会版の表紙は川畑文子、小杉勇、杉狂児が主演の音楽映画『うら街の交響楽』(35)だったが、復刻版のカバーは、瀬川さんとご相談して、本書でも言及されている、戦前の昭和モダニズムの粋ともいうべきミュージカル映画『舗道の囁き』(36)で中川三郎とベティ稲田が踊っているシーンをあしらったものにした。

『舗道の囁き』は、数奇な運命をたどった幻の映画である。加賀まりこの父親で戦後、大映のプロデューサーとして活躍した加賀四郎が、昭和十一年、自ら独立プロを興し、加賀ブラザース第一回作品として製作した日本初の本格的なタップ映画なのだ。加賀四郎は、RKOのドル箱であったフレッド・アステアとジンジャー・ロジャースの陽気なミュージカル映画が大好きで、若手のトップダンサー中川三郎と人気ジャズ歌手ベティ稲田を起用した本作は、日本版アステア&ロジャース映画を目指したとおぼしい。

ストーリーは、本家と同様に、まことに他愛ないボーイ・ミーツ・ガールもの。アメリカ生まれのジャズ・シンガー、ベティ稲田が鳴り物入りで来日し、成功を収めるが、悪徳興行師にギャラを持ち逃げされ、たちまち淪落の淵に沈む。そんな時に彼女は失業中のバンドマスター中川三郎と出会う。お互いに惹かれ合うが、紆余曲折があって、中川はバンドの再起をかけたコンクールに応募し、ベティ稲田も駆けつけて、見事、コンクールに優勝する。

『舗道の囁き』の監督は松竹の大スターだった鈴木傳明である。加賀四郎は、当時、松竹の城戸四郎撮影所長と衝突し、岡田時彦、高田稔とともに松竹を飛び出した鈴木傳明を、この作品に抜擢したのだが、公開直前になって、松竹サイドから圧力がかかり、結局、製作時には一度も上映されないまま、葬り去られてしまったいわくつきの作品なのだ。

先日、秦早穂子さんの『影の部分』の出版パーティでお会いした映画評論の重鎮・佐藤忠男さんに、『舗道の囁き』という作品をご存じかどうかお尋ねしてみたが、大部の日本映画史を書かれている佐藤忠男さんもまったく聞いたことがないとおっしゃっていた。

実は、終戦後の昭和二十一年に、『思い出の東京』という題名で、松竹の配給でひっそりと公開されたことがあるのだが、その後は、プリントの所在すらわからなくなってしまっていた。

ところが、その『舗道の囁き』のプリントが、一九九一年にカリフォルニアのＵＣＬＡで発見された。そして、京橋のフィルムセンターに寄贈された際に一度だけ上映されたが、その後は、ほとんど見る機会のない、まさに伝説の映画となっていたのである。

『舗道の囁き』を見て、驚くのは、天才タップダンサーと言われた中川三郎（当時、なんと十九歳！）のソフィスティケートされたタップの妙技であり、ベティ稲田の独特のフレージングを利かせたジャズソングの数々である。

たとえば、中川三郎に援けられたベティ稲田が、彼のアパートで一夜を過ごした翌朝、食事の用意をしながら、ふいに「ブルー・ムーン」を口ずさむと、それに合わせて中川が突然、タップを踊り出すシーンなどは、まさに、アステア＆ロジャース映画を彷彿とさせる愉しさである。

なによりも、巻頭から、ふたりのデュエットで何度もリフレインされる服部良一作曲の主題歌「舗道の薔薇」がすばらしい。音楽担当の服部良一は、戦前すでに松竹歌劇団の笠置シヅ子と組んだ一連のジャズ・ナンバーで圧倒的な名声を得ていたが、『舗道の囁き』の洗練されたアレンジの数々のナンバーを聴いていると、〈日本のジョージ・ガーシュイン〉という瀬川昌久さんの評言がなんら誇張ではないように思えてくる。

その幻のタップ映画『舗道の囁き』を、二〇一二年七月一日（日）、午後二時から、ザムザ阿佐谷で、瀬川昌久さんのトーク付きで上映することになった。私は、以前から、瀬川昌久さんの監修・解説で日本のミュージカル／ジャズ映画の歴史的なアンソロジー、いわば日本版『ザッツ・エンタテインメント』がつくれないものかと夢想していたのだが、今回、ようやく、その端緒となるイベントが実現できそうである。

当日は、瀬川さんの発案で、加賀四郎の長男で大映、松竹でプロデューサーをされていた加賀祥夫さん、中川三郎の長女で女優、タップダンサーの中川弘子さんにもゲストで登場いただく予定である。

日本のジャズ評論の最長老である瀬川昌久さんは、学習院初等科から東大法学部まで、ずっと三島由紀夫の同級生で、三島とは最晩年まで家族ぐるみの親密な交流があったことは意外に知られていない。私は、折に触れて、瀬川さんから三島由紀夫をめぐる思い出のエピソードを伺うのだが、とても興味深い。

三島自身、一九五〇年代に初めてニューヨークへ行った時の旅行記『旅の繪本』（講談社）の中で、当時、富士銀行のニューヨーク支局にいた瀬川さんの案内で、夜な夜な、「ウエスト・サイド・ストーリー」の初演ほか、ブロードウェイの芝居を観まくっていた刺激的な日々のことを、実に愉しげに回想している。

私が、瀬川昌久さんを心底うらやましいと思うのは、一九五三年、カーネギーホールで、チャーリー・パーカーとビリー・ホリデイの生のステージを聴いていることだ。ジャズにしろ映画にしろ、同時代で天才たちに出会うことの特権、かけがえのなさというものがあり、そういう稀有な体験した人の言葉こそ、今、もっとも読まれるべきである。

そろそろ、瀬川昌久さんの『ジャズで踊って 戦後篇』を、まとめなければと思っているところなのだ。

（12・06）


二〇一六年、瀬川昌久さんの六〇年におよぶジャズ評価活動を集大成した『瀬川昌久自選著作集 チャーリー・パーカーとビッグ・バンドと私 1954-2014』（河出書房新社）が刊行された。

## 『ブルージャスミン』と「ブルー・ムーン」

『ブルージャスミン』は、近年、ヨーロッパの各都市を舞台に、いささか弛緩したロマンティック・コメディを連作していたウディ・アレンが、ひさびさにアメリカ西海岸を背景に撮ったダークな味わいのドラマだ。セレブリティの世界から転落したヒロイン、ジャスミン（ケイト・ブランシェット）が、どん底からはい上がろうと身悶える姿を冷徹にとらえたウディ・アレンのまなざしは辛辣きわまりない。

虚栄心の塊のようなケイト・ブランシェットは、なまなかな感情移入を完璧に拒むヒロインだが、狂気の淵をのぞかせる、その鬼気迫る演技には、ただ圧倒されるほかない。最近のウディ・アレンの映画ではもっとも心に沁み入る、チェーホフ的ともいうべき、苦いメランコリックな笑いに彩られている。

現在のアメリカ映画界で、ウディ・アレンは、ジャズのスタンダード・ナンバーをもっとも愛情をこめて、巧みに使う映画作家だが、この作品では、ケイト・ブランシェットが、「大切な出会いの歌なの、歌詞は忘れたけど」と呟き、「ブルー・ムーン」が何度も流れる。とりわけ、幕切れで、コラル・フォークスのピアノソロによる「ブルー・ムーン」の旋律が聴こえてくると、なんだか粛然たる思いにとらわれてしまった。

「ブルー・ムーン」は、「ロマンティックじゃない?」「時さえ忘れて」「恋に恋して」「イッツ・イージー・トゥ・リメンバー」「マイ・ファニー・ヴァレンタイン」などの名曲で知られるロレンツ・ハート&リチャード・ロジャースの代表作といってよいだろう。

この名曲の誕生には、紆余曲折がある。最初は、クラーク・ゲイブルとウィリアム・パウエル主演の『男の世界』(34)のなかで「ザ・バッド・イン・エヴリマン」という曲名で、挿入歌として使われている。ただし、歌手シャーリー・ロスがメロディを口ずさむシーンがあっただけで、ほとんど話題にはならなかった。そこで、ロレンツ・ハートが「ブルー・ムーン」の題で新たに詞を書くと、今度は、当時の美人歌手コニー・ボズウェルが歌って大ヒットとなった。

私の手許にも、メル・トーメ、ジュリー・ロンドン、ディーン・マーチン、ビリー・ホリデイ、サラ・ヴォーンなどが「ブルー・ムーン」歌ったアルバムがあるが、とりわけ、私が密かにトニー・ベネットの最高傑作と考えている名盤『ロング・アンド・ファー・アウェイ』に入っているバージョンは、何度、聴いても陶然となる、すばらしい絶唱だ。

「ブルー・ムーン」は、一九六一年には、ザ・マーセルズがアップテンポのドゥー・ワップのスタイルで歌ってミリオンセラーとなったが、私が、この曲を最初に強烈に印象づけられたのは、ジョン・ランディスの『狼男アメリカン』(81)だった。この映画では、ザ・マーセルズのバージョンをメインにして、サム・クックのソウルフルな熱唱、そしてボビー・ヴィントンの甘く切ない「ブルー・ムーン」がそれぞれ使われている。

『狼男アメリカン』は、最初は『ブルー・ムーン殺人事件』という素敵な邦題だったはずで（原題は *An American Werewolf in London*）、当時、ＳＦ映画雑誌「スターログ日本版」の編集者だった私は、早めに試写を見て、『ブルー・ムーン殺人事件』の題で、紹介記事を書いた記憶がある。なぜ『狼男アメリカン』などというつまらないタイトルに変わってしまったのだろうか。

日本映画で、もっとも早く「ブルー・ムーン」が使われたのは、間違いなく、以前、このコラムで紹介した鈴木傳明が監督した『鋪道の囁き』（36）だろう。

インストルメンタルでは、フェリーニの『8½』（63）で、マルチェロ・マストロヤンニの映画監督が愛人サンドラ・ミーロと逗留しているロケ地に、妻のアヌーク・エーメが初めて登場するシーンに流れる「ブルー・ムーン」が忘れられない。『8½』は、ニーノ・ロータのさまざまに変奏される主題曲が有名だが、既成のスコアでは、湯治場のシーンでダイナミックに響きわたる「ワルキューレの騎行」と「セヴィリアの理髪師」が傑出した効果を上げているのは周知の通り。なかでも、広場のステージで、フル・オーケストラが演奏する哀愁に満ちた「ブルー・ムーン」は、なんともゴージャスであった。

ところが、最近、ＤＶＤで見直したところ、この場面に使われていた「ブルー・ムーン」が、まったく別な曲に替えられていた。これはいったい、なぜだろう。著作権の問題なのだろうか（ＶＨＳヴィデオでは間違いなく「ブルー・ムーン」が使われている）。

二〇〇八年、ＰＦＦ（ぴあフィルムフェスティバル）のダグラス・サーク特集で上映された『いつも明日がある』（55）でも「ブルー・ムーン」が印象的に使われていたのを思い出す。二十年ぶりに再会したバーバラ・スタンウィックとフレッド・マクマレーがふたたび恋に落ちる苦いメロドラマだが、愛の記憶につながる「ブルー・ムーン」の旋律にのせて、ふたりがダンスをする場面の素晴らしさには感嘆するほかない。

最後に、「ブルー・ムーン」の極め付けといっていい名演を紹介したい。狂気じみたアナーキーな笑いが炸裂するマルクス兄弟の映画のなかでも、もっとも豊かな音楽性が感じられるのが『マルクス兄弟珍サーカス』(39)である。サーカス巡業の移動列車内で、チコがピアノで弾く「ビア樽ポルカ」、グルーチョが怪しげな振り付けで歌い踊る「刺青の女リディア」も実に可笑しいが、何と言っても、動物園で、黒人たちのコーラスをバックに、ハーポが「ブルー・ムーン」をハープで弾くシーンが白眉だ。典雅きわまりないハーポの演奏に陶然とした表情で聴き入っている少女のショットがあるが、マルクス兄弟のなかでも屈指の、神々しさすら漂う感動的な場面であった。

(14・05)

## 和田誠　または寛大なるイロニスト

最近、私が編集した「ジャズ批評」七月号の「日本映画とジャズ」特集で、和田誠にジャズピアニスト・作曲家の八木正生についての追想ふうなエッセイを書いてもらった。故人への真正な尊敬の気持ちが伝わってくる見事な一文で、あらためて和田誠という稀有なマルチ的な才能をめぐって思いをはせた。

和田誠には、本業のイラストレーター以外に、エッセイストとしても名著がたくさんある。私の好みではジャズのスタンダード・ナンバーの魅力を綴った『いつか聴いた歌』がトップに来るが、

『ビギン・ザ・ビギン――日本ショウビジネス楽屋口――』もすばらしい。

そして、もちろん名セリフを介して映画の魅力に迫ったエッセイ集『お楽しみはこれからだ』全七冊があり、山田宏一との無類に楽しい対談集『たかが映画じゃないか』（以上文藝春秋）、『ヒッチコックに進路を取れ』（草思社）と枚挙にいとまがない。

私が初めて買った和田誠の本は、一九七三年に出た『PEOPLE　和田誠肖像画集』（美術出版社）である。草森紳一が、当時、この画集を丸ごと論じた「寛大なるイロニー」というエッセイで、《『PEOPLE』は私の宝ものである》と絶賛していたが、私も未だに手許においてあり、時々ページをめくると得も言われぬ至福感に包まれる。

巻頭に横尾忠則の「和田誠の似顔絵について」というエッセイが収められているが、これは、今に至るも、もっとも優れた和田誠論だろう。

横尾忠則は、神戸新聞社にデザイナーの卵として勤めていた一九五七年に、和田誠が「夜のマルグリット」と題するイヴ・モンタンの似顔絵をあしらった映画ポスターで、日宣美賞を受賞したことに大変なショックをうけたと告白している。

《こうして和田君は今日、ついに自らの手で、グラフィック・デザインの世界に庶民性とアイロニイとエンターテイメントというデザインにとって重要な要素をうえつけた。(……) また和田君は自らの趣味という、非常に個人的で没社会的な領域を縦に掘り下げながら、いつのまにか横の社会と大きなパイプで結合させてしまった》

さらに、横尾忠則は次のように書いている。

《和田君はアングラやアバンギャルドなる芸術が大嫌いである。まあこうした運動は非常に自己主張的であり、時には暴力的なコミュニケーションの方法をとる。しかしこうした暴力的な表現の背景には性や死のイメージにささえられた、人間の生々しい欲望が露出した狂気の世界があるが、ぼくは最近こうした不安な芸術が、なんともいやになってきた。（……）このことはぼく自身がマイナスの不安の想念にささえられている証拠でもある。こんなとき和田君の人間愛に満ちた似顔絵などをみるとぼくは本当にほっとするのである》

アングラとサイケデリックの時代を象徴する存在だった横尾忠則が、自分と対極にある和田誠の個性を見事に洞察したエッセイだが、いくつか気になる指摘もある。たとえば、和田誠は、ほんとうにアヴァンギャルドが嫌いだったのだろうか。

ひとつ、思い出したエピソードがある。

一九八四年の秋、「月刊イメージフォーラム」で、和田誠が最初に監督した劇映画『麻雀放浪記』をめぐって、一緒に脚本を書いた澤井信一郎監督と対談してもらったことがある。場所は、当時、澤井さんが『Wの悲劇』を撮影していた東映の大泉撮影所近くの小料理屋だった。

その前年に二号にわたって『天城越え』（83）をめぐる三村晴彦監督と澤井信一郎監督の徹底討議が載ったことがあり、この時の舌鋒鋭い澤井監督の論客ぶりはすさまじいものだった。和田さんもそれを読んでいたので、ある程度、覚悟はしていたようだ。とにかく、澤井さんは具体的なディテールをめぐって鋭い突っ込みを入れてくるので、司会の私も思わず手に汗を握るような白熱した対話となった。とくに和田さんの演出について、カット割りはうまいが、割ったカットの中の充実度が足りないという指摘には、和田さんもかなり応えた感じであった。

その帰り、ぐったりと疲れて、和田さんと西武池袋線に乗っている時に、私は、ふいに「『麻雀放浪記』のラスト近く、バクチ打ちの出目徳（高品格）の死体が水たまりに転げ落ちるシーンを見て、ルイス・ブニュエルの『忘れられた人々』（50）を思い出しました」と呟いた。

すると、和田さんはちょっと驚いたような顔をして、「実はね、まだ、これは山田宏一にも言っていないんだけど、あのシーンを原稿用紙に書いている時に、突然、中学生の時に見た『忘れられた人々』の不良少年の死体がごみ溜めに落ちていくシーンを思い浮かべたんだよ。僕とブニュエルって、みんな、意外に思うだろうけどね」と話してくれた。私が、密かにわが意を得たりと思ったのはいうまでもない。

しかし、たしかに、心優しいユーモリスト風な和田誠のイメージと〈魔と残酷の発想〉に憑りつかれた過激なシュルレアリスト、ルイス・ブニュエルとは、一見、結びつかないような気もする。

その十年後、『怖がる人々』(94)がビデオ化された際に、今度は「AVストア」で、ひさびさに和田誠にインタビューをする機会があった。その時に、和田さんが何気ない雑談のさなか、「僕が一番好きな評論家というのはねえ」と言いだした。

私はそれまで、和田誠のエッセイ集をかなり読んでいたので、恐らく、植草甚一か、双葉十三郎、野口久光、あるいは淀川長治あたりだろうと想像していた。しかし、和田さんが口にしたのは、まったく意外な名前だった。

「花田清輝なんだよ」

思えば、日本で、ブニュエルの『忘れられた人々』を最初に高く評価したのは花田清輝であった。花田清輝がもっとも充実した時期に上梓した『大衆のエネルギー』(講談社)や『映画的思考』(未來社)には、その批評が載っているし、若き日の和田誠はそれらを当然、読んでいたことであろう。

それを証明するかのように、和田誠編となるアンソロジー『モンローもいる暗い部屋』(新潮社)には花田清輝の秀逸なギャング映画論「悪党の今日的な在りかた」がちゃんと収められている。

和田誠は、もっとも匿名性の強いポピュラー・カルチャーである映画のポスターで初めて日宣美賞を獲り、一九六〇年代には、武満徹や寺山修司、八木正生らと映画音楽を一緒につくり、創刊から関わった「話の特集」の斬新なレイアウトでクラス・マガジンの黄金時代を切り開いた。さまざまなジャンルを軽々と越境し、八面六臂の活躍を続ける和田誠とは、もしかしたら、かつて花田清輝が提唱した、真の大衆性を持つ〈アヴァンギャルド芸術〉をもっとも理想的な形で体現した芸術家ではなかろうか。

そういえば前述のエッセイで、草森紳一が『PEOPLE』でもっとも気に入ったという作品は、眼光鋭いルイス・ブニュエルを描いた肖像画であった。なるほど「寛大なるイロニー」とは、和田誠のクールな作風を形容するにもっともふさわしい。

（13・08）

第三章

# 偏愛する映画作家たち

アイダ・ルピノ
（『ハイ・シエラ』スチール）

## イーリング・コメディとは何だったのか?

数年前から企画・編集を手がけてきたチャールズ・バーの『英国コメディ映画の黄金時代——『マダムと泥棒』を生んだイーリング撮影所』(宮本高晴訳、清流出版)がようやく完成間近となった。この大部の書物は、イギリスの大プロデューサー、マイケル・バルコンが主宰していたイーリング・スタジオの歴史を活写した唯一無二の名著であり、本書によって、日本では永らく伝説の存在であった〈イーリング・コメディ〉の全貌が初めて明らかになるはずである。

しかし、イーリング・コメディとは何だったのか?

たとえば、オペラ演出家・三谷礼二は「P・S、I LOVE YOU」というプレストン・スタージェスをめぐる美しいエッセイ(『オペラのように』所収、筑摩書房)の中で、《イギリス伝統のドキュメンタリーに、スタージェス風サタイアが結びついたのが、(……)バルコン・タッチのコメディではないか》と書いている。

生前、三谷さんから、学習院高等科時代に、二年後輩だった蓮實重彥さんと未公開のイーリング・コメディを見られないがゆえに熱狂的に語り合っていたという話を伺ったことがある。戦後の映画黄金時代を肌で知っている彼らのような桁外れの映画狂にとっても、イーリング・コメディはずっと長い間、幻の映画群だったわけである。

その日本未公開のイーリング・コメディの代表作が、最近になって、ようやくDVDで見られるようになった。最初に度肝を抜かれたのは、ロバート・ヘイマーの『カインド・ハート』(49)である。貴族の血を引く青年(デニス・プライス)が親類縁者を次々に殺害し、母親を勘当した一族に復讐を果たすというブラック・コメディで、主人公のナレーションによる畳みかけるようなテンポのよい語り口、多彩でユーモラスな殺害方法も意表を突くが、なによりも、犠牲となる八人の貴族全員をアレック・ギネスが一人で演じているのに茫然となった。

ここでのアレック・ギネスは、『博士の異常な愛情』(64)で一人三役を熱演したピーター・セラーズも顔色なしと思わせる優雅な名演で見る者を圧倒するのだ。スタンリー・キューブリックが生涯、憧れていたサッカレーからイーヴリン・ウォーに至る俗物を笑殺する辛辣なイギリス的ユーモアの真髄とは、まさにこれではないかと思われる。

フリー・シネマの俊英トニー・リチャードソンの『トム・ジョーンズの華麗な冒険』(63)で、主人公を誘惑する好色な夫人を演じたジョーン・グリーンウッドが、この作品でも冷酷で計算高い官能的なヒロインを演じていて、忘れがたい。このような邪悪さとロマンティシズムという、一見、相反する魅力を兼ね備えたヒロインは、たとえば、同時代のアメリカのコメディではなかなか見当たらない。

チャールズ・バーは、本書の中で、《この映画の主人公の〈母親〉は『市民ケーン』(41)の母親と同じくらい重要な意味をになっている。（……）英国映画のなかでもっともすばらしく、記憶に残る作品》と称讃している。さらに、《イーリング映画のなかで、論評するのがもっとも困難な作品である。その意味は映画の表面にはほとんどあらわれていないし、明確なことばに還元するのがきわめてむつかしい》と指摘している。ロバート・ヘイマー自体が、まったく未知の映画監督だったが、そのアイロニーにあふれ、ひねりのきいた独特の笑いの感覚は傑出している。

何本かの作品をDVDで見ていくうちに、イーリング・コメディにおいては、監督ではアレクサンダー・マッケンドリック、ヘンリー・コーネリアス、チャールズ・クライトン、脚本家ではT・E・B・クラーク、俳優ではアレック・ギネスがもっとも重要な存在であることが、おぼろげながらわかってきた。

そして、日本未公開のイーリング・コメディの中でも決定版といえるのが、チャールズ・バーが、パゾリーニの『テオレマ』（68）の主人公と比較した、マッケンドリック監督、アレック・ギネス主演の謎めいた傑作『白衣の男』（51）なのである。

（10・07）

＊

日本で封切られた数少ないイーリング・コメディで最も有名なのはアレクサンダー・マッケンドリックの『マダムと泥棒』（55）である。この映画を当時、絶賛した花田清輝は、後年、同じ監督の『サミー南へ行く』（63）も誉めていたから、お気に入りだったのだろう。

もし、マッケンドリックの代表作『白衣の男』が、当時公開されていたら、花田清輝は、間違いなく『チャップリンの殺人狂時代』（47）を論じた「ファルスはどこへいったか」に匹敵するような名エッセイを書いていたと思う。いかにも花田好みの皮肉なユーモアと辛辣な諷刺精神に満ちた傑作なのだ。

『白衣の男』はこんな話である。シドニー（アレック・ギネス）という科学者が、絶対に汚れず、いくら洗濯しても擦り切れない繊維を開発する。そのため繊維業界は大パニックとなり、業界の大立者たちは彼を買収し、量産をふせごうとする。一方、対立するはずの労働組合員たちも、衣類の生産が激減すると危惧してシドニーを指弾する。クライマックスは、労使双方が不気味な群集と化し、深夜、街中を純白の服を着たシドニーを追いつめていく悪夢のような場面で、実にコワい。『白衣の男』は、資本主義の抱える根本的な矛盾そのものを鋭く突いた社会諷刺の寓話で、これに較べれば、ルネ・クレールの『自由を我等に』（31）やチャップリンの『モダン・タイムス』（36）はあまりに牧歌的に見えてくるほどだ。

アレック・ギネスの主演作では、チャールズ・クライトンの『ラベンダー・ヒル・モブ』（51）が、銀行強奪もの、いわゆる〈ケイパー・ムーヴィー〉の走りともいえる古典的名作である。実直に二十年間も勤め上げてきた銀行の金運搬係アレック・ギネスが、仲間と共謀し、盗んだ金塊をエッフェル塔の文鎮にしてパリに輸出するが、エッフェル塔のラウンジでイギリスから修学旅行で来た女学生に間違って売られてしまい――。アレック・ギネスがエッフェル塔のエレベーターで地上へ下降していく女学生たちを追って、階段を駆け下りていくシーンのシュールレアリスティックな悪夢めいた可笑しさは圧巻といってよい。スコットランド・ヤードのパトカーを無線で混乱させ、追突事故を繰り返すギャグも秀逸で、なぜ、こんな無類に面白い映画が日本で公開されなかったのか、と不思議に思えてしまう。

この奇想にあふれたユニークな脚本を書いたT・E・B・クラークは、イーリング・コメディの代表作をほとんど手がけたシナリオ・ライターで、日本では未だDVD化されていないが、ヘンリー・コーネリアスの『ピムリコへの旅券』(49)とアレクサンダー・マッケンドリックの『ウィスキー大尽』(49)が代表作だ。

『ピムリコへの旅券』は、ロンドンの一角ピムリコで、ドイツが投下した不発爆弾の処理の最中、十五世紀の英国王の署名した公文書が現れる。それによると、ピムリコは永久にフランスのバーガンディ領とするとあり、それを見たピムリコは独立を宣言。突如、ロンドンに出現した独立国は、統制や配給制度を捨てて、独自の内閣を組織し、英政府に反抗し始めたため、大騒ぎになるというファンタスティックなコメディ。まるで、終戦直後に獅子文六が四国独立騒動を描いた『てんやわんや』を彷彿とさせるお話である。

『ウィスキー大尽』もスコットランドの小さな島を舞台にした第二次大戦中の物語だ。戦況悪化でウィスキーの配給が止まってしまう。そんな時、大量のウィスキーを積んだ貨物船が島の近くで座礁。映画はウィスキーを救出しようとして巻き起こる珍騒動を描いている。

イーリング・スタジオでは、そのほかにもマイケル・パウエルの『血を吸うカメラ』(60)からハマー・プロのドラキュラ、フランケンシュタイン映画にいたるイギリスお得意の恐怖映画の原型となったオムニバス映画『夢の中の恐怖』(45)をつくっている。かつて、映画批評家のドナルド・リチーが「私がこれまで見た映画の中でもっとも恐ろしかった映画」と称したいわく付きの作品だが、中でも、アルベルト・カヴァルカンティが監督した「腹話術師の人形」のエピソードは、思わず総毛立つような不気味なショットが忘れがたい。

コメディを中心に多彩なジャンルの作品を生み出したイーリング作品の中で、私が最も気になっているのが、バジル・ディアデン監督の『波止場の弾痕』(51)という犯罪活劇である。

三谷礼二の遺稿集『オペラとシネマの誘惑』(清流出版)には、「愛と涙のシーンとは?」というエッセイが収められている。三谷さんは、この中で、「文藝春秋」の「心に焼きつく愛の名場面ベスト三」というアンケートに答えてジョン・フォードの『わが谷は緑なりき』とジョージ・キューカーの『スタア誕生』と一緒に、この小品を挙げたとして、次のように書いている。

《ある一日の出来事の中に、白人の女性と黒人の男性の淡い感情が描かれている。（……）おそらくほとんどの映画批評家も映画ファンも、お忘れであろう。なにしろ、この二人だけのシーンはとても短くて、セックスはおろか確かキッスもせず、もしかしたら手すら握らなかったような記憶すらある。しかし、二人の短い午後の最後に、女性がさりげなくバスに乗って去っていくシーンを、私はいつも涙なしには思い出せない。実は、ストーリーもほとんど忘れてしまっていて、その日の夜、黒人が殺されてしまうという結末だけおぼえているのだが、二人の人種を超えた、ほのかな交情のさりげなく淡い美しさこそ、演劇や文学では絶対に描けない映像芸術の光と影と流れとモンタージュの勝利であって、まったく映画独自のものであったのだ》

稀代の映画狂であった三谷さんが最晩年に書いたこの美しいエッセイを読んで以来、『波止場の弾痕』という映画は、ずっと私にとっての〈幻の映画〉であり続けている。（10・08）

その後、輸入DVDで『波止場の弾痕』を見ることが出来たが、やはり素晴らしい作品だった。そういえば、久々にチャールズ・クライトンが監督した『ワンダとダイヤと優しい奴ら』（88）は、脚本・主演がモンティ・パイソンのジョン・クリーズの爆笑クライムコメディで、公開当時、三谷さんが、「あれこそが〈イーリング・コメディ〉ですよ」と語っていたのを思い出した。

## 清水宏の美しい遺作『母のおもかげ』

先日、日本映画専門チャンネルから電話があり、三月の特集番組「ハイビジョンで甦る　日の当らない名作」に協力してほしいという。

この企画は、一昨年に私も参加した「キネマ旬報」の増刊『オールタイム・ベスト・映画遺産200・日本映画篇』の中からDVD化されていないレアな作品を九本ピックアップし、放映するというものであった。

評論家の上野昂志さんが選んだ『甲賀屋敷』(49／衣笠貞之助)、それに黒沢清監督の選ぶ『桜の代紋』(73／三隅研次)、篠崎誠監督の選ぶ『われ幻の魚を見たり』(50／伊藤大輔)など、通常の教科書的な日本映画ベスト・テンには絶対に選ばれないであろう、あまりに渋いマイナーな作品ばかりが並んでいる。

私が選んだのは、清水宏が大映で撮った遺作『母のおもかげ』(59)である。十数年前、京橋のフィルムセンターで偶然見て、深く心を揺さぶられた映画だった。

清水宏は小津安二郎と同じ一九〇三年生まれの松竹出身の映画監督である。小津や溝口健二、山中貞雄が「天才」と呼んだと言われ、近年、とみに再評価が高まっている。

たしかに、戦前の清水宏の作品、たとえば、『有りがたうさん』(36)『按摩と女』(38)『簪』(41)を見ると、小津の厳密で堅牢に構築された画面とは対極にあるような、自然光を生かした大胆なロケーション撮影と、作為がまったく感じられない人物たちののびやかな躍動感に驚かされる。

〈早過ぎたヌーヴェル・ヴァーグ〉と称されるのもむべなるかなと思う。

清水宏は、戦後も、『小原庄助さん』(49)『大仏さまと子供たち』(52)などの名作を撮っているが、晩年は、小津、溝口の神格化された絶大な評価の高さと較べると、〈忘れられた巨匠〉扱いではなかったろうか。

清水宏の真骨頂は、子供たちの自由奔放な魅力を生き生きと描き出す、その尋常ならざる手腕にあった。『風の中の子供』(37)『蜂の巣の子供たち』(48)を見ると、子供の世界を描かせたら世界一ともいっても過言ではないとすら思える。

『母のおもかげ』は、母を病いで亡くし、水上バスの運転手の父親(根上淳)とふたり暮らしの少年・道夫(毛利充宏)が主人公である。父に縁談が持ち上がり、小さな少女を連れた新しい母(淡島千景)が家にやってくる。少年は、美しい継母への仄かな思慕と、それゆえに湧き起こる亡くなった実母への後ろめたさの感情の間を揺れ動く。

『母のおもかげ』を見ながら、私は同じ年につくられた二本の映画を思い出した。

一本は、フランソワ・トリュフォーの『大人は判ってくれない』(59)である。道夫がよるべない思いを抱えて隅田川河畔を徘徊する場面は、パリの街中をあてどなく彷徨するアントワーヌ・ドワネル少年(ジャン=ピエール・レオ)が体現した全き孤絶感と瓜二つのように思えたのだ。

もう一本は大島渚の『愛と希望の街』である。『鳩を売る少年』という原題を持つ、この大島の処女作は、鳩の帰巣本能を利用して、同じ鳩を何度も売るという〈犯罪〉に手を染めざるを得ない極貧の少年が主人公である。渡辺文雄がライフルでこの鳩を射殺する、あまりに有名なラストシーンによって、この大島のデビュー作は永遠の生命を得た。

『母のおもかげ』でも、やはり道夫が母の形見である鳩を後生大事にしている設定がキー・ポイントになっている。

ある日、道夫は、少女が誤って鳩を逃がしてしまったことを知るや、激昂し、部屋中を追い回して、執拗に折檻を加える。「お兄ちゃん、ごめんなさい！」と絶叫し、懇願する少女を無視して、延々と殴打し、果ては少女の耳を噛んで傷つけてしまう道夫の残酷さは、『愛と希望の街』の伝説のラストシーンに優に匹敵するほど、衝撃的である。

この凄惨きわまりない光景をなすすべもなく見つめたまま、耳をふさぎ、茫然と立ちすくむ継母・淡島千景の困惑と絶望感がないまぜとなった表情を、決して忘れることはできない。

『母のおもかげ』は、清水宏の古巣である伝統的な松竹大船調メロドラマの骨法を遵守するかのように、見事に感動的な大団円を迎えるが、異様な迫力に満ちた折檻シーンは記憶の底に深く沈殿することになる。

恐らく、当時、三益愛子主演で大ヒットした大映の〈母もの映画〉の一本として企画されたとおぼしい『母のおもかげ』は、清水宏という偉大な子供映画の名匠が放った、このうえなく美しい〈白鳥の歌〉であるといえるだろう。そして、また、淡島千景という戦後を代表する大女優の美しさがもっとも眩い光沢を放っている稀有な一本だと私は確信している。

一昨年、森繁久彌が亡くなった際に、「キネマ旬報」の追悼特集のために、淡島千景さんにインタビューする機会があり、名コンビだった森繁さんの思い出を語っていただいた。淡島さんは、さすがに代表作『夫婦善哉』(55)の記憶はとても鮮明で、爆笑エピソードには事欠かなかったが、合間に、さりげなく、この『母のおもかげ』のことを聞いてみると、まったく記憶にないという答えが返ってきた。

その時は、いささか落胆してしまったが、考えてみれば、当時はまさに日本映画の黄金時代であり、年間十数本の主演作を撮っていた淡島さんが、そんなプログラム・ピクチュアの小品を憶えているはずもないのである。

『母のおもかげ』は、たぶん、プロの映画批評家でも見ている人は少ないはずである。この極めつきの幻の映画を、ぜひ、ご覧になっていただきたいと思う。（11・02）

## 田中路子と〈国辱映画〉『ヨシワラ』、そして『蝶々夫人』

数年前、古本屋の均一台で、背表紙もとれたぼろぼろの『私の歩んだ道――滞欧二十年――』（朋文社）という本を見つけて、狂喜してしまった。伝説のオペラ歌手・田中路子の回想録なのだ。

田中路子は著名な日本画家田中頼璋を父に持ち、一九三〇年、二十一歳の時にウィーンの土を踏む。渡欧の表向きの理由は〈音楽研究〉だったが、真の原因は斎藤秀雄との不倫だった。以後、〈恋多き女〉としてヨーロッパの社交界に君臨し、数々の浮名を流す。大富豪のレストラン王ユリウス・マインル、ドイツの国民的俳優で演出家のデ・コーヴァと相次いで結婚し、オペラ歌手・映画女優として活躍した。戦後は渡独した無名時代の小澤征爾、若杉弘をはじめ新進音楽家たちを手厚く庇護するパトロンとしても知られた存在であった。

自伝には、天衣無縫の性格を反映して、あけすけなまでに華麗な男性遍歴が語られている。なかでも、《私の終生の恨事》と述懐する、『ヨシワラ』（37）で共演した早川雪洲と深い関係になり、宝石や毛皮のコートを質入れまでして貢いでしまう顛末は、早川のあまりのジゴロぶりに思わず笑ってしまう。しかも、この映画に出演したため、彼女は国賊呼ばわりされ、父親の絵を買った者が絵を焼き払うという異様な事態にまでなった。『ヨシワラ』は、戦前は上映禁止となり、敗戦の翌年、ひっそりと公開されている。

この自伝を読んで、しばらくして、フィルムセンターの「ドイツ・オーストリア映画名作選」で田中路子の小特集が組まれ、「田中路子さん帰国風景」「音楽夜話　田中路子さんを迎えて」といったテレビ番組とともに、ようやく問題作『ヨシワラ』を見る機会を得た。

『ヨシワラ』は、しばしば〈国辱映画〉の代名詞として語られる作品である。

たとえば、『ぼくの採点表――西洋シネマ大系I』(トパーズプレス)で双葉十三郎は、《デタラメの極み。しかも、下品でいやらしく、西欧人が日本の遊廓を眺めるときの最も卑しい視線が感じられる。失笑するより立腹したくなる非常識さ。見るに耐えない大ゲテモノである》と最大級の罵倒を浴びせている。

しかし、はたして『ヨシワラ』は、そんなにひどいゲテモノ映画なのだろうか。

たしかに、日清戦争前夜を背景に、吉原に身売りした小花(田中路子)とロシアの海軍将校との恋愛を描くこの映画は、主役以外はほとんど西欧人が不似合いなチョンマゲ・キモノで登場し、一見、フジヤマ・ゲイシャ・サムライの異国趣味を強調した『蝶々夫人』の俗悪なパロディのようだ。

だが、監督のマックス・オフュルスは、マックス・ラインハルト門下の逸材で、舞台・オペラ演出でも際立った才能を発揮した演出家である。そのオフュルスが、ウィーン国立音楽学校を卒業し、二十三歳の時にグラーツの市立オペラ劇場で『蝶々夫人』でデビューして華々しい脚光を浴びた田中路子のことを知らないはずはない。田中路子は全篇フランス語で台詞を喋り、美しい歌も聴かせるのだ。

『ヨシワラ』は、ビア樽のお風呂で入浴する芸者たちをレヴュー仕立てにするなど、唖然とするような珍景もあるが、『蝶々夫人』と同じく、愛に殉じた女の悲劇を主題にしているのである。

とりわけ、ロシア将校と小花が、車夫早川雪洲の人力車に乗って逢引するシーン。久々の再会の歓びに打ち震える田中路子の表情には、オフュルスの晩年の名作『たそがれの女心』(53)で、愛人との馬車での密会がようやく叶ったダニエル・ダリューが失神せんばかりに、歓喜に身をゆだねる場面と同じく官能的なエモーションの脈動を伝えてくる。

娼館で、ふたりが旅行のゲームに興じながら、書き割りの背景が瞬時に変化していく場面も、『忘れじの面影』(48)でジョーン・フォンティーンとルイ・ジュールダンが逢瀬を重ねる遊園地のシーンをすぐさま想起させる。

そして、狂恋のあまり、早川雪洲が小花を襲い、娼館から外へ、急な坂道へと追いつ追われつするふたりをダイナミックなクレーンによる移動撮影でとらえたクライマックスは、まさにマックス・オフュルスの超絶技巧が如何なく発揮され、めまいを覚えるようだ。

このようなオフュルスの絢爛たる演出を見ながら、私は三谷礼二の伝説的なオペラ『蝶々夫人』の舞台を思い出していた。

三谷礼二の『蝶々夫人』は鈴木清順監督に捧げられていた。したがって、その演出も突然、障子がいっせいに奥に倒れて真っ赤に染まったり、絶妙なタイミングで真紅の幕がステージを覆い尽くしたり、桜の花が狂ったように乱舞したりする、まったく意表を突いたものだった。

いっぽうで、蝶々夫人が初めて登場する場面などは、背後の大鏡の衝立が一斉に分割されて、乱反射状態となり、まるで『上海から来た女』(47)の迷宮の間のような幻惑感を覚えたものだ。

鈴木清順+オーソン・ウェルズのようなバロック的で映画的な舞台というのが、私なりの三谷オペラの見立てだったのだが、もしかしたら、三谷礼二のオペラ演出に一番近いのはマックス・オフュルスだったのではないか。

そういえば、『蝶々夫人』の舞台には、『輪舞』(50)をはじめオフュルス作品のトレードマークといえるメリー・ゴーランドが印象的に登場していた。『ヨシワラ』で芸者たちが余興で使う扇子にしても、三谷版『蝶々夫人』での使われ方ときわめて似ているのだ。

三谷さんは、敗戦時に『ヨシワラ』を見たことがあったのだろうか。遺稿集『オペラとシネマの誘惑』(清流出版)には、《紹介状だけでうかがった私のために、お赤飯を炊いて待っていて下さり、チェリビダッケのリハーサルへ連れて行って下さるなど、人の面倒を見ることの素晴らしさを、感動的に教えて下さった》と、田中路子への感謝を述べたくだりがある。

田中路子はナチスの勃興のために亡命する直前のトーマス・マンやシュテファン・ツヴァイクとも交友があったという。こういう日本人女性が、つい、この間まで生きていたというのは不思議な気がする。

そして、〈国辱映画〉の汚名を着せられた『ヨシワラ』にしても、マックス・オフュルスの〈自己犠牲を強いられる特異な女性映画〉の系譜に置きかえてみると、まったく違った貌がみえてくるはずである。

それにしても、『ヨシワラ』前後の、アメリカに亡命する以前のマックス・オフュルスの作品の全貌がつかめないのは残念なことである。

(11・02)

## ニコラス・ローグの時代

最近、ネットをチェックしていたら、英国の映画情報誌「タイム・アウト・ロンドン」が発表した英国映画業界人が選ぶ「イギリス映画ベスト100」という記事を見つけた。ちなみにベストテンは下記の通りである。

1位『赤い影』（73／ニコラス・ローグ）
2位『第三の男』（49／キャロル・リード）
3位『遠い声、静かな暮し』（88／テレンス・デイビス）
4位『ケス』（69／ケン・ローチ）
5位『赤い靴』（48／マイケル・パウエル&エメリック・プレスバーガー）
6位『天国への階段』（46／マイケル・パウエル&エメリック・プレスバーガー）
7位『パフォーマンス／青春の罠』（70／ニコラス・ローグ&ドナルド・キャメル）
8位『カインド・ハート』（49／ロバート・ヘイマー）
9位『if もしも……』（68／リンゼイ・アンダーソン）
10位『トレインスポッティング』（96／ダニー・ボイル）

テレンス・デイビスの郷愁に満ちた地味な佳作『遠い声、静かな暮し』が三位というのは驚くが、さらに意外なのは、ニコラス・ローグの『赤い影』が、かの有名な『第三の男』を押さえてベスト・ワンに選ばれていることだ。ローグは七位に、ドナルド・キャメルと共同監督の『パフォーマンス／青春の罠』まで入っている。イギリスでは未だに根強い人気を誇っているのだろうか。

そういえば、今やほとんど映画ファンの間でも話題にならないが、かつて日本でも〈ニコラス・ローグの時代〉と呼べる一時期があった。

フランソワ・トリュフォーの『華氏451』（66）やリチャード・レスターの『華やかな情事』（68）の撮影監督として知られていたニコラス・ローグが、一部の映画ファンに注目されたのは、『WALKABOUT　美しき冒険旅行』（71）からである。

『美しき冒険旅行』は、七二年にロードショーではなく、ひっそりとスプラッシュ（二本立てで一週間のみ）公開された。私も七〇年代の半ば頃、池袋文芸坐の〈陽の当たらない名画祭〉で初めて見て深い衝撃を受け、その後、名画座にかかるたびに追いかけた記憶がある。

オーストラリアの原野に放り出されたイギリス人の少女（ジェニー・アガター）と弟が、アボリジニの少年と出会い、言葉が通じないままに旅を続ける。原題の「WALKABOUT」とは、アボリジニの部族に伝わる、少年がたった一人でオーストラリアの奥地を旅する成人儀礼のことである。未開と文明が衝突、融和し、そして悲劇が起こる。ローグは、この一見メルヘン風に始まる冒険譚をグロテスクで残酷な寓話として昇華させた。

もう五、六年前になるだろうか。当時、『狩人の夜』（55）など数多くのカルト・ムーヴィーを手がけていたユニークな配給会社ケイブルホーグの根岸邦明さんに直談判し、『美しき冒険旅行』をリバイバルすることになった。チラシの解説もすべて私が書き、初公開時に、角川文庫から出ていたJ・V・マーシャルの原作も清流出版に頼んで復刻してもらった。

大ヒットとまではいかなかったが、若い世代にも熱狂的なファンが生まれたようで、ニコラス・ローグのささやかな復権にはなったかと思う。

ニコラス・ローグは、カメラマン出身らしく、錯綜した意識をジグソー・パズルのようにコラージュさせた痙攣的な映像美が麻薬のような陶酔感をもたらしたが、今、見直すと、その音楽の卓越したセンスに感嘆してしまう。

『美しき冒険旅行』の音楽は、先頃（二〇一一年一月）亡くなったジョン・バリーだが、この天上的なまでに美しいスコアは一度聴いたら忘れられない。ジョン・バリーの知られざる傑作のひとつである。

『赤い影』も、ピノ・ドナジオの甘美きわまりない旋律が、この水の迷宮ベニスを舞台にしたオカルト・サスペンスを強烈に印象づけた。

『ジェラシー』(80)の公開時、音楽的に私がもっとも驚いたのは、全篇に装飾的に響き渡るキース・ジャレットの「ケルン・コンサート」でも、冒頭、クリムトの「接吻」の絵にかぶさるトム・ウェイツの「ブルースへようこそ」でもなく、ラスト、宿命の女テレサ・ラッセルの無表情な顔のクローズアップの後、画面が溶暗し、聴こえてきたビリー・ホリデイの「ザ・セイム・オールド・ストーリー」だった。

当時、私はいっぱしのジャズファンではあったが、このビリー・ホリデイの歌はまったく聴いたことがなかった。スタンダード・ナンバーでもなんでもなく、恐らくビリーが吹き込まなければ、永久に忘れ去られたであろう当時の小唄のひとつにすぎない。

『ジェラシー』にはビリー・ホリデイの絶唱ともいうべき名曲「アイル・ビー・シーイング・ユー」も使われているのだが、インパクトの点では、断然、こちらが鮮烈で、〈これも、いつもと同じありふれたお話よ〉と終わった恋を苦い諦念をこめて歌うビリーの声は実に若々しい。恐らく絶頂期のコロムビア時代かと当たりをつけて、都内の中古レコード屋で探し回った挙句、数年後、ようやく高価な輸入盤セットの中にこのナンバーを見つけた時の興奮は忘れられない。

もし、私が映画史上の名ラストシーン・ベスト3を選ぶとすれば、必ず入れたいと思うのがニコラス・ローグの『地球に落ちて来た男』（76）である。地球に漂着し、永遠に歳を取らない宇宙人デイヴィッド・ボウイがアル中となり、テラスで酒浸りになっている。そこへ、アーティ・ショウの「スター・ダスト」が流れ出し、酔いが廻ったデイヴィッド・ボウイがゆっくりと頭をうなだれると被っていた帽子が大写しになり、エンド・クレジットが重なるのだ。

『地球に落ちて来た男』を封切りの際に、がら空きの劇場で見て、こんなキャンプなエンディングは唯一無比だなあと深く感動してしまった。その数年後、「月刊イメージフォーラム」で、ジャズ評論家大和明さんの「映像のジャズメンたち」という連載を企画した。

大和明さんはビリー・ホリデイ研究では世界一といえるほど厖大な資料を持っていたが、打ち合わせで、お宅に伺った際に、『ジャミン・ザ・ブルース』（44）という短篇映画のビデオを見せてもらった。

このジャズ・ミュージシャンの演奏風景をとらえたドキュメンタリー映画は、冒頭、二重丸の黒い模様が映り、ジャズメンの名前が流れ出す。やがて、その二重丸が上に動くと、その下からテナーサックスをくわえたレスター・ヤングの顔が現れ、「ミッドナイト・シンフォニー」を吹き出すのだ。つまり、二重丸はレスター・ヤングのトレード・マークであるポークパイ・ハットだったわけだが、『地球に落ちて来た男』のラストシーンは、明らかに、この『ジャミン・ザ・ブルース』の冒頭シーンを反転させたものだった。ジャズに造詣が深いニコラス・ローグならではのオマージュだったに違いない。私は、ちょうどその時、名画座にかかっていた『地球に落ちて来た男』を大和明さんに見てもらい、『ジャミン・ザ・ブルース』と比較した原稿を書いてもらった。

ニコラス・ローグは、大作『ユリイカ』（83）が製作トラブルに見舞われ、日本では『錆びた黄金』の題でビデオ発売だけになってしまったが、この頃から、作品もやや精彩に欠け、やがて新作もほとんど公開されなくなってしまった。

ちなみに、「イギリス映画ベスト100」では、『美しき冒険旅行』が六十一位、『ジェラシー』が七十位に選ばれている。

私も、少なくともデビュー作『パフォーマンス／青春の罠』から『ジェラシー』までのニコラス・ローグは、世界のトップレベルにあったし、とてつもなく魅力的だったと思う。

もういちど、スクリーンで、ニコラス・ローグの映画に再会したいと切に願っている。（11・04）

## ドナルド・リチーのアンダーグラウンドな戦後史

数年前、ドナルド・リチーの *The Japan Journals　1947–2004*（2005）が一部の映画関係者の間で話題になったことがある。

数多くの映画人や文学者、とくに三島由紀夫との交友を赤裸々に回想していることなどがゴシップ的な興味を惹いたようだが、稀代の親日家だった映画人による戦後カルチャー史としても抜群に面白いし、翻訳する価値は十分あると思われる。

ドナルド・リチーは、まずなによりも、日本映画黄金期の巨匠たちを逸早く海外に紹介した映画研究者として知られている。ニューヨークのジャパン・ソサエティに永年勤務していた平野共余子さんによれば、あのスーザン・ソンタグもリチーには深い尊敬の念を抱いていたらしい。

たしかに『小津安二郎の美学　映画のなかの日本』『黒澤明の映画』（ともに社会思想社・現代教養文庫）といった著作が、海外における日本映画研究に多大なる貢献を果たしたことは言うを俟たない。しかし、私がドナルド・リチーを心底、すごいと思うようになったのは、こうした一連の日本映画研究ではなく、それ以前に書かれた三冊の評論集によってである。

敗戦の翌年、進駐軍のタイピストとして来日し、その後、「パシフィック・スターズ・アンド・ストライプス」の映画欄を担当するドナルド・リチーは、一九五〇年に『現代アメリカ芸術論』（早川書房）を上梓している。この本は〈戦後アメリカ文化の啓蒙書〉という体裁をとりつつも、訳者あとがきで加島祥造が書いているように「審美的な芸術性への志向と、商業主義《コマーシャリズム》への反逆」が底流にある。苛烈なディズニー批判などはその最たるものだ。

たとえば『わが心にかくも親しき』（48）を《これまでのうちで最悪の作品の一つだといえよう。極端に感傷的な物語で、（……）ディズニイはそれ故、ここでは単に金を儲けているにすぎない》と激しく糾弾している。自由と民主主義を標榜する楽天的な〈アメリカニズム〉のシンボルであったディズニー作品を、リアルタイムで、これほど悪しざまに罵倒した批評は皆無であろう。

『現代アメリカ芸術論』の白眉は、ジョン・フォード、アルフレッド・ヒッチコックと並べてプレストン・スタージェスを論じた「アメリカの三人の監督」という章である。

リチーは、当時、日本では『結婚五年目』（42）しか公開されていなかったプレストン・スタージェスの作風について《マーク・トウエン的であり、そして偶像破壊的である（……）しかしそれはまた、アメリカ人が面する非常に興味深い道徳問題の一つを摑んだものである》《彼のユーモアには二つの主流、すなわち諷刺《サタイヤ》とペーソスがあり、彼の最良の作品には両者が均等にいりまじっている》と精妙に分析し、代表作『サリヴァンの旅』についても、《極端に苦い諷刺と子供のように物悲しいユーモアをもち、そのためにいまなお記憶されている》とその魅力を見事に言い当てている。

ドナルド・リチーは、一時帰国した後、一九五六年に『現代アメリカ文学主潮』（加島祥造訳、英宝社）を書いた。一見、戦後アメリカ文学の通史を装った、この本の中で、リチーの筆が最も躍動し、生彩を放っているのは、〈スリー・マイナー・ノベリスト〉と副題にあるナサニエル・ウエスト、ポール・ボウルズ、カーソン・マッカラーズという三人の作家を論じた章である。

この三人に共通するのは、近親相姦や同性愛など、当時タブー視されていた倒錯的な主題を好んで取り上げ、聾啞者、あるいは精神的・肉体的な欠損を抱えた畸形的なキャラクターたちがひしめく、グロテスクで甘美な悪夢的世界を造型したことである。

たとえば、ナサニエル・ウエストの『孤独な娘』について《（トマス・）ウルフの全作品より価値あるものなのである》《ウエストもまた彼自身の同胞を余りに愛する故の厭世家であった。（……）彼のなしうること、そしてなしえたことと言えば、彼自身の理想主義を裏返しにし、アメリカ人たちを、実際にそうであるよりもさらに酷い、恐ろしい存在として眺めることだった。彼らを愛せないとしたら、すくなくとも彼等を憎むだけのことはやりえたわけだ》と書く。

この一文は呪われた作家ウエストの優れた素描であると同時に、リチー自身のアメリカへのアンビバレントな感情の表白とも読めるのではないだろうか。

ちょうど、この翌年、ドナルド・リチーは『この焦土』（新潮社）を発表している。占領軍の白人将校たちと日本の有閑夫人たちの愛欲模様を、あたかも『蝶々夫人』のパロディのような諷刺的なタッチで描いた風俗小説である。当時、花田清輝が《占領軍にたいする批判では、三島由紀夫の『女は占領されない』よりも、この作品のほうがはるかにシンラツかもしれない》（『近代の超克』あとがき）と評価しているのが興味深い。

かつて、大島渚が《映画史上の革命的な作家たちをその生涯のピークをなす作品においてとらえた文章は私にとって十分以上に革命的だった。作品が達した高みに対する限りなき尊敬と賞賛とそのような作品をつくる作家であるがゆえに彼らが受けなければならなかった運命の苛酷に対する痛憤と同情は、抑制された筆致の下でも鮮烈極まりない詩となって喨々《りょうりょう》と鳴りひびき私の胸を打ったのだ》（一九八九年に執筆され、二〇〇一年の「ドナルド・リチー映画回顧展」のパンフレットに再録されたエッセイ）と絶賛した『映画芸術の革命』（昭森社）は、映画批評家としてのドナルド・リチーの精髄が味わえる。『戦艦ポチョムキン』（25）から『ルイジアナ物語』（48）に至る十本の映画史上の名作を解説しながら、一貫して真のアヴァンギャルド精神とは何かを追求した評論集である。

なかでもジャン・ヴィゴの『新学期・操行ゼロ』（33）を論じた章では、この名作についての最も優れた考察としてジェイムズ・エイジーの批評をたっぷりと引用し、さらに自らのユニークな知見を重ね合わせている。このふたりの『操行ゼロ』論を読むと、カルトムーヴィーの傑作『狩人の夜』の脚本家でもあったエイジーとドナルド・リチーは極めて資質が似ていると思う。

数年前に『ドナルド・リチー作品集』（ダゲレオ出版）というDVDボックスが出て、アヴァンギャルドな実験映画作家ドナルド・リチーの全貌が明らかになった。セロニアス・モンクを思わせるピアノ・ソロが印象的な（作曲は武満徹。演奏はたぶん八木正生）、アントニオーニ風のアンニュイとゲイ・テイストあふれる『熱海ブルース』、ピクニックにやってきた三人の親子が一人の男を食べ尽くす『五つの哲学的童話』などを見ると、そのおぞましくもグロテスクなユーモアに唖然となる。

ドナルド・リチーは、将来、海外への日本映画の紹介者としてではなく、『スコーピオ・ライジング』のケネス・アンガーに匹敵する、エロスとタナトスにとり憑かれたアンダーグラウンドな映画作家として再評価されるだろう。
（11・04）

## レナード・コーエンとアラン・ルドルフ

最近、レナード・コーエンがスペインのアストゥリアス皇太子賞の文学部門を受賞したという記事をネットで見つけた。

レナード・コーエンは、かつて〈カナダのボブ・ディラン〉などと称された伝説的なシンガー・ソングライターで、ヴェルヴェット・アンダーグラウンドのニコ、ジョニ・ミッチェル、女優のレベッカ・デモーネイほか数多くの女性たちと浮名を流したドン・ファン的な猟色家としても知られている。

なんといっても、あの独特の低い艶をおびた〈声〉は一度、聴いたら忘れようもない。

一九七〇年前後、集英社から出ていた薄いクリーム色のカバーの〈現代の世界文学シリーズ〉は、私が偏愛していた叢書で、フィリップ・ロスのケッサクなマスターベーション小説『ポートノイの不満』や、アラン・シリトーの『屑屋の娘』、アイリス・マードックの『鐘』、ウィリアム・ゴールディングの『蠅の王』など面白い小説が目白押しだったが、なかでもひときわ異色なのは、レナード・コーエンの『嘆きの壁』だった。

ただし、ジェイムズ・ジョイスばりの内的独白や意識の流れ、奔放なまでの言語実験が駆使された、この難解きわまりない小説は、当時、生意気盛りのティーン・エイジャーにはまったく歯が立たなかった。

その頃、レナード・コーエンの歌はスクリーンからも聴こえてきた。『M★A★S★H』で一躍、アメリカン・ニューシネマ時代の寵児となったロバート・アルトマンの異色西部劇『ギャンブラー』(71)である。

この映画では、大胆にもレナード・コーエンのファースト・アルバム『レナード・コーエンの唄』から「シスターズ・オブ・マーシー」「ストレンジャー・ソング」「ウィンター・レディ」の三曲だけが使われている。

語りによる回想録『ロバート・アルトマン　わが映画、わが人生』(川口敦子訳、キネマ旬報社)によれば、アルトマンは、『雨にぬれた舗道』(69)をヴァンクーヴァーで撮影中に、マリファナでぶっ飛びながら、このレナード・コーエンの傑作アルバムを擦り切れるほどに聴き惚れ、いつか自分の映画に使いたいと夢想していたのだという。

若き日のレナード・コーエンのややしわがれた、呟くような繊細な歌声は、『ギャンブラー』の阿片中毒の娼館の女将ジュリー・クリスティーの絶望と憂いを宿した眼差しや、殺し屋たちに追われて、子供のように逃げ回る、ウォーレン・ベイティの滑稽きわまりない、雪の中の幻想的な決闘シーンと絶妙なまでにマッチしていた。

この『ギャンブラー』をオールタイムベスト10に選んでいるのが、アルトマンの愛弟子アラン・ルドルフである。

このふたりの映画作家の師弟関係は、ちょうど鈴木清順と大和屋竺《あつし》のそれのように、微妙に屈折していて興味深い。一見、師匠のほうが達観、老成の境地に至っているかに思えるが、実は、対抗的な弟子のほうから深い影響を受けていたりするのだ。

複数の男女がメランコリックな性愛の輪舞を繰り広げるアラン・ルドルフの幻の実質的なデビュー作『ロサンゼルス それぞれの愛』（76／日本ではテレビ放映のみ）は、LA版『ナッシュビル』（75）の趣があり、呪われた作家ナサニエル・ウエストの悲痛な名作『孤独な娘』をパロディにしたような『チューズ・ミー』（84）は、八〇年代のアメリカ映画が持ち得たもっともファニーで、エロティックな恋愛映画の一本である。

豊潤で優美なエロティシズムをたたえた〈女性映画〉の名匠マックス・オフュルスは、ロバート・アルトマンがもっとも私淑していた映画作家だが、性愛をアイロニカルに眺めるアルトマン作品にはエロスはやや希薄であり、むしろ、弟子のアラン・ルドルフのほうにこそ、オフュルス的な艶やかな放蕩の匂いが色濃く感じられる。

ジャンル神話破壊の究極の一本であるアルトマンの『ロング・グッドバイ』（73）への屈折した返歌のようなハードボイルド探偵映画をアラン・ルドルフは撮っている。なぜか日本では劇場未公開で、ビデオでのみ発売された『トム・ベレンジャーの探偵より愛をこめて』（90）である。

私立探偵のハリー（トム・ベレンジャー）は、謎の美女（アン・アーチャー）から愛人（なんと歌手のニール・ヤングだ！）の浮気調査を依頼されるが、ハリーは、まちがって別の男を追跡しはじめる。やがて、この男は二つの名前とふたりの妻をもつトンデモナイ重婚野郎であることが判明する！

いっぽうで、ハリーと同棲している女が探偵見習いのステラ（エリザベス・パーキンス）にハリーの素行調査を依頼するが、やがて、失恋の傷を抱えたステラとハリーは惹かれ合い――。

『探偵より愛をこめて』は、ストーリーのみを取り出せば、これまで無数につくられてきたハードボイルド探偵物のクリシェだけを丹念に拾い集めて出来上がったような通俗映画には違いない。

しかし、冒頭から、街中のあらゆる場所でキスを交わす若いカップルをとらえながら、レナード・コーエンの名曲「エイント・ノー・キュア・フォー・ラブ」が流れ出した瞬間、一気に画面全体が湿潤を帯び、濡れそぼり、淫風が吹きぬけていくような甘美な錯覚を抱くのだ。

深い翳りをおび、渋さを増したレナード・コーエンの歌が、あたかも、トム・ベレンジャーとエリザベス・パーキンスの奇妙にトンチンカンで切実な〈愛の渇き〉を癒やすための、対症療法のように、変奏され、リフレインされるのである。

『探偵より愛をこめて』では、もうひとつ、ビリー・ホリデイの最晩年の名盤『レディ・イン・サテン』の中の絶唱で知られる名曲「You don't know what love is（恋の味をご存じないのね）」が、さまざまなバリエーションで使われている。〈喪失感と失意、苦いメランコリーの意味を知らないあなたは、まだ、愛を知らないのよ〉というサビの一節を、アン・アーチャーやトム・ベレンジャーが、突然、調子っぱずれな声で歌い出すので、思わず笑ってしまう。

地味なスタンダード・ナンバーを、これほど洒脱なアレンジで再生し得したのは、アラン・ルドルフと名コンビを組むソングライター、マーク・アイシャムの手腕によるものだろう。この映画のサントラCDは私の愛聴盤で、何度、繰り返し聴いてもまったく飽きることがない。

いずれにせよ、あまりに誘惑的で、あまりに催淫的なレナード・コーエンのヴォーカルの魅惑がもっとも美しく結実した『探偵より愛をこめて』は、永く記憶されてよい隠れた傑作である。

（11・06）

## 瀬川昌治とビリー・ワイルダー

先日、フリーペーパー「東映キネマ旬報」から東映創立六十周年特集として「私の東映映画オールタイム10」というアンケートを頼まれた。この手の遊びは大好きなので、喜んで参加したが、一本だけ、恐らく私以外、誰も入れないであろう個人的な思い入れのある作品を忍ばせておいた。

一九六一年に封切られた『乾杯!ごきげん野郎』である。このニュー東映で作られたコメディ映画を、私はなぜか公開時に、映画好きだった父親に連れられて見ていて、子供心に、主演の三田佳子の可憐な美しさ、映画そのものの洒落たモダンな雰囲気に魅了され、ずっと長い間、幻の映画として記憶されていた。

まさか、後年、この映画を撮った瀬川昌治監督の自伝『乾杯!ごきげん映画人生』(清流出版)を自分で企画・編集することになろうとは夢にも思わなかったが、いっぽうで、不思議なご縁を感じてもいる。

二〇〇七年に刊行された『乾杯!ごきげん映画人生』は書評にも恵まれ、増刷にもなった。このメモワールは、もともとスポーツ新聞に連載されたコラムをまとめたものだが、その後も、瀬川監督にお会いするたびに、その六十年にわたる波瀾に富んだ映画人生には、まだまだ貴重な面白いエピソードがふんだんにあることを知った私は、書き下ろしで、自伝の続篇を企画することにしたのである。

三年ほど前、そろそろ執筆に取りかかっていただこうとしたが、ちょうどその頃、眼の手術を受けたばかりの瀬川監督は、一冊の本を書き下ろすのはやや不安があるという。そこで、私は、熱烈な瀬川ファンの若い編集者・映像作家である寺岡裕治さんに聞き手として加わってもらい、彼がまとめた厖大なインタビューの原稿に、瀬川監督が加筆・訂正し、完成させるという形をとった。

その自伝パート2である『素晴らしき哉 映画人生!』がようやく二〇一二年三月上旬に刊行されることになった。題名は、もちろん、フランク・キャプラの名作『素晴らしき哉、人生!』(46)のもじりである。

瀬川監督の作品のベースに、アメリカ映画の影響があることは、つとに知られているが、今回のメモワールでは、最終章で自らの原点であるアメリカ映画の魅力が語られている。

瀬川監督は、当時見た映画の劇場用パンフレット約一千冊をきちんとファイルされている。今回は、それらのパンフレットを手に取りながら、お話を伺ったのだが、西部劇、メロドラマ、ミュージカル、犯罪映画、戦争映画、コメディとあらゆるジャンルの作品を丹念に見ているのに、まず驚いてしまう。

たとえば、瀬川監督は、『カサブランカ』(42)や『雨に唄えば』(52)のような有名作はもちろんだが、美術教師のケイリー・グラントが高校生のシャーリー・テンプルに翻弄されるアーヴィング・レイスの『独身者と女学生』(47)とか、美人グラマー女優でハスキー・ヴォイスのジャズ歌手としても知られたティナ・ルイスが主演したマイケル・カーティスの西部劇『決断』(58)なんていう、私が見たくてしょうがない〈映画史に残らないアメリカ映画の隠れた逸品〉を、あたかも昨日見たかのように活き活きと語り出すのである。

なかでも、瀬川監督のお気に入りは、アルフレッド・ヒッチコックとビリー・ワイルダーで、このふたりの映画監督の作品のパンフレットは別個にファイリングされていた。

ヒッチコックは『断崖』（41）から見ているそうだが、ビリー・ワイルダーとの衝撃的な出会いについては、本書で次のように語っている。

《当時、私は新東宝の助監督だった。徹夜明けでくたびれ果て、どこかいいねぐらがないかと探していて、新宿ヒカリ座という小さな映画館にたどり着いた。今はもう面影もないが、新宿三越の裏あたりにあったその小屋は、封切りから落ちた作品を上映する二番館だった。

ともかく寝ようと思って館内の座席にすわってアクビなどしていると上映が始まった。ところが、この映画が凄い。第二次大戦下、ロンメル将軍の戦車隊がアフリカに快進撃をし、連合軍が敗走に敗走を重ねる。その謎を解くべくアメリカの将校がスパイするという話だが、まずファーストシーンの迫力に、眠気も一挙に吹き飛んでしまった。監督／脚本のタイトルはビリー・ワイルダー。私は初めてこの大監督の名前を知ったのだが、それが、一九四三年製作、一九五一年日本公開の『熱砂の秘密』であった》

以後、瀬川監督は、ビリー・ワイルダーの映画を心待ちにして、封切りのたびに見に行き、《私は、ワイルダーを、勝手に師匠と思っている》とまで書いている。

実は、私は、以前から瀬川昌治監督をたんなる〈日本の喜劇映画の名匠〉という呼称では括り切れない複雑な味わいのある映画作家で、その点でもビリー・ワイルダーにとても似ているのではないかというのが永年の持論なのである。

周知のように、ビリー・ワイルダーは、『お熱いのがお好き』（59）や『アパートの鍵貸します』（60）のようなコメディ映画の傑作で知られているが、いっぽうで『深夜の告白』（44）『サンセット大通り』（50）『地獄の英雄』（51）のような人間の抱えるダークサイドを深くえぐるニューロティックな犯罪ドラマ、フィルム・ノワールの名手でもある。私は、彼の本領はむしろ、こちらのほうにあるとさえ思っている。

瀬川監督自身、東映で『ぽんこつ』（60）というコメディでデビューしたのがきっかけとなり、喜劇映画を連作することになったが、それ以前の脚本家時代には、小林恒夫の『暴力街』（55）『殺人者を逃すな』（57）、大曽根辰夫の『顔』（57）、杉江敏男の『三十六人の乗客』（57）、蔵原惟繕の『ある脅迫』（60）などの犯罪もの、サスペンスものの傑作シナリオを数多く手がけている。

そのフィルモグラフィを眺めても、たとえば、安藤昇がムショ帰りのヤクザを演じた『密告《たれこみ》』（68）は、まるでジャン＝ピエール・メルヴィルの『サムライ』（67）を思わせる、冷え冷えとした感触が鮮烈な印象を残すフィルム・ノワールだった。この映画の発想の原点が、当時、一部で高く評価されたジョン・ブアマンの『殺しの分け前／ポイント・ブランク』（67）にあったことは、瀬川監督自身が明言している通りである。

同じ年につくられた『喜劇〝夫〟売ります!!』（68）などは、喜劇と銘打っているものの、ビリー・ワイルダーの『ねえ！キスしてよ』（64）と瓜二つといってよいほどの、苦い味わいをもったスワッピング・コメディであった。

最近の若手映画監督には、異常なまでのシネフィルが多いが、そういうタイプに限って、いかにも頭デッカチな観念偏重型の作品を撮っているような気がする。

しかし、瀬川昌治監督の場合は、喜劇にしろ、フィルム・ノワールにしろ、どんなテーマ、素材にアプローチしても、深い人間洞察と豊かな経験に裏打ちされた彼自身の資質がくっきりと作品世界に現れるのだ。まさに、それこそが真の映画作家の証しといえるだろう。

『素晴らしき哉　映画人生！』は、そんな瀬川監督の魅力がたっぷりと味わえる傑作メモワールになっていると思う。

（12・02）

## 大山健二という映画俳優について

ここのところ、京橋のフィルムセンターに香川京子特集、新東宝特集と続けて通って、何本かの清水宏の映画を見た。

尾崎一雄の〈芳兵衛もの〉をベースにした、島崎雪子の天衣無縫な魅力が満喫できる『もぐら横丁』(53)とか、非行少女の厚生施設を舞台に、香川京子が苛酷な現実に向き合う先生をひたむきに演じた『何故彼女等はそうなったか』(56)などを見ると、まだまだ、日本映画史には、見るべき秀作がゴマンとあるのだなと実感させられる。

そして、これはまったく個人的な事柄なのだが、最近、清水宏の映画の楽しみのひとつに大山健二という監督そっくりのずんぐりと太った体軀の俳優を見ることがある。

もう半世紀近くも前になるが、小学生の頃に、夏になると、よく東京に住んでいる大叔父が田舎にやってきた。祖母のすぐ下の弟で、名前は大山健二といった。祖母が彼のことを「映画俳優をやっていて、昔、若い頃は、田中絹代と仲良しだったんだよ」と、自慢げに語っていたのをおぼろげに憶えている。当時は、子供心に、白髪でとても洒落たモダンな雰囲気を感じさせるタイプの人だなと思ったが、どんな映画に出ているのかはまったくわからなかった。

一九六〇年代の半ばで、すでに映画は斜陽産業だったには違いないが、田舎の子供にとっては、映画俳優などという人種は、まったく異空間にいる存在だった。ただ、当時、絶大な人気を誇っていたテレビの『ザ・ガードマン』に時々客演することがあり、ああ、こういうのに出ている人なのかとちょっと驚いた記憶がある。

大山健二が亡くなったのは一九七〇年で、私が高校に入った年だった。そろそろ意識的に映画を見始めてはいたが、あくまで洋画中心で、まだまだ日本映画への関心は薄かったのである。

東京へ出てきて、いよいよ映画狂いが高じ、名画座巡りにうつつを抜かしていた時期、大山健二という存在が急に目の前に浮上してきた。

最初のきっかけは増村保造の映画である。たとえば、『妻は告白する』では、若尾文子に判決を言い渡す裁判長の役、『「女の小箱」より 夫が見た』(64)では、愛人の岸田今日子に刺され、血まみれの瀕死状態にある田宮二郎を診察する医師などを演じていたのだ。ただし、台詞は少なく、すでに、この頃はその他大勢の脇役に甘んじていたのだなと思った。

しばらくたって、私が「月刊イメージフォーラム」の編集部に入ってから、「松竹蒲田モダニズム」の特集を組んだことがあった。編集長の西嶋憲生さんが中心に進めていた企画だったが、小津安二郎、清水宏、斎藤寅次郎などの初期のナンセンス喜劇のなかに、大山健二の名前がずいぶん見つかった。その頃、フィルムセンターにいた佐伯知紀さんが、近々、上映される松竹蒲田特集のプログラムの中で、とくに大山健二が出演している映画に印をつけて送ってくれたことがあった。なかでも、清水宏の映画が多かったのを憶えている。しかし、恐らく主役を務めたことはなく、戦前の全盛期でも三番手、四番手の位置にいたのではないかと思う。

その後、たとえば、小津安二郎の『大学よいとこ』(36)のカンニングにいそしむ落第生、『淑女は何を忘れたか』(37)の応援団長などバンカラの風来坊のような役を嬉々として演じているのを見て、こういうコメディリリーフがもっとも得意な役者だとわかった。

戦前の現存する清水作品は数少ないので、場面スチルで想像するほかないが、『居候は高鼾』

（39）の写真などを眺めると、ほんとうに清水宏に体形がそっくりで、清水は、自分のカリカチュアライズされた分身として、大山健二を起用していたのではないかと思えるほどだ。
だが、はっきりいえば、大山健二は、小津安二郎に見出された同世代の笠智衆のように、滋味深い名演をみせることなどなかったし、代表作と言える作品は一本もない。身贔屓を抜きにしても、今思えば、どこか泥臭さが抜けない、大根役者だったと思える。とくに若い頃はどこか険がある悪相で、戦前は、女性関係などはかなり派手であったと聞いたこともある。

晩年連れ添った浪子さんは和服が似合う端正な美しい女性で、ひときわ印象に残っている。浪子さんは映画のモデルにもなった浅草の某侠客の愛人で、大きな旅館を任されていたが、大山健二と駆け落ち同然で一緒になったこと、戦後は大山健二と浅草で「松竹酒場」という呑み屋をやっていて、往年の蒲田、大船の俳優たちが常連客だったという話を後年、遺族の方から伺ったことがある。浪子さんには、今思うと、まさに成瀬巳喜男の『流れる』（56）の世界から抜け出たようなしっとりとした艶やかさ、風情が感じられた。その浪子さんの葬儀に出たのも、はや十数年前のことだ。

吉村公三郎の『一粒の麦』（58）は、東北の中学を卒業し、集団就職で出て来た貧しい少年たちがさまざまな苦難に遭遇する秀作だったが、大山健二は、この映画で、選挙目当てに自らの立場を利用しつつ、少年たちを手厚く庇護する同郷の代議士を演じていた。福島県の三春出身で、生涯東北訛りが抜けなかった大山健二には、まさにぴったりの役で、飄々とした存在感は出色だったし、彼の好演のひとつに挙げられるのではないだろうか。

先頃（二〇一二年）、亡くなった淡島千景さんの鬼気迫る名演が光る隠れた名作『母のおもかげ』は、清水宏の遺作でもある。追悼の思いで、エアチェックしたＤＶＤで再見すると、小さな役でちゃんと大山健二が出ていた。律儀に、清水宏の最晩年までつきあったことになる。

今になって、つくづく思うのは、大山健二がもう少し長生きしてくれていたら、ということだ。全盛期の松竹蒲田モダニズム時代の思い出を存分に聞いてみたかった。とくに、清水宏と小津安二郎、成瀬巳喜男について。さらに、岡田嘉子、及川道子、桑野通子という伝説的な女優たちのことを、じっくりと聞いてみたかった。それだけが心残りである。

（12・02）

## 前田陽一の幻のテレビドラマ『小春日和／インディアン・サマー』

先日、なんとはなしに、前田陽一監督の遺稿集『含羞のエンドマーク』（あすなろ社）を読み返していたら、巻末のフィルモグラフィの〈主なテレビ映画〉の中に『小春日和／インディアンサマー』が載っていて、妙になつかしくなってしまった。一九九八年、十一年ぶりの映画『新・唐獅子株式会社』の撮影中に肝不全で急逝した前田監督とは何度かお会いしたことがある。

最初は、たしか一九九〇年だったと思うが、「ＡＶストア」に、前田監督に『小春日和』をめぐって「映画的ホームドラマ」というエッセイを書いてもらったのだ。そのきっかけは、おそらく、同じ雑誌の少し前の号で金井美恵子さんにエッセイをお願いした際に、雑談で、金井さんから、〈目白四部作〉の三作目に当たる『小春日和（インディアン・サマー）』がテレビドラマ化される話を聞かされたからではないかと思う。

金井さんは「プロデューサーからは、監督は大林宣彦でどうか、なんて言ってきたけど、大林なんか絶対にダメ、許可しない。ほんとうはマキノ雅弘にやってほしかったんだけど、結局、前田陽一に決まったのよ」と笑っていた。

そして、その直後放映された〈水曜ドラマ・スペシャル〉の二時間ドラマ『小春日和』を見て、あまりに面白かったので、前田監督に作品にまつわるエッセイをお願いしたのだ。

今、そのエッセイを読み返してみると、《私が撮影中、映画を撮っているいると感じ、友人たちが「映画的」と評したことは、『小春日和』の原作の中味が、映画を要求していたせいではないだろうか。映画館で上映されることがふさわしかったからではないだろうか》という一節がひときわ胸に迫ってくる。

前田陽一監督には、原稿を受け取った時に一献つきあっていただいたが、とても愉しい酒だった。酔うほどに、早稲田大学仏文科時代に、三浦哲郎、生島治郎、高井有一らと文芸誌をつくっていた文学青年だけあって、また、故郷の有志たちと伝説の「ＶＩＫＩＮＧ」にゆかりのある同人誌をやっていたと仄聞してもいたので、映画談議よりも、むしろ、富士正晴や島尾敏雄、夭折の閨秀作家久坂葉子などの話題で盛り上がった記憶がある。

なかでもはっきり憶えているのは、小林信彦が前田監督をモデルにして書いた小説『根岸映画村』（短篇集『袋小路の休日』所収、中公文庫）の話題になった時、その作品に批判的であったことだ。小林さんは、やはり、同じく前田監督の『進め！ジャガーズ　敵前上陸』（68）で自分が脚本を手伝ったエピソードを中心に「和製Ｂ級映画はどう作られるか」（『われわれはなぜ映画館にいるのか』所収、晶文社）というエッセイを書いている。私は、漠然と、この爆笑もののエッセイと比較すると、『根岸映画村』はあまりにグルーミィなトーンが漂っていたというふうに記憶していた。

しかし、最近、『根岸映画村』を読み直してみると、そのメランコリックな味わいが深く胸に響くのだ。文庫の解説で色川武大が書いているように、《一篇一篇の小説は、独奏に近い。（……）曲のテーマは、失う、ということであろうか。（……）撤去されかかっている人間のかすかな悲鳴がどの曲からもきこえてくる》という一節がとても腑に落ちるのである。

前田監督は、小林さんが聴きとめた〈かすかな悲鳴〉を自ら深く感受したがゆえに、かえって、強く反撥したのではないかと思えるのだ。前田監督が迫りくる〈死〉を意識しながら、遺作に小林さんの『唐獅子株式会社』を選んだのも、彼なりに永年の小林さんへの屈折したシンパシーがあったゆえだと思われる。

先頃、『小春日和』を企画した元日本テレビのプロデューサー山口剛さんからダビングしたDVDをいただいた。昨年、アテネ・フランセ文化センターで、この幻の作品が上映され、山口さんもゲストで招かれたという話を伝え聞いて、久々に見直してみたくなったのだ。

二十年ぶりぐらいに見る『小春日和』は、あたらめて傑作だなと思った。女流作家・金子ちえこ（大原麗子）の住むマンションに、東京の大学へ入学した姪っ子の女子大生・桃子（つみきみほ）が同居することになり、桃子の離婚した父親の秘密が暴かれるといった小波乱、桃子のキャンパス生活などがスケッチされる風俗ドラマである。

原作の金井美恵子さんの悪魔的なまでに絶妙なスノッブたちの生態観察はやや抑えられ、少女のみずみずしいアドレッセンスの通過儀礼のドラマとして見事に完成されているのだ。

たとえば、桃子の女友だち（仁科扶紀が快演！）が突然、ちえこの前で金井さんの『岸辺のない海』の終節を引用したり、あるいは、今は無き池袋文芸坐地下とおぼしき映画館のロビーで、シネフィルの大学生を相手に、「ビクトル・エリセの『ミツバチのささやき』にはジョン・フォードの西部劇の影響が云々なんて甘い、甘い、『ラ・パロマ』の双眼鏡のシーンこそ、ジョン・フォードだと黒沢清も言ってるぜ」などと嘯《うそぶ》き、煙に巻いてしまうシーンなど、いかにも当時、ハスミ虫の牙城であった「リュミエール」の読者を金井さんがパロディにして書きそうな台詞で大いに笑わせる。これらの設定、台詞は原作にはなく、脚本の塩田千種によるオリジナルで、きわめて秀逸である。なんといっても大原麗子が魅力的だ。大原麗子は、映画ではこれといった傑出した作品は見当らないが、『小春日和』がもし前田監督の古巣の松竹で撮られていたとしたら、間違いなく彼女の代表作となっていただろう。

大原麗子が金井美恵子を演じるのも一見、ミス・マッチに思えて、彼女の口からプルーストや吉田健一とか内田百閒なんていう固有名詞が飛び交うのもなかなかオツな味わいがある。原稿依頼があって上機嫌になった彼女が、桃子の前で「〽抜けるもんなら、抜いてみな、斬れるもんなら、斬ってみな、さあ、さあ、さあ、さあ、さあ」と美空ひばりの「関東春雨傘」を、身振りを交えながら、歌い出すシーンなど、思わず、陶然となってしまった。

つみきみほも、同年に封切られた『櫻の園』(90)のヒロインとはまた一味違った屈託と爽やかさを感じさせ、とてもチャーミングである。

前田陽一は、ある時期までは、『喜劇　あゝ軍歌』(70)『喜劇　命のお値段』(71)などの戦中派の男の心情を謳い上げる喜劇映画作家として高く評価されてきた。だが、たとえば、〈シラケたフィーリング芝居〉を一切封じこめて、桃井かおりの魅力を最大限に引き出した『神様のくれた赤ん坊』(79)を見ればわかるように、むしろ〈女性映画の監督〉として優れていると思う。生涯、唯一の自分の企画であり、オリジナル脚本だった『にっぽん・ぱらだいす』(64)でも、売春禁止法を前に生きる赤線の女たちがなんと生き生きと描かれていたことだろう。

かつて、田中登が演出した山本陽子主演の月曜ワイド劇場『白い悪魔が忍びよる』(84)もそうだが、ベテランの映画監督が撮ったテレビの二時間ドラマには、その女優の隠れた代表作とも称すべき傑作がある。大原麗子主演、前田陽一監督の『小春日和』も、まさに、そんな貴重な逸品であ

ったことを永く記憶に留めておきたい。（12・03）

## 映画作家としてのアイダ・ルピノ

もう、十数年前になるだろうか。神田神保町の映画古書の老舗・矢口書店が店内改装で一時、仮店舗を構え、大々的な洋書のバーゲンセールをやったことがある。

その時に、珍しい映画本を何冊かまとめて買った。その中には、後に清流出版から翻訳・刊行したジョン・ヒューストンの傑作自伝 *An Open Book* があった（『王になろうとした男』宮本高晴訳）。

そのほかにも、ジェームズ・メイスンの自伝 *Before I Forget*、ヴィンセント・ミネリの自伝 *I Remember it Well*、ハリウッド・プロフェッショナルズ・シリーズの *Tod Browning / Don Siegel* といった掘り出し物があり、そのなかで、ちょっと目を惹いたのが、ピラミッド・ブックのスター評伝シリーズの一冊 *Ida Lupino* である。

アイダ・ルピノといえば、私の世代では何といっても、サム・ペキンパーの『ジュニア・ボナー／華麗なる挑戦』（72）での、時代遅れのロデオ乗りスティーブ・マックィーンの気丈な母親役が印象深い。そして、一九八八年に「ボギーと3人の巨匠たち」というハンフリー・ボガート映画祭が開催され、半世紀も遅れて初めて劇場公開されたラオール・ウォルシュの伝説的な名画『ハイ・シエラ』（41）を見て、絶頂期のアイダ・ルピノの美しさ、神話的な輝きに絶句してしまったことをよく憶えている。

*Ida Lupino* を読んでいて、この女優が一九四〇年代の終わりからハリウッドでは例外的な女流映

画監督として活躍し、とくにフィルム・ノワールの分野において傑出した才能を発揮したことを知った。

数年前、WOWOWで、山田宏一さんの監修で、〈美女と犯罪〉というフィルム・ノワール特集が組まれ、『深夜の歌声』（48）という映画が放映されたことがある。日本未公開のフィルム・ノワールで、監督はジーン・ネグレスコ。コーネル・ワイルドとリチャード・ウィドマークから愛される場末の酒場の歌手でアイダ・ルピノが出てくるのだが、彼女が酒の入ったグラスを脇において、煙草をくゆらせながら、ピアノの弾き語りで「アゲイン」を歌い出した時には、心底、驚いた。このライオネル・ニューマン作曲のスタンダード・ナンバーは、ジャズファンの間では『ロードハウス』という映画で使われたことは有名だったが、まさか、『深夜の歌声』がその『ロードハウス』だったとは！

この映画で、アイダ・ルピノは「アゲイン」を、独特の掠れたハスキー・ヴォイスで、スローなテンポで情感たっぷりに歌っている。彼女は、この後の場面でも、フランク・シナトラの絶唱で知られるジョニー・マーサーの「ワン・フォー・マイ・ベイビー」まで歌うのだから、たまらない。

やはり、同じ時期だったと思うが、新刊書店のワンコイン（五百円）DVDコーナーで、『二重結婚者』（53）という聞いたこともない題名の映画を見つけた。パッケージを眺めると、主演がアイダ・ルピノ、ジョーン・フォンティーン、エドモンド・オブライエン、そして監督がアイダ・ルピノとある。

さっそく購入して見て、驚いた。ちょっと類のない映画だったからだ。

主人公のハリー（エドモンド・オブライエン）は冷蔵庫のセールスマン。妻のイヴ（ジョーン・フォンティーン）はやり手のビジネス・パートナーで、結婚八年目になるも子供が出来ず、ふたりの間には微妙な間隙が生じている。ハリーはロサンゼルスに単身赴任中に、ハリウッド周遊バスの中でフィリス（アイダ・ルピノ）と出会う。

大都会の中で、言い知れぬ孤独を抱えた男と女がゆるやかに距離をつめていくさりげない描写が実に繊細で味わい深く、アイダ・ルピノは、初めて自分の監督作品に出演しているのだが、クリント・イーストウッドの遥かな先駆ともいうべき見事な演出である。

ハリーの誕生日にふたりは結ばれ、やがてフィリスは妊娠する。いっぽう、イヴが家族の絆に目覚め、養子を取ることを決心したために、ハリーは、ぐずぐずと離婚を切り出せないでいるうちに、ふたつの家庭を持つ重婚者となっていた。映画は、しかし、この優柔不断を絵に描いたような男をあからさまに糾弾することはせずに、彼の行き場のない切羽詰まった苦悩を、当時の女性の社会進出という時代背景を見据えながら、的確に浮き彫りにしている。

それは、同じ時期に、ヨーロッパからの亡命者であるマックス・オフュルスが『無謀な瞬間』や『魅せられて』（ともに49）で、あるいは、ダグラス・サークが『天が許し給うすべて』や『いつも明日がある』（ともに55）で描いた、戦後アメリカの大きな価値転換の時代における女性の不安や深層心理を深く洞察したニューロティックな〈女性映画〉の系譜に位置づけられるだろう。

映画の中で、ハリーが誕生日に、高級なナイト・クラブにフィリスを誘うくだりがある。そこのラウンジでピアノの弾き語りで登場するのが、なんとマット・デニスなのだ。名曲「エブリシング・ハップン・トゥ・ミー」や「エンジェル・アイズ」のソングライターでもあるマット・デニスは、チェット・ベイカーと並ぶ独特のヴェルヴェット・ヴォイスで一世を風靡したジャズ歌手で、当時、人気絶頂だった。彼が甘く気だるそうにヒット曲「君の瞳に心ときめく」を歌う場面に、ふたりがダンスをしながら、頬を寄せ合い、親密に見つめ合うシーンが幾度かカットバックされるや、このほろ苦いメロドラマは豊潤な香りを放つ。

この忘れがたいシーンひとつをとってみても、アイダ・ルピノの演出力、音楽的センスが、いかにずば抜けたものであるかがわかる。

映画は、裁判所に舞台を移し、まさに泥沼のような法廷劇と化そうとする瞬間、声高でモラリッシュな告発のトーンは抑制され、曖昧さを残したまま、唐突に終わりを迎える。

重婚を描いたアメリカ映画といえば、トラジ・コミカルなタッチのアラン・ルドルフの『探偵より愛をこめて』（90）以外、思い浮かばないが、いずれにせよ、半世紀以上も前に、こんな先見的で特異なテーマを真摯に追求した女流映画監督がいたことは特筆されるべきだろう。

アイダ・ルピノは、この他にも伝説的なフィルム・ノワール『ヒッチハイカー』（53）ほか七本の映画を監督している。ハリウッドの名花にして名監督アイダ・ルピノの作品がもっと見たい。

（12・04）

## マックス・オフュルスの方へ

マックス・オフュルスをめぐっては、以前、このコラムでも〈国辱映画〉『ヨシワラ』を取りあげたことがあるが、私がもっとも心酔し、敬愛する映画作家のひとりだ。

マックス・オフュルスについて書かれたもののなかで、私が、強く印象に残っているのは、植草甚一による『輪舞』『快楽』（52）の批評の一節である（『映画だけしか頭になかった』所収、晶文社）。

《（……）こういう彼の名前に関連しておかしかったのは「快楽」のタイトルを見ているときであっ

た。「輪舞」のときと同じようにタイトルはあっさりしているなと思いながら見ていると、二度目にオフュルスの名前が出たときOphülsと書いたUの字のウムラウトが白絵具で消してあるのに、消しかたが下手なのでボンヤリと残っているのである。本当はこう書くのであるが、フランスの活字ではウムラウトのついたUを使うには不便だし、発音はなくても同じなので、いつのまにかOphulsとなってしまったわけである。つまらないことを書き立てているようだが、ぼく自身そうは思っていないのは、Hがなくなったり、ウムラウトが消えてしまうところに亡命映画作家としてのある種の悲しみに触れるような気がするからである》

こういうフシギな発想、さりげないディテールの記述にこそ、植草甚一の特異な審美眼、映画批評の精髄があるのだと思う。実際、日本でマックス・オフュルスを、その豪奢な美術装置（ジャン・ドーボンヌ）や流麗なキャメラ・ワーク（フィリップ・アゴスティーニ、クリスチャン・マトラ）など〈テクニック主義〉的な側面から分析した批評家は植草甚一をおいてほかにいない。

以前、コミュニティシネマ支援センターの会報誌「フィルムネットワーク」で秦早穂子さんにインタビューした際に、秦さんが新外映時代に配給した、マックス・オフュルスの遺作『歴史は女で作られる』(55)を試写で見た植草甚一があまりに熱狂し、大絶賛するので、これは当たらないなと直感したら、案の上、大コケしてしまったと苦笑しながらお話しされていたのを憶えている。

最近、ブロードウェイから出ているDVDボックス〈巨匠たちのハリウッド〉シリーズが、一部の映画マニアの間で話題になっている。エルンスト・ルビッチ、ダグラス・サーク、ニコラス・レイ、サミュエル・フラー、ジョン・ヒューストンといった錚々たる顔ぶれで、しかも、日本未公開作品を中心にピックアップしているのがミソである。

このシリーズで、近々、「生誕百周年記念マックス・オフュルス傑作選」が出る。『笑う相続人』

(33)『永遠のガビー』(34)『無謀な瞬間』という、ちょっと信じられないようなプログラムである。『無謀な瞬間』は、オフュルスが亡命先のハリウッド時代に撮った最後の作品で、窮地に陥った人妻ジョーン・ベネットを脅すつもりで近づいたヤクザな男ジェームズ・メイスンが、その貞淑な魅力に妄執のごとく惹かれてしまい、常軌を逸した献身の果てに、死を迎えるという畸形的なメロドラマである。『笑う相続人』は、ウーファー時代のオフュルスには珍しいロマンティック・コメディだ。

そして、なによりも、このDVDボックスの最大の目玉は『永遠のガビー』である。ナチスが台頭し、ドイツを去ることになったマックス・オフュルスが、ハリウッドへ亡命する前にイタリアで撮った唯一の作品で、これまで『みんなの女』という題名で一部に知られていた幻の映画である。

マックス・オフュルス研究で知られる明治学院大学教授の斉藤綾子が、その見事なDVDの作品解説で《オフュルスの流麗なキャメラ・ワークと、運命と愛に翻弄されるオフュルス的女性の原型の全てがここにある》と書いているが、まさに、ため息の出るようなすばらしい映画である。

かつて盛名をはせたひとりの女優が突然、謎の自殺を図り、手術台の上に横たわり、死の意識の予感のなかで、その数奇な人生をめぐる回想に入っていく。主演はイザ・ミランダ。彼女は、この作品で一躍、人気スターになったが、どこか若き日のデルフィーヌ・セイリグを思わせる儚げな美しさが印象的である。

冒頭、イザ・ミランダに横恋慕し、自殺してしまう学校の教師にはじまり、彼女は周囲の男を破滅にみちびいてしまう魔性を秘めているのだが、ハリウッドのフィルム・ノワールに登場するような典型的な誘惑する悪女、ファム・ファタールではなく、あくまで、受け身で、無意識に、知らず知らずのうちに、男を虜にしてしまう悲劇的なヒロインである。

その意味では、オフュルスの描いた多彩なヒロインの中では、『歴史は女で作られる』のローラ・モンテス（マルティーヌ・キャロル）よりも、『無謀な瞬間』のジョーン・ベネットや『たそがれの女心』のダニエル・ダリューに近いかもしれない。

ヒロインが伯爵から寵愛され、夜、館の外で逢引きする場面がある。そして、二人の不在に気づき、嫉妬に狂った妻が車椅子もろとも階段を落下していくシーンは、ロバート・ジオドマクのゴシック・ホラーを思わせる、夜の闇の情感を深々とたたえた鮮烈なイメージが忘れがたい。

イザ・ミランダは、オフュルスがハリウッドからフランスへ帰還し、晩年の〈黄金の四部作〉の劈頭《へきとう》を飾った『輪舞』で、ふたたび、恋の手管を知り抜いたベテランの舞台女優を貫禄たっぷりに演じている。

アルトゥール・シュニッツラーの名作戯曲をもとに、十組の恋人たちの情事をオムニバス形式で描く『輪舞』でもっとも印象的なエピソードは、イザ・ミランダが情人である詩人ジャン＝ルイ・バローと語気荒く口論するシーンである。ふたりの感情が次第にエスカレートし、平手打ちの応酬となるが、次の瞬間、突然、二人は激しい接吻を交わすのだ。淫蕩なゲームのような恋愛術のきわみである。

さらに、続いて、彼女が若い伯爵士官ジェラール・フィリップと恋仲になり、自分の部屋に引き入れて、挑発し尽くした果てに、まさにベッドを共にしようとした瞬間、狂言回しのアントン・ウォルブルックが映写室に登場し、「これからの場面は、不謹慎なのでカットしましょう」などと呟き、フィルムにハサミを入れる場面には唖然となってしまう。

このような古典的なメロドラマと実験的なアヴァンギャルド精神がまったく違和感なく優雅に結びついているのが、マックス・オフュルスの映画の最大の魅力なのだ。

スタンリー・キューブリックが、もっとも憧れたのも、そのオフュルスの類い稀な才能であった。キューブリックが、その早過ぎた遺作『アイズ ワイド シャット』（99）の原作として、シュニッツラーの『夢小説』を選んだのも、『恋愛三昧』（33）ほかシュニッツラーを数多く手がけたオフュルスへのはるかなる屈折したオマージュであったのだと思う。（12・04）

## プレストン・スタージェス再考

前回、紹介したブロードウェイの〈巨匠たちのハリウッド〉シリーズから、「プレストン・スタージェス傑作選」ＤＶＤボックスが発売される。『偉大なるマッギンティ』（40）『凱旋の英雄』『崇高なとき』（ともに44）というあまりにもシブい三本セットだ。

今や、プレストン・スタージェスの映画は『レディ・イヴ』『サリヴァンの旅』（ともに41）、そして『モーガンズ・クリークの奇跡』（44）までがワンコインＤＶＤで見られる。なんとも便利な時代になったものだと思う。

プレストン・スタージェスという映画作家をめぐっては、さまざまな思い出がある。

あれは、川喜多和子さんが亡くなる数か月前だから、一九九三年の初めごろだったと思うが、突然、和子さんから電話がかかってきた。

「読売の河原畑寧さんから聞いたんだけど、高崎さん、プレストン・スタージェスの輸入ビデオをいっぱい持ってんだって？　今、うちでやっているハル・ハートリーが大好きらしいんだけど、私、一本も見てないのよ。今度、貸してね」

当時、アメリカでは一九三〇～四〇年代の古いロマンティック・コメディが低価格ビデオで出始めていて、私は仕事で渡米した際に、スタージェスのビデオをまとめて買っていたのだ。川喜多和子さんが、プレストン・スタージェスの映画を見ていないのは、ちょっと意外だったが、スタージェスの映画は、日本では、敗戦直後の占領下に『結婚五年目』(42)と『殺人幻想曲』(48)の二本だけしか封切られなかったから、一九四〇年生まれの彼女が見ていないのは不思議ではない。

私見では、プレストン・スタージェスの映画にもっとも熱狂したのは、昭和七年から十年前後ぐらいに生まれ、ティーンエイジャーだった占領下時代にアメリカ映画の洗礼を受けてしまった世代にほぼ限定されている。つまり、映画評論では小林信彦、蓮實重彥、オペラ演出家の三谷礼二といった方々である。

私がプレストン・スタージェスという名前を初めて知ったのも、高校時代に読んだ小林信彦の『笑う男　道化の現代史』(晶文社)に収められた「アメリカ的喜劇の構造――非常識な状況の笑い」というエッセイである。以来、私は、このアンチ・キャプラと称されたアメリカの喜劇映画監督のことが気になってしかたがなかった。

たとえば、その頃に読んだジャック・ケルアックの『路上』には、『サリヴァンの旅』の魅力的な名シーンの言及があるし、サンリオSF文庫から出ていたゴア・ヴィダルのハリウッドの内幕を描いた怪作『マイロン』(『マイラ』の続篇)にもプレストン・スタージェスとおぼしき人物が登場していた。

漠然と、アメリカの戦後文学の鬼才たちにとっても、プレストン・スタージェスという映画作家は、半ば伝説のような存在なのではないかと思った。

決定的だったのは、古本屋で見つけたドナルド・リチーの『現代アメリカ芸術論』だった。この一九五〇年に刊行されたアメリカ文化啓蒙書の中で、リチーは《プレストン・スタージェスの映画は、現在製作される最上の喜劇であるばかりでなく、それはまた、社会批判としても最上の作品である。(……)もしもアメリカ映画に輝かしい希望があるとすれば、それはプレストン・スタージェス、アルフレッド・ヒッチコック、ジョン・フォードだ》とまで絶賛していたのだ。

そんなこんなで、一九八五年、私は「月刊イメージフォーラム」でプレストン・スタージェスのささやかな特集を組んだ。マニー・ファーバーの「プレストン・スタージェス　ハリウッドの中の成功神話」という高名な論文の翻訳を掲載し(後に、清流出版で『王になろうとした男　ジョン・ヒューストン』をはじめ数多くの映画本の翻訳をお願いすることになる宮本高晴さんとの最初の仕事だった)、三谷礼二さんにも「P・S、I　LOVE　YOU」というスタージェスへのオマージュを書いてもらった。三谷さんは、まさに、占領下で見ることができなかった幻のアメリカ映画の代表としてスタージェスの映画を挙げ、アメリカで一度だけ、テレビで見た『サリヴァンの旅』の感動を、あたかも昨日見たかのように、ディテール豊かに回想していて、深い感銘を受けた。

この特集の時、私は無謀にも、小林信彦さんにプレストン・スタージェスの評伝を連載で書いていただけないかと依頼している。初めてにもかかわらず、小林さんとは延々と長電話で話したが、当然ながら、手許にプレストン・スタージェスに関する資料が少ないのと、日本未公開の作品の大半を見ていないという理由で断られてしまった。小林さんは、当時、アメリカにいる友人に頼んで、テレビ放映されたスタージェスの映画を録画してもらっていると話していたのを憶えている。

しかし、このスタージェス特集はまったくといってよいほど反響がなかった。当時、日本でも海外でもプレストン・スタージェスは忘れられていた存在だったのである。

時はめぐって、川喜多和子さんが急逝した直後、その頃「エルンスト・ルビッチ生誕一〇〇年祭」を成功させたプレノン・アッシュの城戸俊治さんから「いよいよ、高崎さんがリクエストしていたプレストン・スタージェスをやるので、作品選びに協力してほしい」という電話があった。

私は、この夢のようなプレノン・アッシュの暴挙（?）にすっかり狂喜してしまい、まず、『モーガンズ・クリークの奇跡』『凱旋の英雄』のようなカゲキすぎるクレイジーな作品は、あえてはずし、結局、正統派というか模範的というか、『サリヴァンの旅』『レディ・イヴ』『パームビーチ・ストーリー』（旧邦題『結婚五年目』）の三本をピックアップした。

さらに、「キネマ旬報」に企画を持ち込み、封切りに間に合うように、ドナルド・スポトーの評伝『プレストン・スタージェス——ハリウッドの黄金時代が生んだ天才児』（森本務訳）を編集したりもした。実は、翻訳に着手した頃に、ダイアン・ジェイコブスの *Christmas in July : The Life and Art of Preston Sturges*（1992）という決定版の評伝を入手したのだが、もはや、手遅れだった。ドナルド・スポトーは、スタージェスの女性関係を異様なほどゴシップ的に詮索するかと思えば、『レディ・イヴ』を失敗作と断じてしまうなど致命的な映画オンチぶりを自ら暴露しているので、ちょっと問題がある評伝なのだ。

プレノン・アッシュは連続して『アメリカン・ドリーマー』（90）というスタージェスのドキュメンタリーをレイトショーで公開するなど頑張ってくれたが、一九九四年「プレストン・スタージェス祭」と銘打たれた特集は一部では話題になったものの、大ヒットとは言い難く、後が続かなかった。

当時、プレノン・アッシュの城戸俊治さん、篠原弘子さんと、これが成功したら、「スクリューボール・コメディ映画祭」をやりたいね、などと話し合っていたのも懐しい思い出だ。

今回、DVD化された『凱旋の英雄』は、実は、その特集でやろうと思っていた極め付きの一本であった。

『凱旋の英雄』は、花粉症のために海軍に入隊できなかったエディ・ブラッケンが酒場の給仕に身をやつしており、たまたま知り合った軍人たちが制服と勲章を貸してくれて、彼らと共に故郷の町に凱旋するや、エディは英雄と祭り上げられ、次期町長に推薦されてしまう、というあまりに不謹慎でブラックなコメディである。

この映画は、アメリカの幾つかの州で上映禁止となったが、フランク・キャプラが真正な戦意高揚のプロパガンダ映画をつくっていた戦時下で、こんなアイロニカルで辛辣な諷刺喜劇を撮っていたプレストン・スタージェスは、やはり、特異な映画作家というほかない。

アメリカの占領下政策として、戦争中につくられた全盛期のプレストン・スタージェスの傑作が日本で公開されなかったのは、故なきことではない。

私は、フランク・ダラボンの『マジェスティック』(01)とクリント・イーストウッドの『父親たちの星条旗』(06)を見ていて、主人公が田舎の町に列車で凱旋するシーンが、『凱旋の英雄』の同工の場面をほぼそっくりに再現しているのに気づいて、驚いた記憶がある。

アメリカのダークサイドを乾いたタッチで笑殺するプレストン・スタージェスの喜劇は、決してふやけたノスタルジアの対象ではなく、つねにみずみずしい、謎めいた魅力を放っている。

(12・08)

第四章

# 同時代とジャーナリズムと

桂ゆきとジャン・ジュネ
(『女ひとり原始部落に入る』［光文社］より)

## 幻の未映画化シナリオをめぐって

先日、作家の小林信彦さんから電話をいただいた。

最近、私が編集した大島渚監督のエッセイ集『わが封殺せしリリシズム』（清流出版）をお送りしたのだが、その中に「衰退というタイトル――小林信彦」という人物スケッチが入っており、小林さんは懐かしそうに大島監督にまつわるさまざまな思い出を語っておられた。

なかでも、小林さんから、大島監督と出会った頃に、いきなり映画を監督しないかと口説かれたという話を伺って、ああ、これは、昔「話の特集」に書いていた『チンコロ姐ちゃん』のエピソードだなとピンときた。

「一九六一年秋のスケッチ」と題された、そのエッセイは、後に小林信彦さんの傑作バラエティ・ブック『東京のロビンソン・クルーソー』（晶文社）に収められたが、私が小林さんのコラムの無類の面白さを初めて知ったのも、この「話の特集」の「世直し風流陣」という連載だった。

そのエッセイによれば、六一年に松竹を退社し、創造社をつくったばかりの大島監督は、富永一朗の漫画『チンコロ姐ちゃん』の映画化をすすめていたという。石堂淑朗が書いたシナリオは「シナリオ」誌にすでに発表されていたが、その頃、小林さんは「映画評論」に後の『世界の喜劇人』の原型となる「喜劇映画の衰退」を連載しており、「喜劇映画について長い評論の書ける男なら、監督もできる」が持論の大島監督は、小林さんに白羽の矢を立てたというわけである。

結局、演出は田村孟《つとむ》に決まり、小林さんは石堂と一緒に旅館にこもり、シナリオを手伝うことになるのだが、そこで起こるスッタモンダの爆笑エピソードが軽妙な筆致で回想されている。

実は、最近、近所の古本屋で偶然、この石堂淑朗の『チンコロ姐ちゃん』のシナリオが載った「シナリオ」誌を見つけた。一読し、かなりハチャメチャで猥雑な魅力をもった脚本《ホン》だと思ったが、どうみても、『悪人志願』(60)という呪われた怪作を撮った観念偏重型の田村孟の資質とは水と油で、これはいかに手を加えても実現不可能な企画であっただろうと思う。

今、私の手元に『喜劇　マリリン・モンロー・ノー・リターン』というシナリオの第一稿がある。企画・中島正幸、原案・内田栄一、脚本・山崎忠昭、夏文彦、黒木和雄、監督・黒木和雄とあるが、もちろん黒木監督のフィルモグラフィには、こんな作品は存在しない。ちなみに企画の中島正幸とは『飼育』から『少年』に至る六〇年代の大島渚作品を手がけたプロデューサーである。

この映画化されなかった幻の作品の顚末については、山崎忠昭の遺稿集『日活アクション無頼帖』(ワイズ出版)に詳しく書かれているが、題名は、一九七〇年、直木賞作家・野坂昭如が歌ってヒットした「マリリン・モンロー・ノー・リターン」からとられている。〈この世はもうじきオシマイダ〉というおどろおどろしいイントロから始まるこの歌は、昭和元禄などと呼ばれた当時の世相とマッチし、世紀末風の厭世的な歌詞と、野坂のシラケきったニヒルな歌いっぷりが評判となっていた。ちなみに、中島貞夫の『現代やくざ　血桜三兄弟』は、この曲を絶妙に使った傑作である。

山崎さんの本によれば、『男はつらいよ』の大ヒットで意気上がる渥美清のマネージャーの発案により、アートシアターで『日本の悪霊』（70）を撮ったばかりの黒木・中島コンビで、松竹大船で一本撮れることになった。しかし、内田栄一が書いた第一稿が《イヨネスコ、ベケットも顔負けの不条理ドラマ》になってしまい、急遽、手直しを依頼されたのだという。助っ人で参加した夏文彦さんは、後にゴールデン街のお店から借金をしまくり、黒木和雄監督の『竜馬暗殺』を完成させてしまったという伝説を持つルポ・ライターであった。

このホンを読むと、近づいてくる男が次々に死んでいく疫病神のようなヒロイン、ミナコの魂の遍歴という主題もさることながら、破天荒なブラック・ユーモアと幻想的なタッチ、抒情が溶け合った奇妙な味わいがあり、『とべない沈黙』（66）の黒木監督にはぴったりの素材に思えた。

黒木和雄は、『TOMORROW／明日』（88）『美しい夏キリシマ』（03）『父と暮せば』（04）の〈戦争レクイエム三部作〉を撮り、遺作となった『紙屋悦子の青春』（06）も高く評価された。もちろん、これらの秀作には、戦後民主主義を全身で受け止めた昭和ひとケタ世代である黒木監督の真摯でヒューマンな反戦のメッセージが謳い上げられている。だが、ホンネをいえば、黒木監督には、生涯どうしても撮りたかった映画、お金が集まらず、二十年来ずっと、頓挫していた幻の企画があったはずだ。

それは『スクラムトライ（山中貞雄伝）』と題された夭折の天才映画監督・山中貞雄の伝記映画で、すでに、私が「月刊イメージフォーラム」の編集者時代に、感想を聞きたいからと、その第一稿を黒木監督から手渡されているのだ。

当時、一九八〇年代前半だったと思うが、イタリアのペサロ映画祭で山中貞雄特集が組まれ、参加した黒木監督にレポートを書いてもらったのだが、黒木監督は、映画の冒頭に使うために、その会場の模様を16ミリで撮影してきており、その断片を見せてもらった記憶がある。

ちょうど、その頃、山崎さんが「月刊イメージフォーラム」に「日活アクション無頼帖」を連載していたこともあり、久々に御三方が集まり、一緒に飲もうということになった。

新宿ゴールデン街のお店を何軒もハシゴし、高歌放吟し（夏文彦さんは酔うと必ず甲高い声で高倉健、小林旭の歌を絶唱するのだ！）、黒木監督も涙を流しながら笑い、唱和していたことが思い出される。

その御三方も、今や、すべて鬼籍に入られてしまった。

いつか、〈映画化されなかった幻のシナリオ集〉というものをまとめてみたいと夢想することがあるが、その際には、石堂淑朗の『チンコロ姐ちゃん』と黒木和雄監督のこの二本のシナリオは、ぜひ、入れたいと思っている。

（13・08）

## 伝説の映画批評家、内田岐三雄について

最近、必要があって、戦前の映画雑誌を読むことが多いのだが、とても癖の強いユニークな文体を持つ映画批評家がいたことに気づく。たとえば、淀川長治がもっとも畏怖したと言われる、黄金期の「新青年」で「シックシネシック」なる才気煥発なコラムを書いていた南部圭之助とか、吉原帰りに立ち寄った浅草のコヤで、偶然、『磯の源太　抱寝の長脇差』（32）を見て、天才監督山中貞雄を発見した岸松雄などである。

その岸松雄の『日本映画人傳』（早川書房）は、往年の映画監督、脚本家、俳優たちの魅力的な素顔を描いた交遊録というか独特の味わいのあるポルトレ集で、私の永年の愛読書である。その中に、内田岐三雄《きさお》という映画批評家がひとりだけ入っている。

岸松雄が活き活きと描いたように、内田岐三雄はさまざまな逸話で彩られている伝説の映画批評家で、一九〇一年生まれ。幼少期から映画狂いが始まり、府立四中から一高に入る頃には、海外の映画雑誌を読み漁るようになった。すでに当時、創刊一周年を迎えたばかりの「キネマ旬報」の同人になったというから、かなりの早熟である。

東京帝大法学部に入学し、やはり同じく映画狂だった飯島正と知り合い、意気投合、彼に「キネマ旬報」同人になるように勧めたのも内田岐三雄だった。

飯島正も、その美しい回想録『ぼくの明治・大正・昭和』（青蛙房）の中で、《この偶然によって、ぼくの映画文筆の仕事の未来は、決定したのである》と書いているほどだ。

内田岐三雄は昭和五年から数年間、パリに遊学するが、当時、全盛をきわめたヨーロッパ映画、さらにシュルレアリストたちの手になる日本未公開の前衛映画を見まくったのは、大きな転機になった。松本俊夫が、戦後まもない時期に、古い映画雑誌に載った内田岐三雄訳によるルイス・ブニュエル＋ダリの『アンダルシアの犬』（29）のシナリオをむさぼるようにして読んだと回想したエッセイを読んだことがある。

内田岐三雄は、小津安二郎のデビュー作『懺悔の刃』（27）を高く評価したことで知られる。さらに、六作目の喜劇『肉体美』（28）を絶賛し、《これは、監督小津安二郎の心境である。（……）それは、一種の〈微笑まれたる寂しさ、やるせなさ〉である》と書いた。これは、後期小津の名作群にもあてはまるような先見性を持った卓越した批評ではないだろうか。小津自身も後年、「自作を語る」のなかで次のように語っている。

《当時の旬報に、内田岐三雄がこの作品に名文の批評を書いてくれてね、まだ覚えているよ。自分でも、映画はこういう風にやればいいのだな、と見当がついて来たんだね》

とりわけ、内田岐三雄の功績で特筆すべきは、伝説の女優、及川道子を清水宏に紹介し、清水の『不壊《ふえ》の白珠』(29)でデビューさせたことだろう。数年前、フィルムセンターで、このサイレント映画を見たことがあるが、及川道子は眩いばかりに美しかった。

最近、近所の古本屋で、その内田岐三雄の『欧米映画論』(書林絢天洞)を格安で見つけた。しかも、蘆原英了への著者献辞付きである。

第一章が「前衛映画」、第二章が「ルネ・クレール」、第三章が「アメリカ映画」、第四章が「欧米映画雑記」という構成になっており、第一章で取り上げられているアルベルト・カヴァルカンティの『時の外何物もなし』(26)やジャン・ヴィゴの『ニースについて』(30)などの古典の論評は、臨場感にあふれた記述に説得力が感じられる。

しかし、この映画評論集で、私がもっとも心を惹かれたのは、「欧米映画雑記」の章である。これまで聞いたこともないようなサイレント時代のチェコやポーランド、ベルギー、スウェーデンなどの東欧、北欧映画の作品評が載っているのだが、内田岐三雄は、あたかも、その情景が眼の前に浮かんでくるように再現する、端倪すべからざる筆力があるのだ。

たとえば『トニシェカ』(30)というカレル・アントン監督のチェコ映画の評論を読めば、田舎の村から都会に出て、娼婦に落ちぶれ、初恋の男とも別れさせられて、失意のどん底で息絶える薄幸のヒロインを演じたイタ・リナという女優のことが忘れられなくなってしまうだろう。この批評は、ベラ・バラージュが『視覚的人間』(岩波文庫)でアスタ・ニールセンに捧げた熱烈なオマージユ「アスタ・ニールセン――その愛の演技と老《ふ》け役の演技」に匹敵する名文だと思う。

私がサイレント時代の作品でもっとも見たいと思っている『エロチコン』（29）という映画がある。伝説の女優ヘディ・ラマールがオール・ヌードになった問題作『春の調べ』（33）で一躍センセーショナルな話題をさらったグスタフ・マハティの作品で、日本ではあまりにエロティックなために非公開となったと言われる幻の映画なのだが、内田岐三雄は、そのクライマックスを次のように書いている。

《（……）筋としては大したことはないのだが、前記の雨に降りこめられた小屋の内で娘と青年とが愛の一夜を過ごすという場面が、マハティー一流の大胆で徹底した、強烈な描写なのである。隣り合った二室のベッドの上で互いに転々反側して欲望に悶える二人の描写から遂に二人が抱き合い、それから二人の歓喜の姿が互いの頭部と顔のアップを以て現わされる、――という場面がこれで、これは「春の調べ」で妻が小屋に他の男を訪ねてから歓喜の一夜を送る場面と、正しく匹敵するものである。それから此の「エロチコン」で、も一つの大胆な描写があるのは、娘が男の胤を宿して、それを産み落すときのものである。（……）主役の女に扮するのはチェッコスロヴァキアの最大の女優と称せられるイタ・リナで、「春の調べ」のヘディー・キースラーの如くに豊艶な姿態をし、それに更に鋭い表情と、うずく様な肉慾をそなえた、演技も立派な素晴らしい女優である》

この刺激的な一文を読めば、『エロチコン』という映画がますます見たくなるが、と同時に、ジャン・ヴィゴの名作『アタラント号』（34）で諍いをして別れたディタ・パルロとジャン・ダステがそれぞれのベッドでお互いのイメージを抱きあい、身悶えながら何度も寝返りを打つ姿をカットバックでとらえた官能的なシーンを思い浮かべないだろうか。

もしかしたら、ジャン・ヴィゴは、『エロチコン』を見て、あの名状しがたいエロティックな情景を創造したのではないかと妄想に耽ったりもするのである。

内田岐三雄は、終戦の年、松竹大船を辞めて、京浜地方の軍需工場に務めていたが、七月三十日、工場を休み、平塚の妻の実家にいた。空襲警報が鳴り、妻子だけを防空壕に避難させた内田は本を整理すると言って座敷に留まったが、そこへ爆弾が投下された。爆風で家は潰れ、その下敷きになった彼の上に敵機が猛烈な機銃掃射を浴びせて去って行った。享年四十四。

「大変惜しい男だった」と小津安二郎は嘆いたそうである。

二〇一七年十二月、フィルムセンターの特集「チェコ映画の全貌」で内田岐三雄が絶賛した『トニシェカ』と『エロチコン』を見ることができた（今回の上映邦題は『絞首台のトンカ』『エロティコン』）。どちらも伝説の女優イタ・リナが素晴らしかった。


（12・01）

## 日活ロマンポルノ考　堀英三という映画記者がいた

今年（二〇一二年）は、映画会社の日活創立百周年に当たり、その一環として、五月には、都内の劇場で「生きつづけるロマンポルノ」と銘打ち、蓮實重彥、山田宏一、山根貞男の各氏が選ぶ日活ロマンポルノ三十二作品の特集上映が行われる。

先日、「キネマ旬報」二〇一二年五月下旬号の〈ロマンポルノ特集〉の取材で、元日活のプロデューサー・成田尚哉さんに話を聞く機会があった。

成田さんとは世代が近いせいもあり、日活ロマンポルノを最初期から見ている者同士でもあって、往時を振り返りながらのリアルな言葉には、深く共感するものがあった。

とくに、セレクトされた三十二作品を見ながらの、次のような感想が強く印象に残った。

《（……）ピックアップされた、社会的に評価された傑作、秀作といわれる作品だけが日活ロマンポルノではなくて、愚作、珍作、失敗作をぜんぶひっくるめたゴッタ煮のような膨大な作品そのものが僕にとってのロマンポルノなんです。ロマンポルノが撮影所を中心に、人々が映画作りをしたあるエロティックな運動体であったことは間違いないし（……）ですから、もうロマンポルノを神話化、神格化するのは勘弁してほしいと思っています》

最近、若い世代の映画ファンと話していて、話が通じにくいなと思うのは、最初からロマンポルノを〈作家主義的〉な見方で特権化し、評価の定まった一部の映画作家・作品のみを顕揚する傾向が目立つことである。なかでも、気になるのは、当時、いかにロマンポルノが、社会的にも不当な差別や偏見に晒されていたかという〈現実〉があっさりと捨象されてしまっていることだ。

そのことで、今思い浮かぶ、ある光景がある。

二〇〇六年の五月に、ラピュタ阿佐ヶ谷のレイトショーで〈田中登特集〉が組まれた。支配人の石井紫《ゆかり》さんの大英断によって実現した名企画で、私はチラシの解説と、三度にわたる田中登監督のトークの司会を頼まれた。

初日に、『㊙女郎責め地獄』（73）が上映され、主演の中川梨絵さんも来場されて、監督と三十年ぶりの再会を果たし、田中登監督も上機嫌だった。トークが終わって、近所の居酒屋で打ち上げをしていると、一橋大学で映画を勉強しているという女子大生がつかつかとやって来て、映画の感想を述べた。そして、その後ろには、私とほぼ同世代の女性が立っていた。彼女は、田中登監督に挨拶をすると、次のようなことを話し始めた。

「一九七〇年代、私が学生の時に、田中さんの映画の評判は深夜放送などで伺っていて、ずっと見たかったのですが、当時は、女性がロマンポルノの上映館にひとりで見に行くのはとても勇気のいることで、不可能でした。今日は、娘が監督の映画を見に行くというので、無理やり付いてきました。三十数年ぶりに願いがやっと叶いました。映画、とてもすばらしくて感動しました」

田中登監督は、彼女の感想を黙って聞いていたが、ちょっと涙ぐんでいたように思う。

彼女の発言は、まさに、当時の、とくに女性の映画ファンの心情を代弁していた。ロマンポルノは、若い女性が気軽に見に行けるようなものではなかったのである。

一九七二年のことだが、『一条さゆり　濡れた欲情』『白い指の戯れ』の演技で、伊佐山ひろ子がその年の「キネマ旬報」主演女優賞を受賞するや、ポルノ女優を選出するなどけしからんと、ロートルの映画評論家が選考委員を降りてしまったという笑えないエピソードがあった時代なのだ。

成田さんは、日活ロマンポルノは、「朝日新聞で大きく取り上げたりしていたので、一般に認知されて」云々と語っていて、当時の記憶があざやかに甦ってきた。

日活ロマンポルノを最初から熱烈に擁護する映画批評家は何人かいたが、当時、もっとも大きな影響力を持っていたのは、TBSの深夜放送「パックインミュージック」のパーソナリティだった林美雄と、朝日新聞の堀英三という映画記者であったと思う。

一九七〇年初頭、私は高校生だったが、その頃が、もっとも熱心に新聞の面白そうなカルチャー記事を丹念にスクラップしていた時期で、なかでも、朝日新聞の堀英三の記事には注目していた。そのすっかり黄ばんでしまったスクラップ帖は今も手許にある。

私が、堀英三という名前を初めて知ったのは、たぶん、一九七二年の八月、三大紙で初めて日活ロマンポルノを絶賛する批評を目にしたときである。その作品とは藤田敏八監督の『八月はエロスの匂い』だった。

《藤田敏八監督、久びさの作品である。やや観念的ではあるが、現代日本社会への洞察と予見に満ちた秀作だ》という冒頭の一節も印象的だが、この批評の眼目は、実は次に引用する最後のくだりにある。

《なお、最近の日活映画の好調ぶりはすばらしい。いわゆる日活ロマン・ポルノのうち、取上げたのはたまたまこの作品が最初だが、たとえば、今年はじめ公開された神代辰巳監督「濡れた唇」などは、ここ数年の青春映画の中の傑作の一つである》

さらに、驚いたのは、この批評が出た後、しばらくして十一月二十八日の朝刊の「芸術」欄に、今度は、堀英三の手になる「秀作つづく日活ロマン・ポルノ」と題したレポートが載ったことだ。その冒頭を引用してみよう。

《「濡れた唇」「濡れた欲情」「牝猫たちの夜」「㊙女郎市場」「白い指の戯れ」「牝猫の情事」など、日活はこの一年間驚くべき集中度で秀作を発表し、同時に神代辰巳、田中登、曽根中生、加藤彰、村川透、藤井克彦、小沼勝、山口清一郎らの若手監督を誕生させた。このような現象は、六〇年前後の大島渚監督ら松竹大船ヌーベルバーグ、六七、八年の小川紳介監督ら独立プロ作家の集中的出現以来のことである》

さらに、日活ロマンポルノが性の階層性を鮮烈に浮き彫りにしたことを鋭く指摘して、次のように断言する。

《性だけで人間のすべてを描けないのは当然だが、逆に性抜きでは決して人間のすべてを語ることができないとすれば、日活ポルノが、日本映画の未開のトビラをあけ放した意味は大きい》

当時、三大紙でもっとも良識を謳われた朝日新聞に、一記者による、このような挑発的なロマンポルノ礼讃の記事が載ったこと自体、かつてないほどの驚きをもって受け止められたのではないかと想像される。

堀英三は、その前後にも、『水俣一揆／一生を問う人々』（73）を完成させた土本典昭へのインタビューと作品評、森﨑東監督のインタビュー、原正孝の『初国知所之天皇《はつくにしらすめらみこと》』（73）、『フェリーニのローマ』（72）の作品評、それに、藤田敏八、金井勝などの映画人の動向をレポートする「映画ある状況・ある情熱」という連載を手がけているが、これらの記事は、今読んでも、充分に刺激的である。

しかし、出る杭は打たれるというか、そのあまりに先鋭的な仕事ぶりが朝日新聞社内で問題視されたようで、その後、しばらくして、堀英三は、朝日新聞本体から、「朝日ジャーナル」編集部へ異動となったという話を聞いた。その後の、彼の消息は知らない。

いずれにせよ、以後、堀英三のようなラディカルな姿勢で果敢に時代と対峙した新聞の映画記者が現れることはなかったように思う。

思えば、時期的には、この少し前になるが、「朝日ジャーナル」記者であった川本三郎が、映画化されたメモワール『マイ・バックページ』で描かれた、朝霞自衛官殺害事件に関連して逮捕されている。まさに激動の時代だった。

川本三郎さんは、はたして、堀英三とは深いつきあいがあったのだろうか。

（12・05）

## 名キャメラマン萩原憲治の日活映画史

先日、衛星放送の「チャンネルNECO」で「日活創立一〇〇周年スペシャル」という特番があり、その連動企画として「キネマ旬報」で、日活を代表する名キャメラマン、萩原憲治さんにインタビューする機会があった。

実は、萩原憲治さんにお会いするのは二度目である。二〇〇八年、ラピュタ阿佐ヶ谷で「日活ロマンポルノ名作選」特集を企画し、曽根中生の『わたしのSEX白書　絶頂度』(76)を上映した際、脚本を書いたスクリプターの白鳥あかねさんのトークの司会を務めたのだが、その時に同作のキャメラを担当した萩原さんもいらしていたのだ。当時、すでに八十歳近かったはずだが、あまりに若々しいので驚いた。萩原さんも、その時のことを憶えておられて、しばし日活映画談議に花が咲いた。

今あらためて萩原憲治さんのフィルモグラフィを眺めると、自分の私的な日本映画史の中でいかに日活映画が大きな位置を占めているかを実感する。

萩原憲治さんは、大映出身で、後に鈴木清順作品で知られる峰重義のチーフを務めていたことから、峰重義についていく形で、戦後、製作を再開した日活に昭和二十九年に入社している。キャメラマンとして一本立ちしてからは、日活黄金期の屋台骨を支えたスターのひとり、吉永小百合の映画を数多く撮った西河克己、斎藤武市とコンビを組んだ。

私が、初めて見た萩原キャメラマンの作品は、多分、斎藤武市の『愛と死をみつめて』(64)だと思う。東京オリンピックの年に封切られたこの映画は、当時の大ベストセラーの映画化で、小学生だった私も超満員の熱気あふれる映画館で見た記憶がある。たしか、ヒロインの小島道子(吉永小百合)が病院の中で、夜、錯乱した女性患者(初井言栄)に脅かされる場面があって、モノクロ画面の異様な暗さと相まって、なぜか恐怖映画のワンシーンのように子供心に強くトラウマとして刻まれている。

次に見た、渡哲也が主演した舛田利雄の『嵐を呼ぶ男』（66）は、もちろん、石原裕次郎の大ヒット作『嵐を呼ぶ男』（57／井上梅次）のリメイクで、後年、オリジナル版を見たが、この渡哲也版のほうが、はるかに洗練されて、モダーンな感じを受けた。とくにクライマックスのドラム合戦のシーンで渡哲也の後方から滑らかに回り込むようなキャメラの動きにゾクゾクッとしたことを憶えている。

私の中学から高校にかけては、ちょうどアメリカン・ニューシネマが席巻した時代に重なる。生意気さかりで、ご多分に漏れず『卒業』『俺たちに明日はない』（ともに67）『明日に向って撃て！』（69）などの話題作に夢中になり、一時、日本映画は蚊帳の外という感じになった。ニューシネマの中では、七〇年に公開されたフランク・ペリーの『去年の夏』（69）がとても好きだった。二組の若い男女のひと夏の悲痛な経験が、パセティックに描かれ、当時、角川文庫で出ていたエヴァン・ハンターの原作にも感動した。

その翌年の八月に封切られた藤田敏八の『八月の濡れた砂』は、明らかに『去年の夏』にインスパイアされた物語だった。当時、この映画を深夜放送「パックインミュージック」で絶賛していた林美雄の影響もあり、まったく観客が入っていないガランとした映画館で見た時の新鮮な衝撃は今も忘れられない。

何といっても、初めて萩原憲治というキャメラマンの名前を深く記憶に刻み込んだ映画だった。早朝、虹がかかった、朝もやにけぶるひと気のない湘南の浜辺をバイクで疾走する広瀬昌助、チンピラに強姦されて、破れた衣服を投げ捨て、海に入っていくテレサ野田の裸身の美しさ、ギラギラと照りつける眩い陽光、どのシーンをとってみても、それまで見た日本映画とはまったく異なる、白々としたあの時代のざらついた空気のようなものがいやになるほどリアルにとらえられていた。なかでも、広瀬昌助とテレサ野田が海に浮かんでいるシーンは、水に浸かったキャメラが絶えず不安定に揺れ動き、彼らの鼓動がそのままダイレクトに伝わってくるようであった。

萩原さんによれば、あのシーンは、アリフレックスのキャメラをビニールに包んで、水が入らないように細心の注意を払い、水面下ぎりぎりに据えて必死で撮り続けたのだという。

萩原さんは、『八月の濡れた砂』を最後に、日活が一般映画の製作を中止することを知っていただけに、「これが、最後の映画だ」と自分に言い聞かせ、万感の思いを込めてワンカット、ワンカットを撮っていたと述懐している。

たしかに、石川セリの主題歌とともに、湘南の海をただようヨットを空撮でとらえたラストシーンには、夏の終わり、そして日活映画の終焉をつげる挽歌のようなトーンが漂っていた。

その後、日活はまもなく、ロマンポルノを始動させるのだが、当初、萩原さんはテレビの仕事が来なくなると言われて、初期のロマンポルノの数作は変名で撮ったのだという。だが、ベテランのキャメラマン姫田真佐久の進言もあって、すぐに実名でクレジットすることにしたという。

萩原さんのロマンポルノ作品では、田中登の『牝猫たちの夜』(72)が、ひときわ印象に残っている。新宿を舞台に、風俗嬢の桂知子と吉沢健の腐れ縁のような奇妙な愛欲関係をスケッチした作品だが、ふたりが、陽炎のゆらめく中、ゴールデン街の都電の線路跡をふらつく白昼夢のような光景や、新宿西口の無人のビル街で佇み、コンクリートの路上に胎児のように横たわる吉沢健をとらえたラストなど、その独特のひんやりとした空気の感触、寂寥感は忘れがたい。

曽根中生の『わたしのSEX白書　絶頂度』の工事現場の虚ろな喧騒や、加藤彰の『OL日記　濡れた札束』(74)のオールド・ミス中島葵のくたびれかけた裸身を執拗にとらえたショット、飛行場でのヒモとの別れのシーンなど、どれも揺れ動く不安や心理を繊細にとらえるキャメラワークが脳裏に焼き付いている。

鈴木清順のもっともポピュラーな代表作『けんかえれじい』(66)は、萩原さんによれば、最初、ヒットメイカー斎藤武市が撮る予定だったが、新藤兼人のホンが自分に不向きだと断り、急遽、清順監督に変更になったのだという。萩原さんの師匠・峰重義がキャメラを担当した鈴木清順の青春もの『悪太郎』(63)は、画面も古典的で端正な構図で統一され、見事な完成度を誇っている。しかし、硬派な熱血漢の少年南部麒六(高橋英樹)が、北一輝と出会って、昭和の暗雲の世界に突入していくアナーキーな『けんかえれじい』の魅力とは、《世界と自己とが未分化にあるアドレッセンスの混沌を、生々しい夢幻性をもって描き出したことにある》(渡辺武信『日活アクションの華麗な世界』)のであり、萩原さんのキャメラは、この永遠にみずみずしい青春映画の傑作の神話性をたしかに支えていると思う。

一九七〇年代の後半から、銀座にあった名画座の老舗並木座では、毎年初夏になると、風物詩のように『けんかえれじい』と『八月の濡れた砂』の二本立てがかかった。ここの定番である小津、溝口、成瀬、黒澤といった巨匠の古典ではなく、かつての私のような洋画一辺倒に走りがちな若い世代に向けた日本映画の入門篇として、この二本立てほどふさわしいものはなかったのである。

その記念すべき二本が萩原憲治というキャメラマンが撮った日活映画であったことが、今や、とても象徴的なことのように思えるのである。

(12・07)

## わが偏愛するエリオット・グールドの七〇年代

今年早々に刊行された『70年代アメリカ映画100』（芸術新聞社）には、私も「アルトマンとペキンパーの70年代」というコラムを書いているのだが、主編である渡部幻さんの熱っぽい力のこもった作品解説を読んでいるうちに、ふと、私にとって、一九七〇年代を象徴するアメリカ映画の俳優は誰だっただろうか、などという夢想にふけってしまった。

それはアメリカン・ニューシネマを代表する、傷つきやすい繊細さを体現したアル・パチーノでも、ピーター・フォンダでもない。あるいはウォーレン・オーツでも、デニス・ホッパーでもないし、ジャック・ニコルソンでも、ロバート・デ・ニーロでもない。

やはり、エリオット・グールドだ。

私がエリオット・グールドを初めてスクリーンで見たのは、ロバート・アルトマンの『M★A★S★H』だが、当時、高校生だった私を魅了したのは、むしろ、同時期に見たリチャード・ラッシュの『…YOU…』のほうである。どちらも一九七〇年に公開されている。

『…YOU…』は、当時、センセーショナルに喧伝された『いちご白書』（70）と同系列の〈学園紛争もの〉で、エリオット・グールドは、ハリーというややトウがたった英米文学を専攻する学生を演じていた。ヒゲもじゃでむさ苦しい、大きなガタイを持て余しているような風情が、強く印象に残った。

ハリーは、かつて学園闘争のリーダーとして活躍したが、絶望して大学を飛び出し、六年のブランクの後に復学し、高校の教師になろうとしている。恋人のジャン（キャンディス・バーゲン）は、闘争に積極的に参加し、懐疑的なハリーとのあいだにはひびがはいってくる。そして、学園に警官隊が導入されて衝突が起こっているさなか、修士試験の面接の場で、試験官たちの意地の悪い時代遅れな質問に憤激したハリーは、テーブルの上に立ち上がって、彼らを面罵し、学生のデモの中に飛び込み、傷ついたジャンと抱き合う――。

『…YOU…』については、当時、珍しいことに朝日新聞の文化欄で評論家の松田道雄が絶賛している。手許にあるスクラップを読むと、《『…YOU…』はアメリカの映画芸術の生存証明書といえる。そこには今日がある》と記し、オレゴン州のレーン大学がキャンパスを開放し、映画の製作に協力したことを讃え、日本映画が大学の問題に正面から取り組まない現状を憂いている。結語では《今日という日がないかのように映画会社もテレビ局も大学紛争をタブーにしている。だが、芸術はタブーをもったら衰退する》とまで書いている。

残念ながら、『…YOU…』は、DVD化もされず、今やすっかり忘れ去られてしまったが、〈学園紛争もの〉としては時流に便乗した感のある『いちご白書』よりもはるかにすぐれていると思う。なぜなら、エリオット・グールドがドライ・フール（道化）として傑出した存在感を示しているからである。とくにクライマックスの面接シーンで、スコット・フィッツジェラルドの『グレート・ギャッツビー』のニック・キャラウェイとギャッツビーとの隠れた同性愛とか『夜はやさし』の近親相姦をめぐってねちねちと尋問する教授とグールドの丁々発止のやりとりが爆笑もので、アメリカ小説に興味を抱き始めていた私にはこの上なく刺戟的だった。

当時、さっそく角川文庫から出ていたケン・コルブの原作『傷だらけの青春』（小菅正夫訳）を読んでみたが、『ライ麦畑でつかまえて』の系譜に連なる青春小説としてもなかなか面白かった。

これは、余談になってしまうが、一九七〇年前後に角川文庫から刊行されていた映画の原作本のラインナップはほんとうにすばらしい。

たとえば、ナサニエル・ウエストの『いなごの日』、スー・カウフマンの『わが愛は消え去りて』、トーマス・ロジャースの『幸せをもとめて』、リチャード・マイルスの『雨にぬれた舗道』、トマス・マッゲインの『スポーツ・クラブ』、エヴァン・ハンターの『去年の夏』、ロマン・ギャリの『白い犬』、ジェイムズ・ミルズの『哀しみの街角』、レナード・ガードナーの『ふとった町』、L・P・ハートレーの『恋』……。当時、私は、これらの原作本をむさぼるように読んだが、今や、古本屋でもほとんど入手困難である。

私にとっては、一九七四年とは、エリオット・グールド主演の『ロング・グッドバイ』と『破壊!』（ともに73）というふたつの傑作が日本で封切られた年として記憶されている。たしか、「キネマ旬報」のベストテン選考委員だった五木寛之が、決算号で一位に『破壊!』、十位に『ロング・グッドバイ』を挙げ、「エリオット・グールドは『破壊!』が最高で、『ロング・グッドバイ』よりも断然よい」とコメントしていたはずだ。

私は五木寛之の感想には必ずしも同意しないけれど、この二本をベストテンに入れた慧眼には今でも敬意を表している。

ピーター・ハイアムズの『破壊!』は、街角をさっそうと歩く美女がビルの一室にある歯科医を訪ねると、診療椅子で、いきなり服を脱ぎ始め、股をひろげるオープニングにしびれる（彼女は実はコールガールで、演じているのは『セルピコ』（73）のコーネリア・シャープだ!）。エリオット・グールドは風紀係の刑事で、コンビを組むロバート・ブレイクとのかけあい漫才のようなへらず口の応酬が実におかしい。彼らは、街の麻薬・売春ビジネスを牛耳るボス（アレン・ガーフィールド）に一矢報いようとするも、警察内部は腐敗しきっており、すべては徒労に帰する。『破壊！』では、芯にある生真面目さと自嘲を交えたアイロニカルなユーモアというエリオット・グールドの持つ両義的な魅力がアクション映画のフォームを介して見事に生かされていた。

そして、ロバート・アルトマンの『ロング・グッドバイ』で、グールドはトレードマークのヒゲをばっさりと切り、紺のスーツにネクタイで身をかため、かつてのハンフリー・ボガートとは対極にある、ヒロイズムとは無縁の匿名性を体現するフィリップ・マーロウ像をつくりあげた。

ロサンゼルスという街を白昼夢のように彷徨するヴィルモス・ジグモンドの魔術的なキャメラも忘れがたいが、一九五〇年代に『アスファルト・ジャングル』（50）『現金《げんなま》に体を張れ』（56）ほかのケイパー・ムーヴィーの名作で犯罪者を演じたスターリング・ヘイドンが作家ロジャー・ウェイドに扮している点こそ興味深い。私は、海岸に面した邸宅でロジャーとマーロウがとりとめのない会話をするシーンを見るたびに、名状しがたい感銘を覚える。ここでは、虚勢と恥らいと怯え、そして書けない絶望を抱えた巨漢の作家の繊細な神経がむき出しにされているのだ。その過酷な現実をなすすべもなく、無力さを噛みしめるように見つめるほかないフィリップ・マーロウ。エリオット・グールドは、〈タフで、優しくあること〉の美徳が、カリカチュアとしてしか機能しなくなった一九七〇年代という時代を誠実に生きた俳優だった。私は、あの頃、スクリーン上のエリオット・グールドの、一見飄々として屈折した表情や身振りを見つめることで、やっかいな自意識を手なずけ、ささやかな救いと解放感を味わっていたのだと思う。

最近、『ルビー・スパークス』（12）で、老境を迎えた、貫禄たっぷりの精神分析医に扮したエリオット・グールドとひさびさに再会し、その健在ぶりが涙が出るほど嬉しかった。（13・03）

## クラス・マガジン「話の特集」が輝いていた時代

今年（二〇一三年）の一月、築地本願寺で行われた大島渚監督の通夜で、すぐ近くに坐った老人に見覚えがあった。誰かと思い、すぐに矢崎泰久さんであることに気づいたが、ちょっと声をかけそびれてしまった。

二〇一一年八月、故・草森紳一が撮影した蔵書の写真を中心に、その他テーマ別に彼が整理していた写真を箱ごと展示する「本は崩れず」というユニークな写真展が茅場町の森岡書店で開かれた。その初日に南陀楼綾繁さんを聴き手に、「話の特集」編集長の矢崎泰久さんが草森さんの思い出を語るトークショウがあった。その席で、私が虫明亜呂無のエッセイ集をつくったことを告げると、矢崎さんは、嬉しそうに、「虫明さんについてはとっておきの面白い話がいっぱいあるので、今度、ゆっくりお聞かせしましょう」と話していたのだが、なんとなくそのままになってしまっていたのだ。

今、「話の特集」という名前を聞いて、ある種、眩《まばゆ》いイメージを覚えるのは、私の世代が最後かもしれない。

一九七〇年、当時、中学三年生だった私が初めて書店の店頭で、「話の特集」を手にした時の言い知れない衝撃は鮮明に憶えている。度重なる引越しで、「話の特集」のバックナンバーは、ほとんど処分してしまったのだが、この七〇年五月号だけは手許に残している。

表紙はエロティックな宇野亞喜良のイラストで、カラーグラビアは柳沢信の「ＳＣＯＲＰＩＯ」、耳朶にサソリの刺青をした女がヌードを披露している。ちなみに、このモデルとなった、天井桟敷に在籍していた市川魔胡というアングラ女優は、六年後、世界的に名前が知れ渡ることになる。『愛のコリーダ』の松田瑛子である。

私はすぐに定期購読を申し込んだが、「話の特集」には「緑色ズックカバーのノートブックから」という植草甚一の連載があり、七月号の「夢のドキュメンタリーとしてフェリーニの『サテリコン』がどんなに素晴らしいかモラヴィアが語ってくれた」というエッセイにすっかり魅了された。この連載は七〇年の秋に『ぼくは散歩と雑学が好き』(晶文社)となり、私は熱烈な植草甚一ファンとなってしまった。その頃、晶文社に植草甚一の映画の本を出してほしいと投書したことがあり、七三年だったか、『映画だけしか頭になかった』が刊行された時には、我がことのように嬉しかった。

あの頃、晶文社からは毎月、新刊案内のハガキが届いたが、七三年には植草甚一責任編集の雑誌「ワンダーランド」創刊の告知が届き、なにか新しい時代が始まるというワクワクするような胸騒ぎの予感を覚えたものである。

私がもっとも熱心に「話の特集」を読んだのは、この一九七〇年代前半の数年間だったと思う。後に『東京のロビンソン・クルーソー』に収録される小林信彦のコラム「世直し風流陣」、虫明亜呂無の『ロマンチック街道』、色川武大の『怪しい来客簿』などの連載も夢中になって読んだ。私は、上京後、古本屋で初期の六〇年代の「話の特集」を見つけては購入していた時期があるが、「話の特集」のエッセンスは、レイアウトを担当した和田誠の傑出した才能に負う部分が大きいこともわかってきた。文章と写真・イラストをまったく同格でとらえた斬新な発想はまぎれもなく和田誠によるものだった。いっぽうで、矢崎泰久好みの硬派なジャーナリズム精神は、たとえば、竹中労の「メモ沖縄」「公開書簡」のような連載に体現され、この〈遊び〉と〈反権力志向〉のフシギな共存こそが、一時期の「話の特集」の面白さを支えていたように思う。

一九七〇年代の後半になると、矢崎泰久が〈革自連〉を結成して、政治活動に走ってしまい、「話の特集」も、戦後民主主義を無条件に礼賛する微温湯的な〈良識〉で誌面が覆われて、全くつまらない雑誌になってしまった。

そして、惰性で買っていた感のある「話の特集」をそろそろ止めようかと思っていた矢先、一九七六年一月号から山田宏一の「わがヌーヴェル・ヴァーグ誌」の連載が始まったのだ。

山田宏一は、その前年「キネマ旬報」で連載していた「シネ・ブラボー」を突然中断し、自ら映画批評家失格宣言をしたので、ファンとしては心を痛めていた。それだけにこの新連載はうれしい驚きであった。恐らく、『映画術　ヒッチコック／トリュフォー』(晶文社)の翻訳、マキノ雅弘の自伝『映画渡世　天の巻・地の巻』(平凡社)の取材、執筆を始めていた時期に重なると思うが、とにかく歴史的な名著『友よ　映画よ〈わがヌーヴェル・ヴァーグ誌〉』が、「話の特集」に連載されていたことは記憶されてよい。

山田宏一の「わがヌーヴェル・ヴァーグ誌」のバトンをリレーするかのように、蓮實重彥の連載「シネマの煽動装置」が一九七七年一月号から始まった時には、またしても驚かされた。というのも、当時、蓮實重彥の映画評論集はまだ一冊もなく、ごく一部の映画ファンの間で、その独特の文体の影響が感染症のようにじわじわと拡がっていた時期であったからだ。私の周囲の映画マニアの間でも、毎月、「今月の「話の特集」のハスミ、読んだ?」が合言葉のように飛び交っていたのをよく憶えている。

私が「シネマの煽動装置」でもっとも鮮明に記憶しているのは澤井信一郎監督のデビュー作『野

菊の墓』(81)を論じた文章である。森田富士郎の絶妙なキャメラワークに着目し、新人らしからぬ見事な画面造型を絶賛した一文に、まさに煽動されるように、東映の封切館に足を運び、深い感銘を受けたのだ。

後に、澤井信一郎監督から直接聞いた話であるが、角川映画で第二作目の出世作である『Wの悲劇』(84)を撮ることになったのは、角川春樹のブレーンが、「話の特集」の蓮實のコラムを読んで、澤井さんを大抜擢したためだという。「僕にとっては、人生を決めたみたいな批評で、蓮實さんにはすごく感謝しています」と澤井さんが語っていたのが強く印象に残っている。世の中には、ひとりの映画人の人生を左右してしまうような批評というものがあるのだ。

このふたつの連載を企画・担当したのは鈴木隆という名編集者だった。鈴木隆さんは山田、蓮實両氏から絶大な信頼を得ていたが、実際、金井美恵子、久美子姉妹がホステスを務めた鼎談「マッド・ティー・パーティ」とか武田百合子の「テレビ日記」とか、この時期の「話の特集」の面白い連載はすべて鈴木隆さんの発案によるものである。

鈴木隆さんは、後に上野昂志の名著『映画＝反英雄たちの夢』(話の特集)を編集してもいるが、「話の特集」を退社後、独立してメディア・フロントという編集プロダクションを立ち上げた。蓮實重彥、山田宏一監修によるビデオシリーズ「リュミエール・シネマテーク」を制作し、一時、入手困難であった非売品の蓮實、山田両氏の対談集『傷だらけの映画史――ウーファからハリウッドまで』(のちに中公文庫)を編集したのも鈴木さんである。

あれは一九九二年だったろうか。当時、私が編集長をしていたビデオ業界誌「AVストア」が経営危機で廃刊となり、傑作『死んでもいい』を撮ったばかりの石井隆監督のロング・インタビューの原稿が宙に浮いてしまった。そこで、私は当時、「話の特集」にいた友人に強引に頼み込み、なんとか石井隆インタビューはオクラにならず、「話の特集」に掲載することができた。この時には、私もいささかの感慨を覚えた。

「話の特集」が休刊したのは、その三年後の一九九五年で、もう二十年の歳月が流れてしまった。日本のカウンター・カルチュアを象徴するクラス・マガジン「話の特集」は、〈映画〉をめぐる貴重で歴史的な言説が刻まれた雑誌でもあったことを忘れてはならないと思う。

（13・06）

## 「別冊シティロード」を読んで思い出したこと

先日、本棚を整理していたら、「別冊シティロード／もうひとつの'80年代を読む！」（エコー企画）が出てきた。奥付には一九八一年六月とあるから、三十年以上前の刊行物だが、目次を眺めると、当時の映画、ロック、演劇状況が活写されており、時代の勢いを感じさせる固有名詞が散見し、しばし感慨にふけってしまった。

一九七〇年代から九〇年代にかけて、東京の情報誌は「ぴあ」と「シティロード」の二誌が覇権争いを演じていた。部数では厖大な情報を並列した「ぴあ」が圧倒的に優勢だったが、「シティロード」は映画評論家による星取り表を含め、批評性を重視したマニアックなコラムが充実しており、クセの強いマイナー好みの映画ファンは、間違いなく「シティロード」を買っていた。

私が宇田川幸洋の第一評論集『無限地帯』（ワイズ出版）を編集した時にも、「シティロード」の「スクリーンのしみ」という宇田川さんの傑作コラムからずいぶん採録させてもらったが、そのクオリティの高さは尋常ではなかった。

「別冊シティロード／もうひとつの'80年代を読む！」は、まさに、「シティロード」の持っていたジャーナリスティックな批評性が凝縮したような一冊だった。

たとえば、四方田犬彦、西嶋憲生、武田潔の座談会「アメリカ映画だけじゃない！　今、刺激的な映画の世界マップ」では、エリック・ロメールとジャック・リヴェットの映画が一本も公開されていない現状に三人が憤慨している。ロメールの映画が日本で初めて封切られたのは四年後のことで、新作の『海辺のポーリーヌ』（83）である。まさにミニシアター・ブーム前夜の時代なのだ。

激突対談と銘打った蓮實重彥と松田政男の「日本映画の転形期をめぐって　'80年代、ニューウェイヴへの期待と危惧」でも、『翔んだカップル』『狂い咲きサンダーロード』『純』『泥の河』『十九歳の地図』『オレンジロード急行』といった当時デビューしたばかりの新人監督の作品から、『アナザ・サイド』『風たちの午後』『しがらみ学園』『ＭＯＭＥＮＴ』などの８ミリの自主映画までが俎上にのせられている。

蓮實重彥が、『翔んだカップル』の相米慎二のワンシーン・ワンショットを必ずしも評価していなかったりするのも興味深いが、当時の自主映画の世界では、山川直人が意想外なほどに評価が高かったことなどが思い出される。

「'80年代の映画作家10傑」という小特集ではライナー・ヴェルナー・ファスビンダーからキン・フーまで、当時、日本でほとんど正式公開されていなかった十人の映画監督を若手批評家が熱く論じている。そのなかでは、滝本誠というまったく未知の名前の書き手による「ニコラス・ローグ」論を読んで、いささかコーフンを禁じ得なかった。

ちょうど、ニコラス・ローグの『ジェラシー』が公開される直前で、当時、すでに『美しき冒険旅行』と『地球に落ちて来た男』に魅了され、いっぱしのニコラス・ローグ・フリークを気取っていた私は、ロンドンで *Don't Look Now*（73）というローグの未公開作を見たという、この人物に猛烈な嫉妬を覚えたのである。

その直後、「スターログ日本版」編集部にいた私は、ある日、フランス映画社に顔を出すと、宣伝部の松岡葉子さんから、その場にいた滝本誠さんを紹介された。滝本さんは、マガジンハウスの「クロワッサン」編集部にいたはずだが、いきなり開口一番、ニコラス・ローグ談義にふけってしまったことを憶えている。

実は、その夜、渋谷にあった川喜多和子さんの自宅で、大森さわこさんがアメリカで買って来た *Don't Look Now* のビデオを見る会があったのだ。たしか十数人が集まり、酒を飲んでわいわい言いながら見た記憶があるのだが、当時は、ビデオレンタル店もなく、ビデオのソフト自体が高価で入手困難な時代だったために、映画マニアの間では、こんな内輪だけの上映会がたびたび開かれていたのである。

この時に見た *Don't Look Now* は、まさに衝撃的だったが、シネマスクエアとうきゅうのこけら落としの作品である『ジェラシー』がヒットしたため、その後まもなく、同じヘラルド・エースの配給で『赤い影』の邦題で公開されたのは周知の通りである。

しばらくして、やはりフランス映画社で、松岡葉子さんから、「もうひとつの'80年代を読む！」を編集した瀬下幹夫さんを紹介された。私は大絶賛したが、この別冊は思ったほど売れず、その責任をとらされたのかどうか、瀬下さんは間もなく「シティロード」編集部を辞めてしまった。

この別冊で自主映画ページを担当していた小出幸子さんが「シティロード」本誌の編集長になったのは、一九九〇年前後だったろうか。

小出さんは、『あの夏、いちばん静かな海。』（91）の公開時に、北野武と中上健次の対談（これはとても読みごたえがあった）を企画したり、荒井晴彦、石井隆、武田花さんの日記を連載するなどシャープで意欲的な誌面づくりを見せたが、版元のエコー企画が経営危機に見舞われ、九二年の夏に「シティロード」は休刊に追い込まれた。

あの夏のことがひと際、記憶に鮮明なのは、ほぼ同時期に、私がいたビデオ業界誌「ＡＶストア」も、版元が潰れ、休刊になってしまったからである。

その直後、小出さんから、九州の福岡でタウン誌をつくっている西アドという会社がスポンサーとして名乗りを上げ、「シティロード」の復刊が決まったので、編集を手伝ってほしいという連絡があった。復刊当初の「シティロード」は、ほぼ以前と同じクオリティを維持し、私も映画評やインタビュー記事をずいぶん手がけた。新会社は、雑誌以外で単行本のセクションも充実させたいという意向があり、私が書籍編集者として入社するという話も出て、西アドの社長に単行本の企画案を打診したこともあった。

しかし、この西アドの社長がとんでもない食わせ者で、復刊してすぐに、小出さんほか編集部員を全員クビにする暴挙に出た。そして、おきまりの労働争議が起き、その後「シティロード」はまったくオリジナリティのかけらもないデータの羅列だけの情報誌となり、まもなく廃刊となった。

十年ぐらい前だったろうか、カルチャー雑誌「スタジオ・ボイス」の雑誌特集で、「現役編集者が選ぶ、今、復刊してほしい雑誌ベスト・テン」という企画があり、一位に「シティロード」が選ばれていた。そのほか、テンには「月刊イメージフォーラム」と「スターログ日本版」が入っていた。この廃刊した三つの雑誌すべてに関わりがあったのは皮肉というべきか。私が、時おり、〈呪われた編集者〉などと揶揄されるのは、そのせいなのかもしれない。

（13・10）

## 幻の日活映画『孤獨の人』をめぐって

いささか旧聞に属するが、昨年（二〇一三年）天皇誕生日の直前、十二月十八日に、今上天皇が記者会見の席上、「天皇という立場にあることは、孤独とも思えるものですが、私は結婚により、私が大切にしたいと思うものを共に大切に思ってくれる伴侶を得ました」と述べられたのが強く印象に残った。とりわけ「孤独」という言葉から、私はすぐさま、映画『孤獨の人』（57）を思い浮かべた。

今から半世紀以上前の一九五六年に、皇太子（今の天皇）の御学友だった藤島泰輔が、皇太子をモデルにした『孤獨の人』を発表し、センセーショナルな話題となった。すぐさま、その原作は日活の辣腕プロデューサー児井英生の目にとまって映画化された。西河克己が監督した『孤獨の人』である。

私の手許にある三笠書房版『孤獨の人』の奥付をみると、四月十五日に第一版、二十五日には第五十版というにわかに信じられない数字が記載されているが、大ベストセラーであったのは間違いない。帯にある大宅壮一評が当時の雰囲気をよく伝えているので引用しておこう。

《これは、いわば「暴力教室」学習院版で、彼らはつとめてべらんめえ口調で話い《ママ》あい、その不良的な発言によって、皇太子をめぐる側近のナンバーワン的地位を獲得し、おまけに皇太子をそそのかせて、銀座につれだすところなど、まるで「ローマの休日」の日本版だ》

さらに、序文を寄せた三島由紀夫は次のように書いている。

《作者は多くの学生を登場させて、あらゆる側面から照明を当て、皇太子に対する同級生の各種の反応を客観的に並べている。そして小説的に興趣のある点は、皇太子なる人物が、丁度故人を女主人公にした『レベッカ』のように、小説の背後に淋しい肩を見せて立っているだけで、すべての登場人物に影響を与え、行動の動機を与えていることである。作者が小説家として皇太子を拉し来った企らみは、正にここにあったのかもしれない》

たしかに藤島泰輔の原作は、学習院内において初等科からの学友が中等科から入った生徒に対して抱く排他意識を露わにし、さらに熱っぽい同性愛の描写まで盛り込まれており、スキャンダラスな興味を喚起させるには充分だった。

そして、翌年の五七年一月に封切られた『孤獨の人』は、ひとりの人物の運命を大きく変えることになる。当時、学習院大学の四年生で戯曲研究会に所属していた三谷礼二は日活サイドに乞われて、皇太子の御学友の役で出演することになった。しかし、そのために、安倍能成学習院院長から退学処分を受けてしまうのだ。三谷礼二は、責任を感じた西河克己監督の伝手で日活俳優部に入り、『幕末太陽傳』(57)『果しなき欲望』『白い悪魔』(ともに58)など数本の作品に秋津礼二の芸名で出演している。その後、宣伝部に移って、退社後は、日本を代表するオペラ演出家となった。

天皇陛下の発言に刺激されて、二十年ほど前、深夜テレビで放映された『孤獨の人』を録画したビデオを、ひさびさに見直してみた。そして、この問題作が、決して時流に便乗したキワモノ映画ではなく、正統派の学園青春ものに仕上がっていることに感心してしまった。新米教師をいじめる教室内のあっけらかんとしたユーモラスな描写など、鈴木清順の『けんかえれじい』を彷彿させるし、初等科からの学友の鼻持ちならぬ特権意識も丁寧に描き込まれている。あらためて、『生きとし生けるもの』(55)など、手堅い職人としての手腕が発揮された日活初期の西河克己の文芸映画は、きちんと再評価されねばならないと思った。

『西河克己映画修業』（権藤晋編、ワイズ出版）によれば、公開時には、日活に右翼から拳銃のタマが送られるなど、不穏な騒動もあったらしい。皇太子はまったくの素人が演じているが、遠目におぼろげながらに存在は確認できるものの、画面にその貌が現れることはない。白い手袋をして、時おり一人称による主観ショットが差し込まれるだけで、皇太子は、つねに不可視の中心のように、まさに「淋しい肩を見せて立っている」だけの透明な存在と化しているのだ。

映画初出演の三谷礼二の堂に入った演技も見ものだが、御学友では年上の色っぽい叔母月丘夢路とねんごろな関係にある津川雅彦の屈折したキャラクターが異彩を放っている。なにしろ、ふたりのベッドシーンまであるので、一瞬、どきりとする。こういうキワどい場面を平気で入れてしまうところに、戦後の新生映画会社だった日活のノンシャランな自由さを感じてしまう。

もうひとり、ひと際強く印象に残るのが、やはり御学友に扮した小林旭である。この時期の小林旭は、まだ大部屋時代で無名に近いはずだが、クラス討論で「学習院内の男女交際の可能性について」などというお題目で一席、熱弁をふるう珍景もある。この映画のクライマックスともいえる、皇太子を夜の銀座に連れ出して、一波乱を巻き起こすのも小林旭なのだ。宿舎に帰り、寮長に叱責されて、泣き伏してしまうシーンなど、後のアクション・スターとは異なる小林旭の性格俳優としての魅力が光っている。

そういえば、今、編集している白鳥あかねさんの聞き書きの自伝『スクリプターはストリッパーではありません』（国書刊行会）の中で、『孤獨の人』にスクリプターとしてついた白鳥さんはこんなエピソードを披露していた。

教室のシーンで、西河監督が「誰か歌を歌える奴はいないか」と訊ねたところ、「ハイ」と手を挙げたのが小林旭で、いきなり、旭が「木曽節」を歌い出すと、あまりのうまさに、その場にいたスタッフ全員が水を打ったように静まり返ってしまったのだという。そしてたまたまそこに立ち会っていたコロムビア・レコードのディレクターが、旭の類い稀れな歌唱力に目をつけ、翌年、「女を忘れろ」で歌手デビューさせたとのことである。

私は、二〇〇六年、三谷礼二の遺稿集『オペラとシネマの誘惑』(清流出版)を編纂した時に、三谷さんの学習院中等・高等科時代の後輩である蓮實重彥さんに、当時の思い出をめぐってロング・インタビューをしたことがある。蓮實さんは、折りに触れて、三谷さんのことを「アメリカのB級映画をていねいに見る習慣を教えてくれたアナーキーな先輩」と称賛していたからである。羽根木の御自宅で、蓮實さんに珈琲をごちそうになりながら、若き日のふたりの異常な映画狂ぶりをうかがうのは至福の時間であった。『孤獨の人』の話題にふれると、撮影用に、急遽、蛇腹の学習院の学生服を集めなければならず、三谷さんから「君、まだ持ってる?」と問われ、貸したのだという。蓮實さんは「私の古い制服を誰が着たのかはわかりませんが」と苦笑していたが、私は、『孤獨の人』の出演者のなかで、蓮實さんのような巨きな体型に見合う俳優は、小林旭以外には思いつかない。スクリーンの中で、後の東大総長の学生服を、後の〈無意識過剰〉な不世出の大スターが着ていたのかもしれないと想像するのはなかなかに愉しいことである。

キナ臭い世相の今こそ、見るにふさわしい問題作『孤獨の人』は、日活にもプリントがないという噂もあるが、ぜひ、どこかの名画座で上映してほしい。

(14・01)

『孤獨の人』は長年上映プリントがない状態だったが、二〇一四年ラピュタ阿佐ヶ谷の「映画のすべてを記録する　白鳥あかねスクリプター人生」特集でニュープリント上映された。

## 『私が棄てた女』、あるいは「蒼井一郎」という映画批評家について

一本の映画について思いをめぐらす際には、その作品を論じた同時代の優れた批評が喚起されることがある。一番、有名な例を引けば、「映画芸術」に載った三島由紀夫の「『総長賭博』と『飛車角と吉良常』のなかの鶴田浩二」だろう。この批評で山下耕作の名作『博奕打ち　総長賭博』（68）の評価は決定的なものとなった。

私の個人的な記憶をたどれば、たとえば、今やカルト映画として若い世代にも人気がある野田幸男の『〇《ゼロ》課の女　赤い手錠《ワッパ》』（74）は、封切り時に、「キネマ旬報」に載った球磨元男（早逝してしまったが、東宝東和映画の宣伝部に籍をおいていた本郷和彦のペンネームである）の「瞠目すべき傑作」という大絶賛の短評に大いに刺戟された。そして数か月遅れで、新宿昭和館でようやくつかまえ、驚愕したのをよく憶えている。ダイニチ映配末期に狂い咲いた長谷部安春の日活ニューアクションの代表作『野良猫ロック　セックスハンター』（70）についても、当時、「キネマ旬報」の読者投稿欄「キネ旬ニューウェイブ」に載った藤田真男の「『野良猫ロック・セックスハンター』の論理と構造」という秀抜な論考が強く印象に残っている。

一九八四年に出た山田宏一の書下ろしエッセイ集『シネ・ブラボー　小さな映画誌』（ケイブンシャ文庫）は、まさに、達意の名文による同時代の映画批評の宝庫で、「サミュエル・フラーの戦争『最前線物語』」「松田聖子のおでこ　『野菊の墓』」「田中裕子とグリーンの誘惑　『天城越え』」「森崎喜劇の行方　『生きてるうちが花なのよ死んだらそれまでよ党宣言』」などは、それぞれの作品に

ついて書かれた最も魅力に富んだブリリアントな批評であった。

その山田宏一さんから、はるか昔、「日本ヘラルド映画の宣伝部長の山下健一郎さんが蒼井一郎というペンネームで「映画芸術」などに映画評を書いていて、浦山桐郎論がすごくよくてね」という話を聞いたことがある。

山下健一郎といえば、私が「月刊イメージフォーラム」編集部に在籍していた一九八〇年代の前半には、子会社のヘラルド・エースを原正人さんと共に牽引していた。『瀬戸内少年野球団』（84）『片翼だけの天使』（86）などのプロデューサーとして活躍していた時期で、恐らく、その頃は多忙を極め、映画批評を書く余裕はなかっただろう。

その後、私はフリーの編集者になったが、必要があって、戦後日本映画の批評の歴史を調べていて、小川徹が編集委員会代表を務めた『現代日本映画論大系』全六巻（冬樹社）を通読する機会があり、ようやく「蒼井一郎」の書いたいくつかの批評を読むことができた。

第二巻「個人と力の回復」には「やむをえざる犯罪の物語――『警視庁シリーズ』論――」、第三巻「日本ヌーベルバーグ」には「渋谷実の笑い――『二人だけの砦』評――」が収められており、とくに前者は、東映の「警視庁」シリーズが作られた高度成長期という時代背景を踏まえた精緻な分析が読みごたえがある。

たとえば《とどのつまり、警視庁シリーズ作品の絶ちがたい魅力とは、大都会の貧しい風景・貧しい犯罪の描写をはさんで、企業的アルチザン根性と本物のドキュメンタリー精神が、その接点のあたりで毎度安定した〈スタイル〉のなかにするりと統一されてしまうという、〈じれったさ〉にあったのかも知れないのだが……》というくだりなどは、実に鋭い指摘で、読んでいると、猛然と「警視庁」シリーズ全作を見たくなってしまうほどだ。

しかし、映画批評家、蒼井一郎の最高傑作といえば、やはり第五巻「幻想と政治の間」所収の『私が棄てた女』と六〇年代」だろう。四百字詰め原稿用紙で四十枚ほどの長篇の論考で、初出が一九七〇年三月刊行の「シネマ70」四号というのも時代を感じさせ、象徴的である。

冒頭で、蒼井一郎は次のように書き出している。

《浦山桐郎の『私が棄てた女』について書こうとすると、それはひとつの明確な結論を持った文章として完結しないのではないか、という危惧を、最初から感じてしまう。（……）『私が棄てた女』を正面きって分析した批評は少なく、いわば論理的解明ではなく心情的な共感として、ひとりひとりの胸の奥にスムーズにしまいこまれ、やがては記憶という錆によって動かなくなる錠を下されてしまっていくように思える。

多分その理由は、『私が棄てた女』という作品が、自己の内部と外部の両方に向かって発した〈問いかけ〉であり〈追求〉であり、〈否定〉でありながら、同時にその〈答え〉であり〈弁明〉であり、〈肯定〉であるという構造を持っているために、明確な一元的メッセージを受けとることができなかったからであろう》

『私が棄てた女』（69）を、私は数年おきぐらいに名画座でかかると見返しているが、最初二十歳前後で見た時には、さほど感銘を受けることのなかったこの作品は、歳を重ねて見直すたびに、名状し難い苦さ、棘が刺さったような鈍い痛みにしばし襲われる。こういうタイプの映画はきわめて稀である。

蒼井一郎の批評は、この『私が棄てた女』という一筋縄ではいかない、不可解な魅力をたたえた映画に、全力でぶつかり、格闘し、〈言葉〉によって肉薄しようとした稀有な試みである。

『私が棄てた女』の主人公・吉岡（河原崎長一郎）は、勤め先の社長の姪であるマリ子（浅丘ルリ子）

と結婚するいっぽうで、昔、学生時代に知り合い、妊娠させて棄てた女工の森田ミツ（小林トシ江）と再会した後、関係を持ち続ける。そして、ふたたび、見棄ててしまい、結果的には、ミツを死に追いやってしまう。

蒼井一郎は、吉岡の「俺は……俺はミツじゃないが、ミツは俺だよ」という謎めいた呟きの意味を問い直し、吉岡にとって、《死せるミツは、すでにあの『道』のザンパーノにおけるジェルソミーナのような存在になっているのである》と卓見を述べている。

さらにラストのマリ子のモノローグについても次のような鋭い分析を加えている。

《ここでは、ミツとは対照的な環境に育ち、都会的知的な女性像として登場したマリ子が、吉岡に対するミツのような存在に転生している。吉岡にとっては、彼女自身が第二のミツになりうるのかもしれない。

だが、吉岡の方は、愛するものを愛し続けながら、ミツを殺した外部の敵、内部の敵と戦ってゆくことができるのだろうか。朝の空とも、夕暮れの空とも見える不思議なラストショットの空のあかね色は、その可能性と絶望の交錯のように見える》

浦山桐郎は、『キューポラのある街』（62）『非行少女』（63）、そして『私が棄てた女』という日活時代の三本の作品で、作家生命を燃焼し尽くしてしまったというのが私の長年の持論で、とくに主人公の吉岡に烈しく自己を投影した『私が棄てた女』には、浦山桐郎のすべてがあると思える。その後、山下健一郎さんとは、フリーのプロデューサーになってから、数回、酒席を共にする機会があったが、酒が入ると、なんだか照れてしまい、直接、『私が棄てた女』論の感銘を伝えることはできなかった。

山下さんは、二〇一〇年の八月に胆管細胞ガンで死去された。享年七十。

その数か月後に、『ゴダール・ソシアリスム』の完成披露試写で、奥様の山下由紀子さんと偶然お会いし、喫茶店で長々と話し込んだ。山下由紀子さんご自身も大変な映画狂で、シネ・ヴィヴァン六本木に勤務していた一九九〇年代には、ジョン・カサヴェテス特集などで一緒にイベントを企画したこともあった。山下さんは、「通夜では、原正人さんや河原畑寧さんなど親しかった沢山の友人たちが、いつまでたっても帰らずに主人の思い出を延々と語り合っていたんですよ」と嬉しそうに話されていたのが印象的だった。

山下健一郎さんは、豪放無頼なキャラクターの魅力もあって、黄金期のヘラルド映画時代の宣伝マンとしての伝説的なエピソードには事欠かないが、私としては、傑出した『私が棄てた女』論を書いた映画批評家・蒼井一郎としての貌を忘れないでおきたいのである。（14・02）

## 桂ゆきとジャン・ジュネ

先日、東京都現代美術館で開催中の「桂ゆき　―ある寓話―」展を見てきた。桂ゆきの生誕百年を記念して開催された個展で、これほど大規模なものは東京でも恐らく初めてであろう。コルクや布を使ったコラージュ、お伽噺に想を得た動物や妖怪が闊歩するユーモラスな寓話まで、広い会場を埋め尽くす、抽象から具象へと自在に往還するその壮大な作品群には、ただ圧倒されるばかりであった。

会場には、私が二〇〇五年に企画・編集した『余白を生きる　甦る女流天才画家　桂ゆき』（清流出版）が積まれてあった。現在、入手できる桂ゆきの唯一の著作であり、この本をつくっておいてよかったとつくづく思った。

私が桂ゆきという画家を知ったのは、花田清輝の著作を通じてである。一九七〇年代の半ば頃、私は当時亡くなったばかりの花田清輝の魅力に憑りつかれ、古本屋で見つけては片っぱしから花田の本を購入していた。なかでも、『さちゅりこん』(未来社)、『冒険と日和見』(創樹社)、『乱世今昔談』『俳優修業』(ともに講談社)、『随筆三国志』(筑摩書房)は桂ゆきの装幀・挿絵で、その大胆不敵な奇想とユーモアに満ちた作品は、強烈な印象を与えた。

一九八六年、私は「月刊イメージフォーラム」の編集部を辞めた後に、「一枚の繪」という美術雑誌の編集部に数年間勤めていた。「話の特集」の大スポンサーでもあった竹田厳道というカリスマ的で超ワンマンな会長が君臨するかなり特異な会社であったが、この雑誌で、桂ゆきさんの自伝的な回想を連載することになり、私が担当することになった。

毎月一度、新宿の余丁町にあった桂さんのアトリエに原稿を取りに伺い、手料理をごちそうになりながら、数時間過ごすのが、私の唯一の楽しみとなった。

桂ゆきさんは、戦後、岡本太郎の誘いで、日本のアヴァンギャルド芸術運動の拠点となった「夜の会」に入ったが、桂さんから、当時のメンバーであった埴谷雄高、花田清輝、安部公房たちのゴシップを交えた回顧談を聞くのは、まさに至福の時間であった。とりわけ、〈意地悪ジイサン〉の異名をもち、辛辣な皮肉と毒舌をもってなる花田清輝が、桂さんのアトリエを訪れた時にはいつも、シャイで下を向いて目をあわせることもなく、ほとんどまともに話すらしなかったというエピソードは、何度聞いても、可笑しくてならなかった。

桂ゆきさんは、一九五六年に渡仏し、以後、ヨーロッパ、アフリカの奥地、そしてアメリカにわたって、数年後に帰国し、一冊の旅行記を書き上げる。一九六二年に光文社からカッパブックスとして刊行された『女ひとり原始部落に入る――アフリカ・アメリカ体験記』である。

この旅行記の帯は当時、新進気鋭の作家だった大江健三郎が書いているが、一躍ベストセラーとなり、翌年には当時まだ権威があった毎日出版文化賞を受賞している。

『女ひとり原始部落に入る』には、アフリカの原地人の奇怪な風習や猛獣狩りに参加し、バッファローの大群に襲われるという、恐ろしくも抱腹絶倒な体験の数々が淡々と綴られている。

たとえば、映画がらみの話題でいえば、中央アフリカの小都市バンギの空港で、突然、オーソン・ウェルズ、ジュリエット・グレコ、エロール・フリンらハリウッドのスターと遭遇するエピソードが興味深い。ジョン・ヒューストン監督の『自由の大地』(58)のロケ隊が、この地で撮影を行っていたのだ。ここで見かけたエディ・アルバートとは、後に、桂さんがニューヨークに住んだ時に知り合いとなる。桂さんは、グリニッジ・ヴィレッジで絵画制作の傍ら指圧師のアルバイトをしていたのだが、エディ・アルバートの紹介で、フランスの名優ミッシェル・シモンから顔面神経麻痺の治療を頼まれる話などもじつに面白い。

桂さん自身は、美術家として映画の現場に関わることはなかったが、映画雑誌には何度か登場している。手許にある「キネマ旬報」の一九五六年九月下旬号では、「『夜の河』をめぐって」というタイトルで、吉村公三郎監督、文芸評論家の十返肇と鼎談している。桂さんは、この吉村監督、最初のカラー作品の独特の色彩感覚について鋭い卓見を述べている。同じく「キネマ旬報」の六五年五月下旬号では、羽仁進監督がアフリカ・ロケをして話題になった『ブワナ・トシの歌』をめぐって、羽仁監督と対談している。ここで羽仁監督は、アフリカに興味をもったきっかけは『女ひとり原始部落に入る』を読んだからだと発言している。

『女ひとり原始部落に入る』でも『余白を生きる』でも、最も忘れがたい印象を残すのは、パリのセーヌ河畔の古本屋で出会ったジャン・ジュネのエピソードである。桂さんはジュネと意気投合し、ジュネは、二十部限定の戯曲『バルコン』をプレゼントし、サインしてくれたという。帰国しても手紙のやりとりが続き、「映画『羅生門』に出てくるミフネという筋肉隆々の若者はよかった。日本にはあんな男が大勢いるのか？　今度、ぜひ日本に行きたい、君の家にも行きたい」と書いてきた。ジュネは男色家として有名なだけに、それを読んだ弟の作家桂英澄さんはすっかり青ざめていたという。幸い、ジェネが来日することはなかった。

桂ゆきさんとジャン・ジュネの話題になった時に、私は『愛の唄』の話をした。『愛の唄』はジャン・ジュネが監督した唯一の映画で、フランスはもちろんアメリカでも上映禁止となった伝説の作品である。刑務所の囚人と看守の恋愛をテーマにしているが、大島渚が『戦場のメリー・クリスマス』（83）を撮る際に、もっともインスパイアされたと公言していた映画でもある。

当時、一九八〇年代に『愛の唄』は、新宿厚生年金会館の裏手にあったアートシアター新宿でたびたび上映されていた。ジョン・ウォーターズの『ピンク・フラミンゴ』（72）ノーカット版、トッド・ブラウニングの『フリークス』と並ぶ定番の人気作品だった。上映前に、黙壺子フィルム・アーカイブの主宰者である佐藤重臣の解説がいつも付いていたが、とくに、ペニスを丸出しにした全裸の黒人が看守への愛に打ち震えて踊り出すシーンなど、メルヘンのような幻想的な味わいがあった。

『愛の唄』の話をすると、桂ゆきさんは、眼を活き活きと輝かせ、その映画に連れて行ってほしいと、しきりにおっしゃっていた。

私は「月刊イメージフォーラム」時代に、佐藤重臣の回顧録ふうな連載「祭りよ、甦れ！」を担当していたので、重臣さんがいかに花田清輝に影響されていたのかを知っていた。花田清輝の『アヴァンギャルド芸術』こそが、佐藤重臣の〈アングラ志向〉の原点なのであった。

その花田清輝がもっとも尊敬していた画家が桂ゆきさんであった。だから、私も、このふたりを引き合わせることを密かに楽しみにしていたのだが、一九八八年に佐藤重臣が脳出血で急逝し、続いて、アートシアター新宿も閉館してしまった。

私も、その頃、「一枚の繪」を退社してしまったが、桂ゆきさんとのおつきあいは続き、八九年、東京画廊の「桂ゆき」展に出かけてご挨拶をしたりもした。だが、桂ゆきさんはその後、体調を崩されて東京女子医科大学病院に入院され、一九九一年、急性心不全で逝去された。

今でも、私の唯一の心残りは、桂ゆきさんにジャン・ジュネの『愛の唄』を見せられなかったことである。

それにしても、『愛の唄』を含む、あの非合法なトンデモナイ黙壺子フィルム・アーカイブの幻の作品群はどこにいってしまったのだろうか。


（13・05）

## 片岡義男について知っている二、三の事柄

今、雑誌「ジャズ批評」で、「日本映画とジャズ」という特集を準備しているのだが、そのなかで、安田南と沖山秀子というふたりの映画女優＝ジャズシンガーにスポットを当てることになった。『神々の深き欲望』（68）『真剣勝負』（71）『十九歳の地図』（79）などの代表作がある沖山秀子と違って、安田南は、厳密には映画女優とは呼べないかもしれない。だが、若松孝二の『天使の恍惚《きつぶ》』（72）の主演、そして降板というスキャンダラスなアクシデント、黒テントの舞台における気風の

よい歌姫としてのキャリアはもはや伝説と化しており、数年前に物故した、この魅力的な女性を私なりにきちんと追悼しておきたいという気持ちもあった。

今回、安田南については、どうしても話を聞きたかった人物がいる。ひとりは黒テントの演出家、佐藤信、もうひとりは、もちろん、一九七〇年代に一部で絶大な人気を誇ったFM東京の深夜放送「きまぐれ飛行船」で、安田南と一緒にパーソナリティを務めていた片岡義男である。

先日、片岡義男さんに会い、一九七四年に、「きまぐれ飛行船」が始まった意外な経緯を含めて、当時の貴重なお話をうかがうことができた。

安田南と「きまぐれ飛行船」をめぐる興趣が尽きない数々のエピソードは、六月発売予定の「ジャズ批評」を読んでいただくことにしよう。

私は、まず、片岡義男さんの当時とまったく変わらない若々しい声と風貌に、ただ驚くばかりであった。と同時に、ゆくりなくも、一九七一年に三一書房から刊行された『ぼくはプレスリーが大好き』を読んだ時の衝撃が思い出された。

『ぼくはプレスリーが大好き』は、プレスリーという天才の出現を起点に、ブルースからロックンロールの変遷、対抗文化、ヒッピームーブメントの内実などを政治、社会史をも視野に収めて縦横に分析したとてつもない名著で、私は、今なお、日本人による戦後アメリカ文化論でこれを超えるものはないと思っている。

その直後、晶文社から出た訳編著『ロックの時代』、『10セントの意識革命』も繰り返し読んだ。とりわけ、『ロックの時代』に収められた「グランド・オール・オープリー」は、ロバート・アルトマンの傑作『ナッシュビル』を理解する上でもっとも重要なエッセイだし、『10セントの意識革命』所収のマンガ誌「マッド」を批判した長大な論考には、ただただ感嘆するほかなかった。

片岡義男という作家は、恐らく、出会った時代によってさまざまな受け止められ方をされる存在である。角川映画にもなった『スローなブギにしてくれ』に代表される爽快な青春小説の書き手のイメージがもっとも一般的だろうが、私にとっては、一貫してアメリカ文化の最良の水先案内人のひとりであった。

ところが、『日本語の外へ』（筑摩書房）あたりから、湾岸戦争以後のアメリカを鋭く批判する視点が研ぎ澄まされ、英語と日本語の根源的な差異について、さらに日本とアメリカのねじれた関係性まで踏み込んだ啓示に富む考察には、〈哲学者〉のような深い思索が見られ、圧倒される思いがしたものである。

ハワイから引きあげてきた祖父を持ち、山口の岩国のハイスクールで学んだ片岡義男は、花田清輝ふうにいえば、日本語と英語という二つの焦点をもつ〈楕円的な思考〉を血肉化している稀有な文学者といえるのではないかと思う。

昔、片岡義男は、なにかのエッセイで、五歳の時、大映の〈母もの〉映画を見て、あまりの情緒過多な湿り気、お涙ちょうだいの作劇に嫌悪感を抱き、以後、絶対に日本映画を見ない決意をした、と書いていた。

ところが、最近では『彼女が演じた役　原節子の戦後主演作を見て考える』（早川書房）、『映画を書く　日本映画の原風景』（文春文庫）、『吉永小百合の映画』（東京書籍）、『映画の中の昭和30年代　成瀬巳喜男が描いたあの時代と生活』（草思社）と立て続けに、日本映画に関する評論集を上梓している。

これらの一連の著作は、一見、若い時代のアメリカへの憧憬から一転して、老境に入ると〈日本回帰〉を遂げるというある種の日本の文学者たちの典型的なパターンを踏襲しているかに思えるが、そうではない。まったく逆で、片岡義男は、精神の老いとしてのノスタルジアとは無縁な鋭い眼差しで、戦前、戦中、戦後と連綿と続く〈昭和〉という時代を、そこに生起する日本人特有の心性の在り処を、独自の〈歴史意識〉を踏まえて、粘り強く論究しているのだ。

片岡さんと話をしている際に、成瀬巳喜男を論じた『映画の中の昭和30年代』が話題になり、「成瀬の映画はホラー映画ですよ」という発言が出た。たとえば、『女の歴史』（63）では、夫は戦死、息子は事故死、と男だけが次々に死んでいき、女だけが生き残る。これはコワい、と。かつて、情緒派の名匠などと称された成瀬巳喜男に、片岡さんがもっとも関心を惹かれたのは、その情緒の側面ではなく、物語を支えるより大きな〈構造〉、そして時代の生々しい痕跡、なのではないかとも思う。

片岡さんは、成瀬作品のなかでは『銀座化粧』（51）『おかあさん』（52）をもっとも高く評価しているが、その理由として次のように書いている。

《貧乏とは、自分の体を直接に細々と動かして労働することをいとわない日々における、月末ごとの収支のつじつまが今月もなんとか合うか合わないか、という問題だ。（……）一九五一、五二年あたりでこのような貧乏を娯楽映画にすると、描かれる生活はそのまま時代であり、もし時代が描かれたなら、それはそのまま生活だった。時代と生活は乖離していず、緊密に重なり合って一体だった。『銀座化粧』と『おかあさん』を観れば、このことはすぐにわかる》

また、『銀座化粧』に重ねて、半世紀前の映画を見るということが《長らく忘れていたものを思い出す、という営みが半分はあるとするなら、残りの半分は、新鮮な発見をして驚く、という営みだ》と書いている。彼が言語化しようとするのは、後者であるのは言うまでもないだろう。

私は、不明を恥じるようだが、片岡さんが『一九六〇年、青年と拳銃』（毎日新聞社）という赤木圭一郎論を書いていることを知らなかった。夭折した同世代の伝説的な俳優赤木圭一郎が主演した『拳銃無頼帖』シリーズ全四作を徹底分析したものだという。片岡さんが論じる日活無国籍アクション！　これは、読まねばなるまい。（13・04）

## 虫明亜呂無ふたたび、そして宇津宮雅代

「文學界」二〇一三年四月号の特集「随筆を読む」で、平松洋子さんが〈わが偏愛する随筆家〉として「虫明亜呂無――誇り高く、なつかしく、孤独」というエッセイを書いていた。その影響であろうか、ネット上でも、しばし、私が数年前に編集した虫明亜呂無の『女の足指と電話機――回想の女優たち』『仮面の女と愛の輪廻』（ともに清流出版）という二冊のエッセイ集が話題になったようである。

平松洋子さんが触れていた虫明亜呂無と寺山修司の競馬をめぐるエピソードは、ちょっと怪談ふうなコントのようでもあり、とても面白い。ちなみに平松さんは読書エッセイ集『野蛮な読書』（集英社）でも虫明亜呂無に言及している。

私は、二冊のエッセイ集を編むことで、従来、すぐれたスポーツ評論、スポーツ小説の書き手としてのみ評価が高かった虫明亜呂無という作家をもっと幅広い視野の中でとらえ返したいと考えた。その結果、とりわけ、映画、音楽、小説、演劇、ファッション、女性、恋愛とあらゆるテーマを自在に論じる、卓抜でポップなコラムニストとしての魅力を広く知らしめることができたのではないかと自負している。

虫明亜呂無の文章がひときわ魅力を放つのは、女性、とくに女優について語られたエッセイにおいてである。

たとえば、作家の堀江敏幸は、書評集『振り子で言葉を探るように』(毎日新聞社)所収の、『仮面の女と愛の輪廻』を評した一文で、次のように書いている。

《特筆すべきは、女性を描くときの呼吸の艶《つや》だ。岩下志麻、岸田今日子、吉永小百合、池内淳子、太地喜和子、ジェーン・フォンダらの肖像の、冷静な距離を置きながら、眼で愛撫するようなまなざしの蕩尽は、小説だのエッセイだののジャンルを超えて印象深い。「僕は女優としての岩下志麻はもとより、女優としてのだれだれには、まったく興味がない。あるのは、ひたすら、彼女らが女であることである」と彼は記した。ほとんど片思いにも似た女性への注視は、だから年齢に左右されない》

『女の足指と電話機』というエロティックな書名は、三浦洋一のひとり会『ストリッパー物語・惜別編』について書いた「スポーツ・ニッポン」の連載「うぇんずでい・らぶ」のコラムのタイトルからとったものである。虫明亜呂無は、そのコラムで次のように書いている。

《舞台の上に、あおむけに寝た宇津宮雅代が、足指をそっくり三浦洋一にくわえられ、舐められるところがある。男女の愛欲が、ある緊張感を伴って表現される。と、三浦洋一のひもが、女の足をそのまま電話器にして、客ひきの注文取りにつかう。ここが、舞台の演劇的ハイライトで、奇妙なセクシュアルな情景がかもしだされ「女」のなまの味が、観客をとらえる。ひもを軽蔑し、しかもひもから離れられない「女」がかなり明白にクローズ・アップされてくる(宇津宮雅代は、あの個所は、独特な緊張感が女優をとらえる、と、語ってくれた)》

このコラムを読み返すたびに、一九七七年に上演されたこの伝説的な舞台を見逃してしまったことが悔やまれてならない。というのも、一九六九年のデビュー作、ポーラテレビ小説「パンとあこがれ」以来、私は宇津宮雅代という女優の密かな、そして熱烈なファンであったからだ。

私の手許には、奥様の虫明敏子さんからお預かりした、虫明亜呂無が書き残した単行本未収録の原稿の厖大なスクラップがある。ときおり、気の向くままに、拾い読みするのだが、あまりの面白さに読みふけってしまい、しばし時を忘れてしまうほどだ。

そのなかに、ある雑誌に載った「縁は異なもの――恋愛感情を教えてもらった仲」という意味深なタイトルのエッセイがある。

戦後、友人が銀座四丁目に開いた店で知り合った堂園という際立った美貌の人妻がいた。ある時、彼女から、弟は宇津宮といって開成中学で虫明亜呂無と同級生であったと教えられる。後に彼女は離婚し、旧姓にもどる。彼女の娘が宇津宮雅代だった。二十数年後、中学の同窓会でその弟の宇津宮から、今度、姪が「パンとあこがれ」に出るからよろしく、と挨拶される。

それが機縁となって、虫明が、一時期、家族と離れ、経堂のマンションで仕事をしていた頃には、時おり、近所に住む宇津宮雅代が食事を作ってくれたという。

虫明亜呂無は《僕は彼女から、女の心理とか、女の感受性、女の美意識、女の恋愛感情などをつぶさに教えてもらった。(……)彼女がはじめてのお産をすることになったとき、お母さまが僕の家を訪ねてきて〈よろしく頼みます〉と言った。昔の同窓生［の姉］だった女性からそう言われると、僕はあらためて歳月の流れと、人間の出逢いの深さを思わずにはいられなかった》と書いている。

虫明亜呂無は、このほかにも宇津宮雅代の魅力をめぐって、いくつかのエッセイを書いている。おびただしい女優へのオマージュだけを集めて、虫明亜呂無のエッセイ集を編んでみたいというのが、私のささやかな夢である。

ところで、デビュー当時、文学座の若手三羽烏などと呼ばれた宇津宮雅代は、やはり、舞台がメインで、映画ではこれという決定打はない。

そのなかで、私が好きな作品を挙げるとすれば、森谷司郎の青春映画の秀作『放課後』（73）だ。宇津宮雅代は、ヒロインの女子高生・栗田ひろみの同級生の姉で、スナックのママを演じていたが、父親の地井武男を眼差しひとつで誘惑するシーンが、なんともエロティックであった。

ほんの数カットしか登場しないが、佐藤純彌の傑作『新幹線大爆破』（75）の爆弾犯のリーダー高倉健の別れた妻も強く印象に残っている。ラスト近く、海外逃亡しようとする高倉健を捕まえるべく、警察の要請で面通しのために羽田のターミナルで待機していた彼女が、高倉健と目が合った瞬間の表情が忘れられない。

究極の一本を選ぶとすれば、二〇〇七年、ラピュタ阿佐ヶ谷の〈田中登追悼特集〉で上映された『横溝正史の鬼火　仮面の男と湖底の女』（83）だろうか。かつて、テレビ朝日の「土曜ワイド劇場」で放映された二時間ドラマである。

田舎の旧家に嫁いだうら若き義母・宇津宮雅代の奸計によって、お互いに憎しみ合うように生きてきた兄と弟。ともに画家となった彼らは東京で再会するが、過酷な運命がふたりを破滅へと導いていく。宇津宮雅代は、『めまい』（58）のキム・ノヴァクを彷彿とさせる、謎めいた〈宿命の女〉を演じ、妖艶な美しさがきわだっていた。

日活ロマンポルノの鬼才田中登が撮った、もっとも優れたテレビドラマであり、ぜひ、ＤＶＤ化してほしい傑作だ。

（13・04）

## 秦早穂子の映画エッセイの魅惑

六年ほど前だったか、コミュニティシネマ支援センターが発行していた会報誌「フィルム・ネットワーク」で秦早穂子さんにロング・インタビューをしたことがある。秦さんについては、山田宏一さんとの対談集『映画、輪舞《ロンド》のように』（朝日新聞社）、『スクリーン・モードと女優たち』（文化出版局）等の著作で、ある程度の知識はあったものの、あらためて、ご自身の口から直接語られる新外映時代、カンヌ映画祭をめぐる数多のエピソードは、あまりにもきらびやかで、めまいが起きそうであった。

「秦早穂子のヌーヴェル・ヴァーグ誌」と題して、二号にわたって掲載されたインタビューは一部で反響もあったが、私としては、秦早穂子さんのような特権的な体験をされた映画人の回想は、活字に残しておかなければならないとずっと考えていた。

そうこうするうちに、しばらくして、雑誌「真夜中」で、秦さんの自伝的な回想と小説を織り交ぜた連載が始まった。私は、ああ、やられてしまったと口惜しい思いに駆られながらも、毎号、興奮を抑えがたい気持ちで愛読していたのだが、その連載が昨年、『影の部分』（リトルモア）となって上梓された。さっそく通読し、あらためて深い感銘を受けた。『影の部分』は、昨年刊行された映画本のなかでも傑出した名著である。

『影の部分』は、戦前から焦土と化した戦後を生きぬいた秦早穂子さん自身を思わせる萩舟子という主人公の一人称の小説と、新外映の社員として、一九五〇年代の終わりに、パリでヌーヴェル・

ヴァーグの飛沫を全身で浴びた秦さんのリアルな体験が三人称のドキュメントで交互に綴られている。秦早穂子さんは、意図的に、フィクションとノンフィクションの綴れ織りのような手法を選びとることで、私的な記憶を昭和という時代の歴史に貫流させ、かけがえのない体験をより立体的にとらえ直し、内面化させ、深化させようと試みたのだと思う。

『影の部分』は、続篇を予想させる終わり方になっていて、一九六〇年代以後の時代を描く第二部が愉しみでならない。その一方で、私は、秦早穂子さんがこれまで書かれた厖大なエッセイもずっと気になっている。

たとえば、一九五八年から「スクリーン」で、六一年から「映画の友」でほぼ毎号のように連載されていた女優、男優へのインタビュー記事は出色の面白さで定評があった。とりわけ、『太陽がいっぱい』(60)の時のアラン・ドロンの妖しいエロティシズムに言及した秦さんのインタビューを、三島由紀夫が絶賛していたことはよく知られている。

今、手許にある「映画芸術」の一九六〇年四月号には、秦さんの「『ヌーヴェル・ヴァーグ』の横顔――パリ日記より」が載っているが、一九五九年十一月二十日、ある新人監督の完成試写を見た時の、次のような記述がある。

《シャブロール、トリュフォ、ベッケル、ゴダール、ヴァレールらがあつまる。/ラッシュを見たときとちがって、思いきってカットしてある。/カットされた部分と、完成のコピイを総合してみて、ゴダールの意図がはっきりわかる。/だが、商業上からいうと、あまりにカットされたことによる危険性をはらむので、ゴダールにくってかかる。/「この間のラッシュのときは、切ってくれとあんなにいっていたのに」/ゴダールはうけつけない。/だが商業的立場からだけいっているのではない。カットされたシーンは数々美しい点があった。/たとえば、ベルモンドが、ボガード《ママ》の写真を見つめて独りいうセリフ。／「全く変なことだけどさ。ボブが死んだとき、俺は泣けて仕方なかった」／ひとつの作品を、撮影ラッシュから完成と見守ってゆくとき、映画作家の秘密にふれることが出来る。その秘密にはしばしば美しいものがある。／試写後、けんけんごうごうの議論になる。興奮状態。（……）黒眼鏡のゴダール、さすがにほほを紅潮させるが、次の一瞬にやりと笑って何もいわない。議論をきいていたいが、おそいので中座。／コリガでおそい夜食をとる。一時だ》

秦早穂子さんが、ジャン＝リュック・ゴダールという未知の新人監督の『息切れ（A bout de souffle）』のラッシュフィルムを見ただけで、世界で最初に買い付け、『勝手にしやがれ』と名づけた伝説的なエピソードは、『影の部分』でも微妙にトーンを変えて再現されているが、試写室で、猛然とゴダールにくってかかる秦さんの姿を思い浮かべるとやはりすごいなと思ってしまう。

それかあらぬか、やはり「映画芸術」の六〇年五月号では、「映画の性とモラル」という特集が組まれ、戸井田道三の司会で、「映画にあらわれた〝性〟の問題」というテーマで、石原慎太郎、白坂依志夫と秦さんが鼎談しているのも際立って印象的だ。フランス本国で公開禁止だったロジェ・ヴァディムの『危険な関係』や『墓にツバをかけろ』『青い女馬』（すべて59）などを話題にしながら、当時、人気絶頂の気鋭の若手作家、シナリオライターを相手にまったくひるむことなく丁々発止の議論を闘わしている秦早穂子さんは、とてもチャーミングである。

私は、秦早穂子さんが一九七〇年代の終わりに上梓したエッセイ集『パリに生きる女たち』（時事通信社）、『パリの風のなかで』（講談社）を永年、愛読している。どちらもパリとそこに生きる有名無名の芸術家、映画女優、歌手、デザイナーなどを描いたポルトレ集であり、フランスの文化を真に血肉化していなければ、絶対に書けない円熟した味わいがある。

たとえば、『パリに生きる女たち』に収められた「ぶらんこ人生」と題されたアニイ・ジラルドのスケッチは印象深い。秦さんは《アニイ・ジラルドという女優の存在を考えるとき、私はいつも人間の持つ愚かさの部分を思いうかべる》と書き、なんと藤山寛美と比較しているのだが、その波瀾に富んだ生き方を、彼女自身の言葉をさりげなく引きながら一筆書きのような見事な肖像として描いている。この一文を読むと、アニイ・ジラルドが出演した『若者のすべて』（60）と『パリのめぐり逢い』（67）を見直したくなる。

秦早穂子さんは、一九五八年から二〇〇三年までの四十五年間、毎年欠かさずにカンヌ映画祭に通われていた。インタビューの際に、秦さんは、一九六〇年のカンヌで、賛否両論だったフェリーニの『甘い生活』がグランプリを獲った瞬間の異様な熱狂に包まれた雰囲気や、同じ年、『情事』を出品したアントニオーニがあまりの観客のブーイングに、思わず泣き出してしまったエピソードを、あたかも昨日の出来事のように語っていた。秦さんは、まさにカンヌが、そしてヨーロッパ映画が最も豊饒であった時代を肌で知っているほとんど唯一の証言者にほかならないのである。そんな秦さんのカンヌ映画のメモワールを読みたいと思うのは私だけではないはずである。

秦早穂子さんのまばゆいばかりの映画的キャリアに思いを馳せるたびに、編集者としての熱い血が限りなく騒いでしまうのである。

（13・12）

第五章

# メモリーズ・オブ・ユー

大島渚と阿部哲夫
(『少年』撮影スナップ)

## 〈愛の欠如を描く詩人〉クロード・シャブロルを追悼する

二〇一〇年九月十二日、クロード・シャブロルが死去した。享年八十。

シャブロルは、ジャン＝リュック・ゴダール、フランソワ・トリュフォーとともに〈ヌーヴェル・ヴァーグの三羽ガラス〉と称されたが、生前、ゴダールやトリュフォーのように、数多の研究書や評伝・評論集が翻訳・刊行されていたわけでもなく、日本ではきわめて不遇な扱いを受けていた映画作家ではなかったかと思う。

シャブロルは、生涯に五十五本もの長篇劇映画を撮ったにもかかわらず、未公開作があまりに多いことも、日本におけるその評価を曖昧にさせている原因であるかにみえる。

私自身、シャブロルの作品をスクリーンで見たのは十数本にすぎない。デビュー作『美しきセルジュ』（58）が正式に日本で劇場公開されたのも、たしか一九九九年だったはずだ。初期の代表作『いとこ同志』（59）がリヴァイバルされたのも、その頃である。

最初に封切りで見たシャブロル作品は『ジャン＝ポール・ベルモンドの交換結婚』（72）だった。下ネタ満載のあまり笑えないドタバタ喜劇で、ヌーヴェル・ヴァーグの鬼才がなんと馬鹿馬鹿しい映画を撮るのだろうと呆れた記憶がある。その後、七〇年代には、シャブロルの当時の新作は一本も公開されていないはずだ。

私にとってシャブロルの評価が一変したのは、七〇年代後半に名画座で何度か見た『女鹿』（68）と、当時、飯田橋の日仏学院で時折、英語字幕つきで無料上映されていた一連の日本未公開のミステリー映画に出会ってからである。

『不貞の女』（68）『野獣死すべし』『肉屋』（ともに69）『血の婚礼』（73）と題名を挙げてみるだけでも、思わず背筋がゾクゾクッとするような傑作ばかりだ。おもに、当時、愛妻だったステファーヌ・オードランが主演しているが、とりわけ『肉屋』を見た時には、めまいのような深い衝撃を受けた。

一見、平穏で、牧歌的な田舎町を舞台に、オールドミスの小学校の女教師（オードラン）とインドシナ戦争帰りの肉屋（ジャン・ヤンヌ）との出会い、親密な関係が淡々と描かれ、その背後では、若い娘、幼女ばかりを狙ったおぞましい連続殺人事件が次々に起こる。

のどかな崖下でのピクニックのシーンで、少女が食べているサンドイッチに、突然、血が一滴、二滴としたたり落ちてくる。一瞬にして、名状しがたい恐怖と美で画面が凍りついてしまうのだ。そして、あのラストシーンにいたると、なぜか、坂口安吾の『不連続殺人事件』の最後の美しい一行が想起された。

シャブロルの盟友トリュフォーはヒッチコックにインタビューして名著『映画術　ヒッチコック／トリュフォー』を著したが、恋愛の狂気を描かせたら天才のトリュフォーも、ヒッチコックにオマージュを捧げたと思しきミステリー映画はどれもどこか書き割りめいた絵空事のような脆弱さを露呈させてしまっている。

いっぽうで、シャブロルは、批評家時代にエリック・ロメールと共著で、フランスで最初にヒッチコックの研究書を上梓したが、理不尽にも犯罪に手を染めてしまう人間存在の深い闇を鋭くえぐる才能は、明らかにヒッチコックの最良の後継者と呼ぶにふさわしい。私は『肉屋』を見たときには、シャブロルはヒッチコックを超えた、とすら思ったほどだ。

その後、しばらくして、八五年に開催された第一回東京国際ファンタスティック映画祭で『コールド・ルーム』(83)という映画が上映され、イギリスの新人監督ジェイムズ・ディアデンにインタビューする機会があった。

『コールド・ルーム』は東ドイツのホテルに宿泊した少女が悪夢にさいなまれるサスペンス映画で、とくに現在と戦時下の時空をモザイクのように交錯させる手法は、当時、私が偏愛していたニコラス・ローグを想起させた。そんな感想を述べると彼は、次のように語りだした。

「もちろん、ニコラス・ローグは大好きですが、私が世界中で最も心酔し、深い影響を受けた映画作家は、クロード・シャブロルです。なぜ彼に惹かれるのか。それは彼が〈愛の欠如を描く詩人〉だからです」

「たとえば、『肉屋』?」とさらに私が問うと、

「そう、まさに『肉屋』を見れば、おわかりでしょう」と彼は微笑んだのだった。

実は、ジェイムズ・ディアデンはイーリング撮影所で『波止場の弾痕』を撮ったバジル・ディアデン監督の息子なのだが、その後に撮った、辺境を舞台にしたドラマ『パスカリの島』(87)や、マット・ディロン主演、アイラ・レヴィン原作のリメイク『死の接吻』(91)には、シャブロルふ

うな〈悪意のタッチ〉が垣間見える。

九〇年代に入ると、ミニ・シアターブームの余波もあって、クロード・シャブロルの新作が、少しずつではあるが、散発的に公開されるようになった。

『ふくろうの叫び』（87）『主婦マリーがしたこと』（88）『ボヴァリー夫人』（91）『沈黙の女／ロウフィールド館の惨劇』（95）『嘘の心』（99）『石の微笑』（04）といった作品群である。

とくに、イザベル・ユペール、サンドリーヌ・ボネールといった個性派女優を起用し、閉塞感につつまれた地方都市や農村、ローカルカラーの濃厚な辺鄙な土地を舞台にしたミステリーには驚嘆すべき作品が多い。

なかでも、パトリシア・ハイスミス原作の『ふくろうの叫び』は、フランス本国での封切りから十年後の日本公開だったが、それは恐らく、当時ふって湧いたようなハイスミスの翻訳ブームのお蔭でもある。この〈のぞき〉という最も映画にとっても本質的・根源的なテーマに挑んだ異様な傑作は、やはり、クロード・シャブロル以外、誰も撮れなかったはずだ。

〈ストーカー〉という言葉が生まれる三十年も前に『愛しすぎた男』というストーカー小説の傑作を書いてしまったパトリシア・ハイスミスは、人間が抱えるパラノイアックな心理や不可解な内面世界に深くメスをいれる恐るべき作家だが、クロード・シャブロルもハイスミスと極めて似通った資質を持っている。

かつて、英国文壇の巨匠グレアム・グリーンはパトリシア・ハイスミスに〈不安の詩人〉という称号を与えて絶賛したが、それは、ジェイムズ・ディアデンがクロード・シャブロルを〈愛の欠如を描く詩人〉と顕揚したのと、ほぼ同義ではないかと思われる。

〈不安〉や〈愛の欠如〉に深くとらわれた時に、その人間たちはどのような行為に及ぶのか。そして、彼らの瞳に映ずる世界はどのような様相を呈するのか。シャブロルはその酷薄で仮借ない世界の表情そのものを、あたかも顕微鏡でながめるように冷徹に、ときにはユーモラスに、ときにはポエティックにドキュメントしてきたのではなかったろうか。

今年の東京国際映画祭では、特別追悼上映としてシャブロルの遺作『刑事ベラミー』（09）が上映される。今後は、その厖大な未公開作品の発掘・上映だけではなく、シャブロルの仕事をさまざまな視点から再評価する試みがなされねばならない。

（10・10）

その後、二〇一一年に、聞き書きによるクロード・シャブロルの回想録『不完全さの醍醐味　クロード・シャブロルとの対話』（フランソワ・ゲリフ／大久保清朗訳、清流出版）を私の編集で刊行した。二〇一五年には文中で紹介したクロード・シャブロルとエリック・ロメールの共著『ヒッチコック』（木村建哉・小河原あや訳、インスクリプト）が翻訳されている。

## フランス映画社、そして川喜多和子のこと

『ゴダール・ソシアリスム』を試写で見た。今年（二〇一〇年）八十歳を迎えるジャン＝リュック・ゴダールの新作である。まったく予備知識もなしに見たので、凄まじい音響と大胆きわまりない色彩の氾濫にただ茫然とするばかりだった。

冒頭、地中海を航行する豪華客船の映像に、「お金は社会のもの」「水と同じ?・」という男女の会話がかぶさる。〈社会主義《ソシアリスム》〉というよりも爛熟した高度資本主義の末期のごとき光景が、ゴダール

流の奔放なモンタージュによって明滅し、通常の劇映画のダイアローグではなく、夥しい、さまざまな文学作品、映画がたたみかけるように引用され、ぽつんと断ち切られるように終わる。

まるでゴダール版『資本論』とでも呼ぶべきだろうか。

映画の後で、配給元であるフランス映画社社長の柴田駿さんに、何人かの評論家たちと一緒にお茶に誘われ、とりとめのない感想を述べていると、ふっと故・川喜多和子さんのことが思い出された。

柴田さんの最愛、最強のパートナーであった副社長の川喜多和子さんが、くも膜下出血で亡くなったのは、一九九三年の六月七日だった。享年五十三。

和子さんが急逝した前後から、ミニシアター・ブームの煽りを受けて買い付け価格が高騰し、ゴダール作品を含め、本来ならば、フランス映画社が配給すべきアート系の映画が新興の映画会社によって湯水のごとく公開されたが、やがてバブルが崩壊すると同時にブームも終息してしまった。

最近ではフランス映画社の配給作品もめっきり少なくなり、いささかさびしかったが、今年は、ベルギーのアベル&ゴードンの『アイスバーグ!』(05)と『ルンバ!』(08)、百二歳になるポルトガルの巨匠マノエル・ド・オリヴェイラの『ブロンド少女は過激に美しく』(09)、それに『ゴダール・ソシアリスム』と公開ラッシュで、完全復活した感があり、嬉しい限りである。

川喜多和子さんのことが一瞬、脳裡をよぎったのは、かつてフランス映画社の試写を見ると、その後で和子さんに誘われてビールをごちそうになり、見たばかりの映画について好き放題に感想を言い合うという至福の時間をなんども過ごしたからだ。

私のような一九七〇年代に映画を本格的に見始めた世代にとって、川喜多和子という名前は、あまりに神々しい存在だった。とくに七六年から始まったフランス映画社の〈傑作を世界からはこぶ

〔バウ・シリーズ〕〉第一弾、ジャン＝ピエール・メルヴィルの『恐るべき子供たち』（50）とジャン・ヴィゴの『新学期・操行ゼロ』が公開された時の衝撃は忘れられない。

ジャン・ルノワールの『ピクニック』（36）、カール・ドライヤーの『奇跡』（55）、テオ・アンゲロプロスの『旅芸人の記録』（75）、ベルナルド・ベルトルッチの『１９００年』（76）など、まさにめまいが起きそうなラインナップであった。

その後、私は「月刊イメージフォーラム」の編集部に入り、川喜多和子さんと初めてじっくり話す機会を持ったのは、一九八五年に鈴木清順特集を組んだ時である。

周知のように、一九六八年、日活の堀久作社長から「わけのわからない映画を作る」という理由で鈴木清順が契約を破棄されるという事件が起きた。ちょうどその時、和子さんが主宰するシネクラブ研究会が鈴木清順作品三十七本連続上映会を企画していたが、日活が突如貸し出しを禁止すると通告してきた。そのことへの抗議行動に端を発して、いわゆる〈鈴木清順問題共闘会議〉が結成され、その先頭に立って闘ったのが川喜多和子さんだった。

清順特集の企画の話をすると、和子さんは嬉しそうに「ええ！　清順をやるの！　全面協力するから何でも言ってよ！」と興奮口調で、なつかしそうに〈鈴木清順問題共闘会議〉時代の思い出を話してくれて、沢山の貴重な写真も貸してくれた。

それまで、天の上にいてはるかに仰ぎ見るような存在だった川喜多和子さんが、身近に感じられるようになったのは、それ以来のことである。

その後、私は一時期、映画の世界を離れたこともあったが、そんな時でも、たとえば、ゴールデン街の酒場などでばったり会うと、気軽に声をかけてくれた。映画雑誌媒体にいる、いないというような利害関係で付き合い方を変えるような人ではなかったのだ。

あれは、一九九〇年の年末だったろうか。突然、和子さんから電話がかかってきた。「今度、ジャン・ルノワールの『黄金の馬車』（53）をやるんだけど、劇場プログラムに作品評を書いてくれる人、だれかいないかしら？」という問い合わせだった。

私は、しばらく考えて、オペラ演出家の三谷礼二の名前を挙げた。三谷さんは生涯のベストワンに『河』（51）をあげるほどのルノワール信者だったし、このコンメディア・デッラルテをベースに持つルノワールの傑作を論じるには、舞台芸術を熟知している三谷さんが適任だと思えたのだ。当時、三谷さんはすでに病魔に侵され、余命数か月という宣告を受けていたが、その苦痛に満ちた闘病の中で書かれた「整然の中のでたらめさが眩しい傑作」と題されたエッセイはすばらしいものだった。三谷さんは、翌年三月に亡くなり、これが最後の映画評論となった。

やはり、この頃だったと思うが、川喜多和子さんをめぐる、ひときわ印象に残っている出来事がある。

開館したばかりの渋谷の東急Ｂｕｎｋａｍｕｒａル・シネマへ、ジョン・カサヴェテスの『オープニング・ナイト』（77）の封切り初日にでかけたところ、劇場に向かう途中で、川喜多和子さんから声をかけられた。やはり、『オープニング・ナイト』がお目当てだという。

映画狂の和子さんは自社作品で忙殺されていても、これはという作品は必ず初日に見ていたのだ。「一緒に見ようよ」ということで、並んで坐り、タイトルが映りだしたあたりで、和子さんは画面のピントが微妙にずれていることに気づく。と、「あ、ダメだ！」と小声で叫び、ぱっと席を立って、走って外へ出た。しばらくして画面は正常になり、和子さんも戻ってきた。和子さんは、見終わった後で、映写ミスがいかに映画鑑賞にとって致命的かを延々と語り、「じゃあ、またね」と手を振って去っていった。

まるで、ゴダールの『男性・女性』（66）で、映画館の客席でスクリーンサイズを間違えて上映しているのに気づき、走って映写室に飛び込み、猛烈に抗議するジャン＝ピエール・レオみたいだなと、私は感嘆してしまった。

川喜多和子さんが亡くなった時に、小冊子が編まれ、そこに大島渚監督の弔辞が掲載されている。そのなかに、鈴木清順問題共闘会議時代にふれて、《その時あなたは、映画の自由、自由の映画を求める者たちのジャンヌ・ダルクでした》という印象的な一節がある。

この弔辞は、大島渚によって書かれた文章のなかでもっとも感動的なもので、私は、全文を引用したいという誘惑を抑えきれない。

大島渚がここで述べているように、「世界のオーシマ」となるきっかけは、柴田駿さんと川喜多和子さんのフランス映画社が、六八年にジャン＝リュック・ゴダールの『彼女について私が知っている二、三の事柄』（67）と交換で、『絞死刑』（68）の海外配給をはじめたからにほかならない。

その大島渚も今、病床にある。

そろそろミニシアター・ムーブメントの先鞭をつけたフランス映画社の歴史をきちんと纏めるべき時期が来ているような気がする。

（10・11）

大島渚監督の弔辞は、その後、私が編集した『わが封殺せしリリシズム』（清流出版）に収録された。フランス映画社は二〇一四年十一月七日、東京地裁より破産手続開始決定を受けた。

## 一枚の白バックの高峰秀子

二〇一〇年の大晦日の夜、ほろ酔い気分のところに、突如、高峰秀子さんの訃報が飛び込んできたので、しばし茫然となる。前年十月に体調を崩し、肺がんと診断されて入院療法を続けていたが病状が急変し、夫の松山善三に看取られて息を引き取ったという。享年八十六。

ああ、ついに来たか、という暗然たる思いと同時に、すっかり酔いも醒めてしまい、手許にあった『浮雲』(55)のDVDを見直し、元旦は、彼女の傑作メモワール『わたしの渡世日記』を読み返して過ごした。

生前、高峰秀子さんと交友があったオペラ演出家の三谷礼二は、「永遠の夢と詩」という素晴らしいジュディ・ガーランド論(『オペラのように』所収、筑摩書房)で、《『スタア誕生』は、モーツァルトの四大オペラ、シェイクスピアの四大悲劇に匹敵し得る人類財産と私は信じる》と書いている。ひさびさに再見した『浮雲』も、高峰秀子という女優の美しさがほとんど神々しさの域に達した、稀有な〈人類財産〉のひとつだとつくづく思った。

まさに昭和という時代そのものをシンボライズする、この偉大な女優について、私ごときが云々するなど、まったく烏滸《おこ》がましいが、ふいに、昔、高峰秀子さんとささやかな仕事上のお付き合いがあったことが思い出されたのだった。

もはや、四半世紀も前のことになるが、一九八〇年代の後半、私は「一枚の繪」という美術雑誌の編集部にいた。当時は、それまで身を置いていた映画ジャーナリズムの裏側や人間関係の嫌な面も見えてきて、心身ともに疲れ果て、ぼろぼろになっていた時期でもあった。もはや、映画の世界には戻れないかもしれないという漠たる不安もあった。

かといって、まったく予備知識なしに飛び込んだ美術業界も、実は、映画界以上におどろおどろしく面妖で、こんな胡乱な世界にはそう長くはいられないという思いは常にあった。

結局、当時、私がだらだらと、数年間も「一枚の繪」という雑誌にとどまっていられたのは、桂ゆきさんと岸田今日子さん、そして高峰秀子さんの魅力的な連載エッセイを担当していたゆえではなかったかという気がする。

当時、ファックスはまだそれほど普及しておらず、編集者は、著者に直接会って原稿を受け取っていた。

新宿余丁町に住んでいた桂ゆきさんは、いうまでもなく、戦後日本を代表するアヴァンギャルド画家であり、特異なアフリカ体験、ニューヨーク時代のビート族との交流などの話を聞くのが楽しみでならなかった。

岸田今日子さんも、赤坂の自宅マンションに伺って、見たばかりの映画や舞台、彼女が出演した映画の話題にふけり、つい長居することもしばしばだった。増村保造の傑作『「女の小箱」より夫が見た』の感動を告げるや、「ああ、あの血みどろの映画ね!」と呟いたのが可笑しくてならなかった。ちなみに、この時の連載をまとめた『妄想の森』は、後に文藝春秋から単行本になり、日本エッセイスト・クラブ賞を受賞している。

しかし、高峰秀子さんだけは、当時すでに芸能界引退を宣言し、人前に出ることはまずなかったし、私も連載が終わるまで、一度も会うことはかなわなかった。原稿はいつも速達の封書で届いた。

それでも、時おり編集部に、高峰さんから原稿の確認で電話がかかってくることがあった。たまたま私が受話器を取って、あの独特のエロキューションで「高峰ですけど、編集部の高崎さん、いらっしゃる？」などと自分の名前が呼ばれた時には、ほとんど一日中、夢見心地だった。

もしかしたら、昔の映画仲間と呑んだ時に、自慢げに、そんな話をしたことがきっかけだったのかもしれない。ある日、ユーロスペースの代表・堀越謙三さんから電話がかかってきた。当時、彼は、〈ゴダールの再来〉と呼ばれた鬼才レオス・カラックスの問題作『汚れた血』（86）を公開しようとしており、監督が急遽キャンペーンのために、来日することになった。

堀越さんによれば、カラックスは熱狂的な成瀬巳喜男ファンであり、ついては、その数々の名作でヒロインを演じた伝説の女優・高峰秀子に会うのを熱望しているのだという。そこで、私は、乞われるままに、間をとりもったのである。

しばらくして、堀越さんから、無事に高峰秀子さんと一緒に食事をする機会を持つことができ、その際に、流暢なフランス語を話す高峰さんに、カラックスは、当時の恋人ジュリエット・ビノシュと大感激していたという話を聞いた。

後に、堀越さんがプロデュースしたカラックスの超大作『ポンヌフの恋人』（91）の堕ちていく破滅的なカップルには、たとえば、『浮雲』で、腐れ縁の果てに南方へと向かった森雅之と高峰秀子のふたりの残影がかいま見えるはずである。

『わたしの渡世日記』には、昭和二十六年、家族との軋轢などで精神を疲弊させてしまった高峰さんが、映画の仕事をすべて擲《なげう》ち、半年間パリに遁走して、自分を見つめなおすというくだりがある。恐らくフランス語は、この時期に覚えたのであろう。

戦前から、天才子役として活躍するも、多くの肉親縁者を扶養しなければならず、小学校にもまともにいけなかった高峰秀子という女優の比類なき聡明さにはただ驚くばかりである。

それゆえだろうか、『わたしの渡世日記』には、ところどころ、いささか埃っぽい日本映画界、映画人への呪詛めいた言葉が書き連ねてあるのが気にかかる。戦後は、文壇、画壇の大家たちのマスコットのような存在となり、谷崎潤一郎や志賀直哉、梅原龍三郎などとの優雅な交遊が、楽しげに回想されているのとは、際立って対照的だ。

しかし、レオス・カラックスや台湾のエドワード・ヤン、ホウ・シャオシェンの熱烈なオマージュを例に引くまでもなく、成瀬巳喜男監督とのコンビによって生み出された名作群は、彼女が崇拝していた梅原龍三郎や荻須高徳の作品などとは比較にならない、普遍的な〈人類財産〉であることは疑い得ない。私は、高峰さんは生前、そのことをどこまで自覚していただろうか、と思うことがある。

『わたしの渡世日記』を再読して、もっとも印象に残ったのは、「イジワルジイサン」と題された成瀬巳喜男を追想した章である。がんで再入院が決まった成瀬を自宅に訪ねた高峰さんは、別れ際に、成瀬から、「ほら、約束のあれも、やらなきゃね」という謎めいた言葉をかけられる。

あれとは、成瀬がひそかに念願していたという、装置も色もない、一枚の白バックの前で高峰秀子の芝居だけをみせる映画のことである。

松竹蒲田時代に「小津はふたりいらない」と撮影所長に言われ、追われるように東宝に移籍して、数多くの小市民映画の名作を放った成瀬が、最後に夢想していた高峰秀子主演の、この究極の〈女性映画〉を、ぜひ見てみたかったと思う。

（11・01）

## 相米慎二が選んだ「日本映画ベスト3」

高峰秀子さんのささやかな追悼を書いていて、ふと思い出したのは、相米慎二監督のことである。相米さんは、二〇〇一年の九月九日、つまり、アメリカで同時多発テロが起きた九月十一日の二日前に亡くなったので、ひときわ鮮明に記憶に残っているのだ。そのせいか、毎年、9・11が近づくと、ああ、そろそろ相米さんの命日だなと、自然に連想が働いてしまうのである。

相米さんとは、別にそれほど親しかったわけでもないのに、訃報に接した時には、なぜか説明のつかない、すさまじい喪失感に襲われ、通夜、告別式と出てしまった。

告別式では、当時まだ、かろうじて元気だった今村昌平監督が、愛弟子である長谷川和彦がとても世話になったこと、『魚影の群れ』がいかに素晴らしかったかを、淡々と弔辞で述べていたのが記憶に残っている。大勢の参列者のなかにTBSの深夜放送「パックインミュージック」の伝説的なパーソナリティだった林美雄さんを見つけて、なつかしさのあまり、思わず声をかけたことも思い出される。その林さんもその翌年、胃がんで亡くなってしまった。まさに往時茫々。

高峰秀子さんと相米慎二監督とはまったく接点はないが、なぜか、私の中ではひと連なりの記憶として残っている。それはなぜか。

最初に相米さんと会ったのは、東京国際映画祭のヤングシネマ部門で『台風クラブ』がグランプリを受賞した時だから、一九八五年だったと思う。受賞記念として、「月刊イメージフォーラム」で、編集長の西嶋憲生さんと一緒に相米監督にインタビューをしたのである。

当時から、韜晦に韜晦を重ねて、インタビュアーをはぐらかすのが得意などと言われた相米さんだったが、この時は、かなり率直に自分の少年時代や映画界入りの経緯、自作について語ってくれたように思う。インタビューが終わって、四谷三丁目の居酒屋で飲んだ後、飲み足りない風情の相米さんを誘って、私の行きつけの新宿区役所脇にあったジャズ・バー「スマイル」に流れた。「スマイル」のママである加納とも枝さんは、「話の特集」に映画のコラムを連載し、毎週、数本の新作を劇場で見るという筋金入りの映画狂で、新宿ゴールデン街界隈でも一目置かれるようなユニークな女性だった。

私も永年の常連で、とも枝さんが二〇〇三年に亡くなった時には、私の責任編集で彼女の遺稿集『シネマの快楽に酔いしれて』（清流出版）をつくったこともある。

とも枝さんは、映画関係の客がやってくると、一種のセレモニーというか、備え付けのノートに今まで見た洋画・邦画それぞれのベスト3を書かせるという不思議なクセ（？）があった。

この晩も、とも枝さんは、相米さんに、ぜひ書いてくれとせがんだが、私が、「この人はそんなこと、絶対しないよ」と言うと、相米さんは「いや、書くよ」と言って、その場でさらさらと「邦画、洋画のマイ・ベスト3」を書いたのだった。

もはや、相米さんが洋画ベスト3に何を挙げたかは、忘れてしまったが、かろうじてフェリーニの『カビリアの夜』（57）だけは憶えている。

しかし邦画のベスト3は未だにはっきりと記憶に残っている。次の三本である。

『小原庄助さん』（清水宏／49）
『たそがれ酒場』（内田吐夢／55）

『女が階段を上る時』（成瀬巳喜男／60）

私は、この渋い三作品の連なりを見て、相米さんは、ほんとうに映画を知っている、深く愛している監督だなと思った。当時、清水宏の『小原庄助さん』を見ている人などほとんどいなかったはずだから。

とくに高峰秀子の匂い立つような色香が忘れがたい『女が階段を上る時』は、私も成瀬のなかでもっとも愛する映画だけに、我がことのように嬉しかった。

当時、相米さんは、沈滞した日本映画界の最前線を疾走する鬼才としての評価はゆるぎないものがあった。とくにトレード・マークともいわれる〈ワンシーン＝ワンショット〉の長回しを駆使したダイナミックな演出で知られ、デビュー作『翔んだカップル』（80）に始まり、『ションベン・ライダー』（83）『台風クラブ』といった子供を主人公にした寓話的な拡がりをもった作品が高く評価されていた。

ただ、私は、むしろ『魚影の群れ』（83）や『ラブホテル』（85）のような大人を主人公としたドラマをもっと見たいと思っていた。まさに、成瀬のような、陰翳に富む古典的な恋愛映画を撮れる監督だと漠然と思っていたのだ。

後年、『あ、春』（98）で、冨司純子、藤村志保といった大女優たちを悠然と動かしているその見事な演出を見るにおよんで、ああ、やはり相米さんは成瀬巳喜男の後継者になれる器だなと思った。

インタビューしたその数か月後、相米さんの『雪の断章 情熱』（85）のアクロバティックな冒頭シーンの撮影を取材するために、東宝の砧撮影所に出かけた。キャメラマンの五十畑幸勇さんが何台ものクレーンに次々に乗り移りながら撮影している異様な光景を眺めて、これは、まるでマックス・オフュルスの『快楽』を思わせる、などと記事に書いたことを憶えている。

最後に相米さんに会ったのは、亡くなる一年前、私が編集したロバート・アルトマン監督の『クッキー・フォーチュン』（99）のパンフレットのために、インタビューしたときである。『クッキー・フォーチュン』のキャメラは、かつて相米さんの『お引越し』（93）の撮影を担当した栗田豊通さんである。

栗田さんは、一九七〇年代に単身渡米して、アメリカ映画のインディーズ・シーンで腕を磨き、アラン・ルドルフの『トラブル・イン・マインド』（85）『アフター・グロウ』（97）などを経て、ついに、巨匠アルトマンの撮影監督を務めるまでに至ったわけだが、その独特のルックの魅力を語ってほしいという思いもあった。

相米さんは、今のアメリカの風土や人間をまるごと描けるのは、クリント・イーストウッドとアルトマンしかいないこと、『三人の女』のような映画ならば自分でも撮れるかもしれないこと、とくにアルトマンが女性のシナリオライターを好んで使う理由として、成瀬巳喜男と水木洋子の関係を例に引きながら、「女の肌ざわりみたいなものがほしいんじゃないかな」と語ったのが強く印象に残っている。

ほかならぬ相米さん自身が、女性のシナリオライターをよく使っていたのだ。やはり、女の肌ざわりがほしかったのだろうか。相米さんは、遺作となった『風花』（01）を『浮雲』に比較されるのを嫌がっていたそうだが、やはり、それも韜晦というべきだろう。

成瀬巳喜男と高峰秀子という稀代の名コンビによってつくられた日本独特の〈女性映画〉の系譜は、相米慎二の死によって、途絶えてしまったのではないかというのが私のきわめて悲観的な見立てなのである。

（11・01）

# 映画批評家としての淀川長治

先ごろ、虫明亜呂無の『女の足指と電話機――回想の女優たち』を編集していて、虫明が『鍵』（58）のソフィア・ローレンが演じた複雑な女性像の魅力に言及したエッセイの中で、《（日本の映画批評家で）そういうことがわかっているのは、淀川長治さんと、南部圭之助さんしかいない》という一節にぶつかり、不意を衝かれたような思いがした。

そこで、ゆくりなくも想起したのは、淀川長治が晩年に書いた「両面感覚」（『淀川長治集成Ⅳ 映画の〈道〉、人生の〈道〉』所収、芳賀書店）というエッセイである。少し長いが引用する。

《女がわからなくて小説が書けるわけがない。男を知らなくてセックスを女の作家が書けるものでない。しかしこれは具体的な幼稚なたとえであって、フロイト的に男女のすべてを知ろうとするところに劇も生れ小説も映画も生れるわけである。

頭から足の先までが男っぽい男が映画批評の書けるわけはなく、頭から足の先までが女性そのものの女が映画批評を書けるわけがない。（……）人間の裏がわは意外に複雑である。スポーツマンだって一瞬女の感覚を持つ場合だってあろうし、人間はイチからジュウまでが男は男、女は女、そんなに単純であるわけはない。

映画にしろ小説にしろ舞台にしろ日々の人間の苦しみ、男女のいさかい、夫婦のきれいつを描きつづけて今日にいたっている。これらの男女をじっくりと本当に見つめ得るには、男と女、その両面感覚のするどい持ち主でなくてはなるまい》

淀川さんが自身の映画批評の要諦を開陳した、珍しい貴重な文章だが、たしかに泉鏡花、谷崎潤一郎、溝口健二、シュトロハイム、ルキノ・ヴィスコンティ、『歴史は女で作られる』のマックス・オフュルスなど、淀川さんが真に深く愛した作家、映画監督たちは、みな豊かな両面感覚を持っており、とくに彼らの作品について書いた時、際立って秀逸な批評が生まれた。

淀川さんの永いキャリアを振り返ると映画会社の宣伝部に始まり、「映画の友」編集長、「映画友の会」の活動、テレビ解説と、その生涯の軌跡は、自ら〈映画の伝道師〉を任じていたように、映画の魅力を分かりやすく大衆に浸透させるための〈啓蒙活動〉にほとんど費やされたといえる。とりわけ独特の身振りと〈淀川節〉とも称される天才的な話術を駆使したパフォーマンスは無類の楽しさに満ちていた。

一九八〇年代に、蓮實重彥が、日本の文芸ジャーナリズムが徹底的に駄目で、活性化しないのは、この世界にひとりの淀川長治が存在しないからだ、という挑発的な物言いをしていたのも、その言語的パフォーマーとしての淀川さんの特権的な役割を強調したアジテーションだったようにも思う。

私自身、『日曜洋画劇場』の淀川長治さんの名解説によって洋画の面白さを叩き込まれた世代に属している。だが、後年、編集者として、淀川さんとのささやかなお付き合いの中で、それまでテレビ、ラジオで見聞していた、遍く行き渡っている〈映画の語り部〉という解説者、啓蒙家ふうのイメージとは微妙に異なった淀川さんの一面に触れ得たという気がしている。

私が初めて淀川長治さんにお会いしたのは、一九八二年、焼失する以前の京橋のフィルムセンターで開催されたジョン・フォードの大回顧展の時だった。ちょうど「月刊イメージフォーラム」編集部に入ったばかりで、初めて編集を任された私は、このプログラムに合わせて、丸ごと一冊ジョン・フォードを特集することになり、ぜひ淀川さんに原稿をお願いしようと思ったのである。

テーマは、最初から「ウィル・ロジャース論」と決めていた。人口に膾炙《かいしゃ》した淀川さんの座右の銘「私はまだかつて、嫌いな人に逢ったことがない」とは、アメリカを代表する偉大なユーモリスト、俳優であったウィル・ロジャースのスローガンから取られたものだが、このフォード特集には、ウィル・ロジャース主演の『ドクター・ブル』(33)『プリースト判事』(34)『周遊する蒸気船』(35)の三作品が入っていた。私がお会いしたのは、日本未公開の『周遊する蒸気船』が上映された日で、奇しくも、この時に、フィルムセンターの事務所で淀川さんと蓮實重彥さんが初対面の挨拶をしている光景を目撃したことも忘れがたい。

当初、淀川さんは談話を採録するぐらいに軽く考えていたようで、私が正式に、枚数無制限でと原稿依頼をしたところ、本気で驚かれ、「ほんとに、ほんとにウィル・ロジャースのことを好きなだけ書いていいの?」とうれしそうに何度も尋ねられた。

そして、出来上がってきた原稿はペラ(二〇〇字詰原稿用紙)で五十枚はあっただろうか。「これは傑作よ」と自慢げにおっしゃるほど、その「わが3セントのウィル・ロジャース殿」と題されたエッセイはすばらしかった。

そこには、ジョン・フォードのウィル・ロジャース三部作だけではなく、それ以前の、題名も聞いたことがないような、夥しい数のサイレント期の彼が出演した作品の名場面が、あたかも昨日見たばかりのように、鮮やかに克明に再現されていた。はっきり言って、当時、淀川さんが映画ファン雑誌に書いていた新作評とはパッション、ボルテージの高さが圧倒的に違っていた。

私が思うに、淀川さんは、この頃から〈伝道師〉という従来のモラリスティックな役割を引き受けつつも、秘かに、自分の美意識や感受性を露わに表出させた、官能的とも形容すべき〈批評〉を無意識の裡に模索していたのではないだろうか。止めどもなく弾けるような快活さ、快楽的な気分が横溢する、このウィル・ロジャース論を読んで、その思いを強く確信した私は、続いて、長い間オクラになっていた呪われた傑作『三人の女』の公開に併せ、ロバート・アルトマンの大特集を組むことにした。そこで、ふたたび、淀川さんに『三人の女』論をお願いしたのだが、これまた、すさまじい原稿が出来あがってきた。

アメリカでの封切り時に『三人の女』を既に見ていた淀川さんは、なんとルビッチの同名のサイレント映画との比較から説き始める。〈愛に濡れた三人の美女〉が登場する可憐なルビッチの『三人の女』(24)とは対照的に、一番、強烈な印象をあたえる老夫婦のセックスシーンのおぞましさに触れながら、さらに、女たちの内側に食いこんでいくようなアルトマンの容赦ない残酷さ、するどい眼差しをめぐって延々と書き綴っていくのだ。もはや、〝てにをは〟すらも怪しい、まるでシュールレアリスムの自動筆記を思わせる、奔放かつ妄想が自己増殖していくかのごとき熱い生原稿を読みながら、軽いめまいに襲われたことを憶えている。

なかでも、《涙ぐましいアメリカ開拓精神が西部の砂ほこりの中に消え去って、今ここに、からからに渇いた白い砂と赤ちゃけた土の上にセックスだけが陽炎《かげろう》のようにゆらめいている》(『淀川長治集成I　私が知った愛した監督とスタア』所収)という件りなど、『三人の女』の本質を鷲づかみにしたような卓抜な表現である。

その後、恐らくこの映画にもっとも心酔していた相米慎二監督と呑んだ時に、「あの淀川さんの『三人の女』論はすごかったよなあ」と、しきりに感嘆していたことが思い出される。

淀川さんの常軌を逸した映画的記憶については、つとに知られるところだが、私自身、それを目の当たりにした経験がある。当時、新橋駅前にあったヘラルドの小さな試写室で、エリッヒ・フォン・シュトロハイムの16ミリ版『愚なる妻』(22)を、淀川さん、アテネ・フランセの松本正道さんと一緒に見るという機会を得たのである。最初、淀川さんは、六十二年ぶりのシュトロハイムの名作との再会に、どうにも興奮を抑えきれぬ感じだったが、画質があまりに劣悪であったため、次第に、不満げな声を洩らし始めた。しかし、黙って画面を凝視するようになり、やがて、幾つかの重要な場面がカットされていることに気づくと、「ああ、ない！」と大きな呻き声を上げるのであった。

淀川さんには、その直後、「わがストロハイム――『愚なる妻』を中心に」という、やはりペラ五十枚を超える長篇エッセイを書いていただいた。たしか、新宿の紀伊國屋ホールのロビーで待ち合わせたのだが、「これからヴィスコンティの上映会があって、講演をしなくちゃいけないのに、一睡もせずに徹夜で、この原稿を書き上げたんだから。頭の中は、もう空っぽよ、どうしてくれる！」と苦笑混じりに言われた時には、思わず、原稿を受け取る手が震えてしまった。

このシュトロハイム論は、神戸で『愚なる妻』が封切られた際に、米国版の超特大ポスターが街中いたるところに貼られていた幼少期の光景を回想し、無念にもカットされたシーンを延々と再現していくという鬼気迫る論考だった。とりわけナイフで惨殺され、下水に捨てられたシュトロハイム演じるカラムジン伯爵の死体から吹き出た血を一匹の黒猫がなめて走り去るエンディングなど、読んでいて、その光景が浮かんできてしまい、背筋がこわばるほどであった。

ちょうど、この頃、女性ファッション誌「マリ・クレール」で、淀川長治、蓮實重彥、山田宏一各氏による映画鼎談の連載が始まった。後に大著『映画千夜一夜』としてまとめられることになる、この連載は、ふたりの稀代の映画批評家が大先達である淀川さんから、ありったけの映画の記憶を引き出してしまおうという機略と愉悦に満ちた、空前絶後の〈映画史〉講義でもあった。

淀川さんは、当時すでに映画解説者としては国民的なスターといえる存在だったが、晩年、蓮實、山田両氏によって、特異な審美眼を持つ傑出した批評家としての側面がクローズ・アップされたことは本当によかったと思う。

私が強く印象に残っているのは、「映画の友」編集長時代に、淀川さんが、木下恵介により『楢山節考』の映画化が決定した際、原作者の深沢七郎に行なったインタビューである（『淀川長治集成Ⅲ　私の映画の時間・旅と雑学』所収）。原作に深い感銘を受けた淀川さんは、深沢七郎に、カール・ドライエルという監督を御存知ですかと、しきりに尋ねている。

――〝裁かるるジャンヌ〟とか〝吸血鬼〟とかとても楢山の雰囲気に似た描写の好きな監督なんです。あまり似ているのでちょっとお聞きしたのです。

「見ておりません。そんな似たような人の映画を見ていなかったので、よかったと思います。見ておりますと心が移りまして」

このやりとり自体が深沢七郎の小説の一節のようだが、カール・ドライヤーの妖気ただようフォークロアの世界と楢山伝説を結び付けてしまうイマジネーションには愕然としてしまう。淀川さんの凄みは、こういうさりげないインタビューにも垣間見えるのである。

（「キネマ旬報」二〇〇九年四月下旬号）

## 伊丹十三にとって〈映画〉とは何だったのか

二年前（二〇〇九年）、私が編集した今野勉さんの傑作メモワール『テレビの青春』（NTT出版）のエピローグで、今野さんが、《伊丹十三は、テレビの仕事を続けていれば死ななかったのではないか、（……）伊丹は、稀にみるテレビ人だった、と今にして思う》と書いていたくだりがずっと気になっている。

最近、『奇跡』（01）を撮った是枝裕和監督に取材で会った際にも、その話題をあえて持ち出してみた。周知のように、是枝さんは今野さんたちが立ち上げたテレビマンユニオンに憧れて入社し、数々のドキュメンタリーを作った後、映画監督になっている。その是枝さんが、テレビマンユニオン時代に、後に著作権をめぐって裁判沙汰にまで発展する伊丹十三製作総指揮、黒沢清監督『スウィート・ホーム』（89）のメーキングをつくったことを今回の取材で初めて知ったが、彼もやはり「伊丹さんはなによりも優れたテレビ人でしたよね」と語っていた。

今、私の手元には「話の特集」の一九八三年七月号に掲載された「特権的映画学講座」と題された蓮實重彥と伊丹十三の対談がある。この対談は、かねてより伊丹が蓮實重彥の講演があるとオートバイで駆けつけるほどの熱烈なファンであることを知った同誌の編集者鈴木隆さん（彼は同誌の伊丹の翻訳物の連載「主夫と生活」と蓮實の連載「シネマの煽動装置」の担当者でもあった）が、二人に話を持ちかけ、実現したものである。

その頃、『監督 小津安二郎』を刊行したばかりの蓮實重彥は、小川徹が〈ウルトラ・スーパー批評家〉と命名したように、絶大な影響力を誇っていた。万田邦敏が彼を教祖として崇拝するシネフィルたちを、自虐とアイロニーを込めて〈ハスミ虫〉と呼称したのもこの頃であった。

当時、私は、この対談を読んで、まるで夏休みの宿題を提出した中学生が先生に褒められて狂喜しているような、ほほえましい印象を受けた。だが、一方で、ニコラス・レイの『北京の55日』（63）をはじめ数多くの映画の現場を体験している伊丹十三ともあろう人がこれほど無邪気なハスミ虫になってしまってよいものだろうかと思ったものだ。

伊丹さんは、その翌年、八四年に『お葬式』で監督デビューする。『お葬式』は「キネマ旬報」のベストワンを始め、映画賞を総なめにして、興収十五億円を超える記録的な大ヒットとなった。しかし、伊丹さんがもっとも称賛を期待したであろう蓮實重彥は、最初の試写の際、本人の前で作品を酷評し、以後、ふたりが言葉を交わす機会はなかった。

当時、「月刊イメージフォーラム」の編集者だった私は、伊丹さん自身の執筆になる『お葬式』の製作ノート（のちに加筆されて『「お葬式」日記』の題で文藝春秋より刊行され、ベストセラーとなった）を掲載するために、経堂にあった伊丹さんのマンションに何度かうかがった。その時の話題でもっともよく出る名前は、当時、蓮實重彥が絶賛していた商業映画デビューしたばかりの黒沢清であり、周防正行だった。

伊丹映画は、『お葬式』をのぞいて、批評家筋からは必ずしも好意的な評価は得られなかったが、とくに第三作『マルサの女』（87）以降は、周到なマーケティングと時代感覚を武器にことごとく大ヒットし、混迷する日本映画界で、自他ともに認める唯一のヒットメイカーとして揺るぎなき存在となっていった。伊丹さん自身、ふっきれたように批評よりも興行成績を重視し、ひたすら〈当たる〉映画を撮り続けることが、低迷する日本映画界の復権につながると思い込もうとしていたように見える。

あれは、一九九一年だったろうか。『あげまん』（90）がビデオ化されたのを機に、「AVストア」で、ひさびさに伊丹さんにインタビューすることになった。伊丹さんはもはや無邪気なシネフィル的言説は封印していたが、逡巡しながらも言葉を選ぶように誠実に語ってくれた。たとえば、「批評と現場が相互に影響しあう関係がなくなりつつあるのでは」とちょっと意地悪く問うた私に次のように答えている。

《皆無ですね。これは以前、書いたことがあるんですが、結局われわれ映画の現場の人間は、未開人みたいなものでね。そこへ文化人類学者がやってきて、未開の文化の神話構造を分析してくれたりするんですが、それによって、未開人がつくっている石器なり、トーテムポールなりに影響を与えるかというと全然関係ないんですね。映画というものを、製作の現実的な基盤から全く抽象的に切り離して批評することは、ひとつの方法なんでしょうけど、それで映画がよくなるとは思えない。映画って、やっぱり手作業でもあり商売でもあるわけで、よほど現実をふまえてものを言ってもらわないと、現場には届かない。その理論なり方法論によって、こっちの映画のつくり方まで変わっちゃうような、刺激的で新しい批評というものがあれば、僕も喜んで聞きたいと思いますけどね》

思えば、インタビューした場所は、後に伊丹さんが自死することを選んだ彼の麻布のプロダクションョン事務所だった。

晩年、伊丹十三は、たびたび公の場で、映画監督こそはそれまでの自分のすべてのキャリアを統合できる天職である、と語っていたが、ほんとうにそう信じていたのだろうか。

伊丹さんが、そう発言する時に、父である偉大な映画監督・伊丹万作をつねに意識していたことは間違いないだろう。しかし、私は、伊丹さんの映画には、伊丹万作作品が持つ軽妙洒脱、諧謔味あふれる、かわいた諷刺精神は見出せなかった。だが、彼の初期のエッセイとテレビマンユニオン時代につくったTVドキュメンタリーには、間違いなく、同様のエスプリを感じ取ることができるように思う。

たとえば処女作『ヨーロッパ退屈日記』（文藝春秋）の冒頭近くに、「これは本当に映画だろうか」というエッセイが入っている。これは、一九六〇年代のはじめに、ロンドンのナショナル・フィルム・シアターでジャン・ヴィゴの『新学期・操行ゼロ』と『アタラント号』の二本立てを見た時の感想で、少し長いが引用する。

《およそ天才の創った映画を見ていると、それ以前のコンヴェンショナルな作品に対して、これは本当に映画だろうか、という問いを投げかける作者の言葉が聞えてくるように思われます。これはとても重要なことです。なぜなら、映画の世界ほど新しい実験の困難なところはなく、実験のないところに新しい伝統の生まれてくる道理がないとするならば、われわれは古い主題の巧妙なヴァリエイション、古い枠の中でのテクニックの高度の洗煉、といったものに眩惑され、同化されないために、常に「これは本当に映画だろうか」という問いを心の中に持ち続けることが必要であると思われるからです》

これは、恐らく、日本人によって書かれた最初期のジャン・ヴィゴについての、そしてきわめて秀逸な批評であると思う。蓮實批評に出会うはるか以前に、伊丹十三の審美眼は際だっていたことが了解されるのである。

花田清輝も遺著『箱の話』（潮出版社）で、『女たちよ！』（文藝春秋）のピーター・オトゥールを描いた伊丹のスケッチを絶賛し、庄司薫の小説の過小評価と並べて、《批評家には同時代の才能がわからない》と嘆息していたことが思い出される。

テレビマンユニオン時代の作品では、二日酔いの精神状態をユーモラスに映像化した怪作など彼の薀蓄エッセイそのままの面白さだが、今でも鮮烈に記憶に焼き付いているのは、伝説の蒸気機関車Ｄ51を描いた『遠くへ行きたい』の一エピソードである。

レポーターをつとめた伊丹十三は、最後の走行となるＤ51を必死に撮ろうとする鉄道撮影マニアやマスコミの狂乱ぶりを密着取材する。そして、ラスト、雪原のはるか遠方にＤ51が見えた瞬間、視点が切り替わり、Ｄ51の運転席に据えたカメラから、一斉に無数のファインダーをむけている不気味な群衆を映してエンドとなる。その皮肉たっぷりな批評精神は見事であった。

映画俳優としても、記憶に残る作品がいくつかある。なかでも、加藤泰監督の『男の顔は履歴書』（66）で、伊丹十三は主人公の医師安藤昇のイノセントな熱血漢の弟を演じているが、韓国人役の真理明美との悲恋の果てに、ふたりが銃弾に倒れ、折り重なるように死んでいく哀切に満ちた美しいシーンは忘れられない。

私は、これから、伊丹十三が再評価されるとすれば、映画監督としてではなく、むしろエッセイスト、映画俳優、テレビマンとしての仕事ではないだろうかという気がするのだ。（11・05）

## 伝説となった湯布院映画祭のマキノ雅広特集

ここのところ、東映名誉会長の岡田茂、長門裕之、と日本映画の黄金時代を担った映画人の訃報が続いている。

先日、「キネマ旬報」の岡田茂追悼特集のために、鈴木則文監督に話を伺う機会があった。実に愉しい取材で、あらためて鈴木則文という映画監督の人間的な魅力に触れた思いだったが、そういえば、鈴木監督には、かつて、一九九一年の湯布院映画祭「マキノ雅広監督特集」の際に、インタビューしそびれてしまったことを思い出した。

地元の有志による映画祭の草分けである湯布院映画祭の長い歴史の中でも第十六回のマキノ雅広特集は、そのゲスト陣の豪華さ、派手やかさにおいて、今や、伝説となっているといっても過言ではないだろう。

実は、その当時、「AVストア」の編集長だった私は、マキノ雅広監督の絶妙な語り口を生かし、インタビュー形式で、名著『映画渡世 天の巻・地の巻 マキノ雅弘自伝』のビデオ版を作れないだろうかという夢のようなことを考えていた。その誇大妄想めいた企画を、社長が面白がって、ぜひやってみようという話になった。

すぐさま、マキノ監督の自宅に伺い、企画の趣旨を説明すると、ご快諾をいただいた。ちょうど、その年の湯布院映画祭で、カツドウ屋人生八十周年を祝って大規模な「マキノ雅広特集」を開催するというので、まずは、私が陣頭指揮を執り、プロのスタッフを使って、この映画祭の模様を完全ドキュメントすることになった。

前夜祭のパーティの感動的な光景は、今でも鮮やかに脳裏に浮かんでくる。

最後のお礼の挨拶で、マキノ監督が「親の代から、四つの時から、ヤクザな家業と言われ、人の家の前で頭を下げて撮影させていただいて、道路でやったら、ヤクザに怒鳴られ、殴られて、それでもカメラだけは大事に持って逃げた——」と滔々と幼少期のつらい思い出を語りだすと、にぎやかな会場は水を打ったように静まり返った。

そして、最後に、声をふりしぼるようにして、「日本映画には情感しかないんです。どうか、皆さん、日本映画を見てやってください」と切々と訴えるマキノ監督は、まるで後光が射しているかのように神々しかった。割れんばかりの拍手が沸き起こり、その時、会場にいた全員が泣いていた。

翌日は、映画評論家山根貞男さんの司会で、マキノ監督と弟子である岡本喜八、笠原和夫、澤井信一郎、鈴木則文各氏によるシンポジウムが開かれたが、とっておきの爆笑エピソードが次々に披露され、あれほど腹を抱えて笑ったトークイベントというのは、それ以前にも以後も記憶にない。

当時、こんな超豪華メンバーが一堂に会するのは東京では絶対に不可能であり、さっそく、各人にマキノ監督の魅力についてお話を伺ったのだが、終始マキノ監督の車椅子を押していた鈴木則文監督には、なかなかゆっくりインタビューをする時間がとれなかったのだ。

このマキノ特集の最大の目玉は、東宝の『次郎長三国志　第八部　海道一の暴れん坊』(54)をニュープリントで上映したことだった。マキノ雅広監督の代表作であるこのシリーズの中でも最高傑作といわれた『海道一の暴れん坊』は、ラストで、森繁久彌演じる森の石松が闇討ちにあい、つぶれた片目が開いて、御詠歌の流れる中、名状しがたい表情を浮かべて絶命する瞬間の無常感が忘れられない。

このインタビューで、私が最も印象に残ったのは、笠原和夫さんの「マキノさんのヒューマニズムの奥底にあるのは、大正アナーキズムだ」という言葉だった。笠原さんによれば、〈マキノ監督七年周期説〉というのがあり、マキノ監督は七年ごとにスランプに陥るそうなのだが、その鬱がきわまった時には、「泉鏡花を思わせるような極端な耽美主義に沈潜することがあり、その時のマキノさんは溝口健二を越えている」とまで語っている。

たしかに、湯布院映画祭で上映された作品のなかには、『鴛鴦歌合戦』(39)『待って居た男』(42)といった娯楽映画のエッセンスのような明るく軽妙洒脱な逸品もある。

しかし、いっぽうで、『海道一の暴れん坊』のラストや、大友柳太朗と千原しのぶが、破滅的な狂気の愛に殉じる『仇討崇禅寺馬場』(57)、それに、やはり大友柳太朗が、領主に恋仲だった丘さとみを奪われて復讐の鬼と化し、全身に九十九の刀傷を背負って帰郷する『港まつりに来た男』(61)には、奈落の底を垣間見るような悲愴美が感じ取れるのだ。ちなみに笠原のオリジナルシナリオによる『港まつりに来た男』は、私が最も愛するマキノ映画である。

当時は、笠原和夫さんの言葉に大いに刺激され、大正アナーキズムという視点から眺めると、ビデオ版『映画渡世』は、かの名著とは違った色合いが出せるのではないかなどと妄想はふくらむばかりであった。

しかし、やがてバブル崩壊で、ビデオ業界も急速に冷え込み、数年後には会社が倒産の憂き目にあって、結局、私の手元には、この湯布院映画祭の六時間ほどのビデオ映像だけが残った。

九三年にはマキノ雅広監督も逝去された。

私は、あのマキノ監督の感動的なスピーチを含めて、この貴重な証言を満載したドキュメントの散逸だけはなんとか避けたいと思った。そこで、当時、立命館大学に設立されたばかりの「京都映像文化デジタル・アーカイヴ　マキノ・プロジェクト」に、そっくり寄贈することにしたのである。

いつしか、ゲストで登壇した岡本喜八監督、笠原和夫さんも鬼籍に入られてしまった。

年はめぐり、二〇〇六年、東映から『マキノ雅弘・高倉健』ＤＶＤボックスが発売された。その特典映像として「映画監督・マキノ雅弘　'91湯布院映画祭マキノ雅弘監督特集記録」が収録されることになった。一時間ほどに編集されたバージョンだが、幻の湯布院映画祭マキノ特集が、こんな理想的な形でよみがえったことは嬉しくてならなかった。

そういえば、湯布院映画祭が終わった直後に、「ＡＶストア」でも「マキノ雅広特集」を組み、愛弟子である岡本喜八、澤井信一郎両監督の対談を企画したことがある。たっぷり二時間あまり、それぞれ、東宝、東映という異なった撮影所における師匠マキノ雅広監督の作品の魅力を縦横に語っていただいたが、これは実に刺激的な読み物であった。当時、「キネマ旬報」編集長だった植草信和さんが、これを読んで、「よく、こんな豪華な対談ができたね、うらやましい」と語っていたのが思い出される。

実は、この対談は、ページの都合で、そのほんの一部しか採録できなかったのがずっと悔やまれてならなかった。今もそのテープは手許にあるのだが、どこかの媒体で、完全誌上採録ができないだろうか。今となっては、きわめて貴重な映画史的な資料だと思う。（11・06）

「AVストア」の岡本、澤井対談の完全版は、二〇一二年刊行の『しどろもどろ　映画監督岡本喜八対談集』（ちくま文庫）に収録された。

## 原田芳雄、林美雄、そして「サマークリスマス」

原田芳雄が二〇一一年七月に亡くなって、そろそろ四十九日を迎えようとしている。

ちょうど、追悼特集を組むことになった「キネマ旬報」（二〇一一年九月下旬号）から「歌手としての原田芳雄」というテーマでエッセイを依頼され、さらに、『赤い鳥逃げた？』（73）『祭りの準備』（75）『寝盗られ宗介』（92）『父と暮せば』（04）などの原田芳雄の代表作の撮影を担当した天才キャメラマン鈴木達夫にインタビューする機会もあって、否応なく、この稀有な映画俳優に想いを馳せることになった。

日活でのデビュー作『反逆のメロディー』(70)を封切りで見ている私のような世代にとっては、原田芳雄とは、一九七〇年代という時代そのものを体現する存在であり、また、同時に、林美雄という名前と分かち難く結びついている。

いうまでもなく、林美雄は一九七〇年代の始めに、TBSの深夜放送「パックインミュージック」のパーソナリティを務めていた伝説のアナウンサーである。

林美雄が、当時、まったく無名だった荒井由実を発掘したこと、七一年の夏に封切られた藤田敏八監督の『八月の濡れた砂』を熱狂的に擁護し、毎週のように映画で使われた石川セリの主題歌を流したのがきっかけで、翌年レコードが発売され、歌手石川セリが誕生したこと、その石川セリをゲストに呼んだ際、たまたま井上陽水がパックに来ていて、その出会いから結婚に至ったこと、などなど数多の伝説的なエピソードには事欠かない。

緑魔子が歌う「やさしいにっぽん人」、石原裕次郎の「憎いあンちくしょう」、荒木一郎の「僕は君と一緒にロックランドに居るのだ」、『日本春歌考』で吉田日出子が歌った「雨ショポ」こと「満鉄小唄」、『私が棄てた女』で流れた渡辺マリの「東京ドドンパ娘」、亀渕友香の「ひとりぼっちのトランプ」など、林パックで聴いた、さまざまな歌の断片がよみがえってくる。

原田芳雄も林パックの常連で、時おり酔っ払っては、当時、弟分だった松田優作を引き連れてスタジオに乱入し、ギターの弾き語りで、「プカプカ」「愛情砂漠」などを熱唱していたことも忘れがたい。

一九七五年の一月十九日、新宿厚生年金会館大ホールで、林美雄が、企画・プロデュース・司会を務めた「歌う銀幕スター、夢の狂宴」というイベントがあった。渡哲也、菅原文太、宍戸錠、藤竜也、中川梨絵、桃井かおりらが出演した、この今や伝説となっている一夜限りのコンサートは、演出が『青春の殺人者』(76)でデビューする前の長谷川和彦で、構成が先頃急逝した脚本家の高田純だった。

もはや、三十五年以上も前の舞台だが、中でも、もっとも強烈に記憶に残っているのが、原田芳雄が歌った「プカプカ」「早春賦」「黒の舟唄」であり、宍戸錠に日の丸の旗をすっぽりかぶせられた鈴木清順監督が朗々と歌った「麦と兵隊」だった。

この幻のイベントの映像を、最近見る機会があった。

二〇〇二年に林美雄が胃がんで亡くなった後、しばらくして彼を偲ぶ熱心なファンが自然発生的に集まり、「ハヤシヨシオ的メモリアルクラブ」という名前を名乗り、毎年、八月二十五日に「サマークリスマス」というささやかな呑み会を開いている。

「サマークリスマス」とは、元々は林美雄の誕生日を祝うイベントで、「どうしてクリスマスは冬にしかないんだろう? 夏にあってもいいじゃないか。僕の誕生日は八月二十五日。夏のクリスマスをリスナーのみんなに祝ってほしい」という林自身のまことに虫のいい呼びかけから始まったものであった。

私もいつの頃からか、この会に参加するようになり、これまで、林美雄にゆかりのある日活ロマンポルノの名優・高橋明さんや女優の中川梨絵さんをゲストにお呼びしたこともある。

そして、今年は、原田芳雄追悼ということもあり、林美雄夫人の文子さんが秘蔵する、DVDに起こしたこの幻の「歌う銀幕スター　夢の狂宴」の映像を特別上映したのだ。

原田芳雄は『反逆のメロディー』で共演した佐藤蛾次郎が歌う「もずが枯木で」をはさんで、「プカプカ」「早春賦」「黒の舟唄」を歌っていたが、ほとんど記憶していた通りなので、われながら驚いた。

原田芳雄の歌といえば、日活ニューアクションのアンチ・ヒーロー像をそのまま体現した男くさいブルースという印象が強いが、どちらかといえば、両性具有的な魅力がある。「プカプカ」にしても、途中から〈あたい〉という女性の語りに変化する瞬間、トーンがふっと柔らかくなるし、荒木一郎とデュエットした「ミッドナイトブルース」など荒木一郎のほうが男性的で、原田芳雄のほうが精一杯、シャウトしているにもかかわらず、手弱女《たおやめ》風に耳に聴こえるのだ。

鈴木達夫さんがキャメラを回した『寝盗られ宗介』で、越路吹雪ばりのドレスアップした女装姿で「愛の讃歌」を絶唱するクライマックスなど、そんな原田芳雄の倒錯的な魅力が一気に開花した名場面といえるのではないだろうか。

今年の「サマークリスマス」のサプライズ・ゲストは、『祭りの準備』で原田さんの妹を演じた桂木梨江さんで、桂木さんは、『祭りの準備』の現場の想い出を切々と語ってくれたが、これには感銘を受けた。封切り以来、久々に『祭りの準備』を見直すと、桂木さんの演じた、ヤクザにヤク中にされ、頭がおかしくなって帰郷した妹は、主人公の江藤潤の恋人・竹下景子よりもはるかに重要な役で、ちょうどフェリーニの『8½』のサラギーナのような邪悪さとイノセンスの両義性を体現するヒロインなのだった。

鈴木達夫さんは、インタビューの中で、原田芳雄さんが、帰ってきた桂木梨江さんを無言で行水させる名場面は、その場で原田さんが思いついたアイディアだと語っていたが、桂木さんに聞いてみると、まさにその通りだという。

桂木さんは「原田芳雄という兄貴のことを思う時に、バブルが始まった八〇年代以後ではなく、未だにさまざまな可能性をまさぐっていた七〇年代という時代のことをもっと真摯に考えなければいけないような気がします」と話していたが、私も深く同意したい。漠然と、数年前から『林美雄とパックインミュージックの時代』という本をつくりたいと思っていた。もちろん、林さん御本人は、亡くなってしまっているので、ちょうど、ジョージ・プリンプトンの『トルーマン・カポーティ』（新潮文庫）のように、林美雄と関わりのあったさまざまな有名・無名の方々に話を聞き、オーラル・ヒストリーの形で、林美雄と深夜放送というカルチャーが最も輝きを放っていた、あの時代をとらえてみたいと考えていたのだ。

そして、まず、最初にインタビューしなければと思っていたのが、原田芳雄だった。まさに、その矢先の突然の死であった。

加藤泰監督の『遊侠一匹』（66）の主題歌「何が粋かよ」の〈何が粋かよ　気が付くころは　みんな手おくれ　吹きざらし〉という一節が身に沁みてくるようだ。

もはや、残された時間も人間も少なくなってきている、とあらためて自分を鼓舞しているところなのである。

（11・09）

二〇一六年五月、柳澤健の力作ノンフィクション『1974年のサマークリスマス　林美雄とパックインミュージックの時代』（集英社）が上梓された。

## 安田南　いま、いずこ

前回、TBSの深夜放送「パックインミュージック」のアナウンサーである林美雄のことを書いたが、もうひとり、一九七〇年代を駆け抜けていった、忘れがたいパーソナリティがいたことを思い出した。伝説のジャズシンガー安田南である。

先頃、「東京人」の二〇一一年三月号で「青春のラジオ深夜放送」という特集が組まれ、山崎浩一が、「『雑誌の時代』のラジオ。」というエッセイで、FM東京の深夜番組「きまぐれ飛行船」のパーソナリティだった安田南について、《番組から謎の失踪を遂げてしまうのだ。そして、なんと三十三年たった今も、彼女の消息は杳として知れないのだという》と書いていた。

そして、この一文に、坪内祐三が「本の雑誌」五月号の「読書日記」で嚙みついたのだ。いくつかの書き手の名前を挙げたあと、坪内さんは次のように書いている。

《(……)山崎さんあなたもか。安田南はもう何年か前にガンで亡くなり、ガンで闘病中の彼女を励ますイベント(赤瀬川原平さんや秋山祐徳太子さんらも参加)の紹介記事が某大新聞に載ったというのに。(……)安田南は不思議なブラックホールなのだろうか》

この一節には、やりきれぬような、鈍い衝撃を受けた。そうか、もう、すでに安田南は亡くなっていたのか。

一九七〇年代の半ば頃だったが、FM東京の月曜日深夜一時から三時まで、「きまぐれ飛行船」というステキな番組が始まった。メインパーソナリティは、当時、小説家として活躍を始めたばかりの片岡義男で、相方を務めたのはジャズシンガーの安田南だった。このふたりの、まさに、きまぐれというか、とりとめのない会話がなんとも魅力的で、当時、若者に媚びるような、あるいは説教じみたご託宣をふりかざすディスクジョッキーが多かった深夜放送の中では、きわめて貴重な番組だった。まったく、役に立たない、無為そのものを目指すようなノンシャランな雰囲気は、格別なものがあった。

安田南は当時からすでに、ある種、伝説的な存在で、原田芳雄の十八番《オハコ》である名曲「プカプカ」のモデルであることは広く知られていた。

安田南は、原田芳雄と同じ俳優座養成所出身で、その後、自由劇場、黒テントの舞台にも立った。当時、小林信彦が「話の特集」の連載「世直し風流陣」で、黒テントの舞台で阿部定に扮した安田南が歌った「モリタート」（「マック・ザ・ナイフ」）を聴いてあまりのすばらしさに陶然となり、自分もジャズ歌手を目指す妄想にかられる、という爆笑もののエッセイを書いていた記憶がある。

安田南は、「話の特集」や創刊されたばかりの「ワンダーランド」（「宝島」の前身だ）にも、飾らない乾いたトーンの魅惑的なエッセイを書いていて、それらはのちに『みなみの三十歳宣言』（晶文社）に収められたのではなかったか。

永い間、安田南のアルバム『South』『Sunny』は、私の愛聴盤だった。スタンダード・ナンバー中心で、山本剛トリオがバックを務めているが、『Sunny』のなかに「赤とんぼ」と「フライ・ミー・トゥ・ザ・ムーン」を合わせたナンバーがあり、安田南は、日本語の歌の方がよいのではないか、と漠然と思ったりもした。

それは、初めて聴いた彼女の歌が、映画『赤い鳥逃げた?』の主題歌「赤い鳥逃げた?」と「愛情砂漠」（作詞・福田みずほ、作曲・樋口康雄）だったせいかもしれない。

安田南が歌う「透かし彫りのように　街がきれいだ」「信じはじめたばかり　風がきれいだな」という「赤い鳥逃げた?」の一節、あるいは「人の心は水玉模様　いつも丸くて冷たいね　はじけ散るのは夢ばかり」という「愛情砂漠」の一節などは、今聴いても心に沁み入ってくるような透明感のある哀しみと切なさ、抒情がある。

「きまぐれ飛行船」に出演していた最後の頃は、記憶がかなりあいまいなのだが、急に、安田南に連絡が取れなくなったのではなかったろうか。

その頃、多分、一九七八年ぐらいだと思うが、安田南が、番組の中で話している途中、突然号泣し始めたので、ラジオを聴きながら驚いたのを憶えている。たしか、愛猫が死んだばかりで、急に哀しみがこみあげてきたらしいのだが、数分間も、泣き続ける安田南を、そのまま受け止め、だまって聞いている片岡義男もなかなかすごいと思った。

安田南の歌からもうっすらと感じとれる繊細さ、傷つきやすさがはっきりと露呈した瞬間だった。

そういえば、若松孝二監督の問題作『天使の恍惚』(72)で、横山リエが演じたクラブ歌手、過激な革命戦士は、最初、安田南が演じる予定だったが、クランク・イン直前になって降板したという有名なエピソードがある。

足立正生は『映画/革命』(河出書房新社)で、安田南は芝居ができないので降りてもらったと語っている。しかし、安田南は、俳優座養成所出身で、黒テントの舞台に何度も立っているのだから、演技ができないなどということはありえないと思う。私は以前、若松監督から直接、安田南はシナリオを読んで、作品に対する激烈な批判文を突きつけ、自ら降りた、という話を聞いている。多分そちらが真相ではなかろうか。

結果としては、激しいセックスシーンがふんだんにある『天使の恍惚』は、若松監督の『秘花』(71)などのピンク映画にも出ている横山リエこそふさわしかったようにも思える。なによりも、劇中で彼女が歌う「ウミツバメ」と「ここは静かな最前線」は、鮮烈で忘れがたい印象を残した。

最近、『天使の恍惚』のサントラ盤を入手した。ライナー・ノートには映画用音楽テープからの最新マスタリングとあるが、横山リエの歌う二曲と、中村誠一、森山威男という最強メンバーの第一期山下洋輔トリオが、すさまじいプレイを繰り広げ、絶頂期の日本のフリージャズと最前線の日本映画の奇跡的な遭遇を刻印する、すばらしいアルバムである。

そして、この中に、「ウミツバメ Ver.2」（横山リエ＋山下洋輔トリオ）という演奏が収められているのだが、何度聴き直しても、歌っているのは明らかに、横山リエではなく安田南なのだ。

恐らく、クランク・インの前に御手合わせのような感じで吹き込んだ演奏だろうが、日本のジャズ史上、こんな貴重な音源が残っていたことに感謝したいと思う。

荒涼としたメランコリックな味わいのある横山リエの歌唱と較べると、山下洋輔トリオの壮絶でダイナミックな即興演奏に対峙する安田南は、原曲のメロディアスなトーンを完全に壊し、まるでオペラのアリアのような荘厳さで、朗々と歌い上げている。彼女のアルバムでは聴くことのできない、ある意味では演劇性を強く感じさせる、安田南の女優としての可能性を垣間見させる、すばらしい絶唱である。

この激しくも感動的なナンバーを聴いていると、安田南が主演した幻の『天使の恍惚』を見てみたかった、という想いに駆られてしまうのだ。

（11・09）

## 若松孝二をめぐる個人的な回想

二〇一二年十月十七日、若松孝二監督が交通事故で急逝という知らせに、しばし茫然となる。がんを二回も克服した並はずれた強運の持ち主だったはずなのに、まさか、こんな意想外な形で亡くなってしまうとは。

運命というものの酷薄さ、理不尽さに思いをはせるほかない。

若松孝二のような半世紀近くにもわたって日本映画の最前線に屹立し続けた伝説的な人物については、その映画に出会った時代によって、さらに世代ごとにまったく違った相貌をみせるはずである。ここでは、あくまで私の個人的な眼から見た若松孝二のことを語ってみたい。

私が学生だった一九七〇年代の半ば頃、若松孝二はすでに映画ファンの間では鈴木清順と同様に、神格化された存在だった。若松プロの同伴批評家ともいうべき平岡正明の著作を愛読していたこともあり、当時、映画研究部に入部したばかりの私は、さっそく『性賊／セックス・ジャック』(70)と『処女ゲバゲバ』(69)の二本立てを企画し、当時、若松プロがあった原宿のセントラルアパートに現金を持って、フィルムを借りに行った。

その時、応対したのは眼鏡をかけた若い痩せぎすの男で、「いまどき、学園祭で若松のピンクをやるんだ?」なんて皮肉めいたことを言われたのを憶えているが、その男はもしかしたら、荒井晴彦ではなかったろうか。当時、荒井晴彦は、若松プロで助監督をしており、若松監督の『秘花』(71)や『濡れた賽ノ目』(74)などのシナリオを書いていたはずである。

その頃、若松孝二監督は過激な問題作『天使の恍惚』を撮って以後、シラケ気分が蔓延する時代との緊張関係が途絶え、やや失速状態にあったように思う。当時私は、新宿昭和館地下で、『㊙女子高校生　課外サークル』(73)、根津甚八が映画デビューした先述の『濡れた賽ノ目』などの彼の新作を見ているが、同時代の神代辰巳、田中登が撮った日活ロマンポルノの傑作と較べると、どうしても見劣りしてしまう気がした。

そして時はめぐり、一九八二年に、私は「月刊イメージフォーラム」の編集部に入るのだが、入社早々に任されたのが、若松孝二監督の自伝『若松孝二・俺は手を汚す』の大量のテープ起こしの作業だった。

若松さんは、何度目かの黄金期を迎えていた。『水のないプール』（82）でコンビを組んだ脚本家・劇作家の内田栄一と意気投合し、雑誌の版元であるダゲレオ出版の代表、富山加津江さんの発案で、内田栄一さんが聞き手となり、若松さんの語り下しによる自伝を急遽、『水のないプール』の公開に併せて刊行することになったのだ。

若松監督は、だいぶ後になって『時効なし。』（小出忍・掛川正幸編、ワイズ出版）というやはり語り下しの自伝を上梓しているが、この急ごしらえの『俺は手を汚す』のほうが、内田栄一という絶妙な聞き手を得たこともあって、粗削りな分、彼の肉声が活き活きととらえられていると思う。

この自伝には、一九六四年に、『裸の影』という原爆症の女の子を描いた〈社会派〉の問題作でスキャンダルを引き起こし、《その後でやった作品の撮影中に、俺、二人役者さんを殺した》というショッキングな記述がある。

アメリカ映画『手錠のまゝの脱獄』（58）にヒントを得た『誤審』という作品で、福島県南会津郡の温泉場でロケ中に、手錠をしたまま二人の脱獄囚を演じた役者が大川ラインで渓流に足をとられ、行方不明となり、溺死してしまう不慮の事故だった。遺体が発見されたのは、東京オリンピックの開会式の十月十日。若松さんは、以後、仕事がまったく手につかず、廃業も考え、酒浸りになり、役者の亡霊の幻覚を見ることもしばしばだった。ある日、亡くなった役者の母親が若松さんを訪れ、《「うちの息子はとにかく好きな映画で死んだんだ、本望だ。あなたがいくらやけくそになっても、うちの息子が帰ってくるわけじゃない。あなたがいい仕事をすることによって、うちの息子も浮かばれるんだから」》と言ってくれたお蔭で、若松さんは、ふたたび監督をやる気になった。

この事故は、当時、週刊誌や新聞にも大きく取り上げられた。私の故郷である福島で起きたこともあり、また亡くなった俳優の一人、高須賀忍は当時、テレビの昼メロで絶大な人気があったせいもあり、子供心にも鮮烈に記憶に残っていた（後年、彼が新東宝の俳優で、沖竜次の名前で『地平線がぎらぎらっ』（61）等に出演していたことを知った）。

映画は八十パーセントほど撮り終えていて、撮り足せば完成するが、若松さんは、それだけは絶対やめてほしいと会社に直談判し、世に出さなかった。

若松さんは、毎年、ふたりの遺体が見つかった十月十日がめぐってくると、その日は酒を一滴も飲まず供養をすると語っていたが、それは、多分、晩年まで遵守されたはずである。

若松さんには「月刊イメージフォーラム」本誌にも、ビデオカメラで好きなものを撮ってもらう「体験的ビデオ論」という連載で出てもらった。若松さんは、ちょうどその頃、御茶ノ水の全電通ホールとYWCAで開催された「イスラエルのレバノン侵略に関する国際民衆法廷」というイベントをすべて撮ろうと言い出し、私も同行することになった。その日は、早朝から会場に詰めていたので、途中でつい、うとうとしてしまい、若松さんに「眠ってたらダメじゃないか！」と頭をげんこつでゴツンと叩かれた。

問題はその後で、原稿をお願いしたところ、「俺がこれから喋るから、あとはおまえが適当に書いとけ」と言われてしまい、すっかりビビッてしまった。仕方なく、必死で資料を読み込み、ずいぶん補足してなんとか原稿に仕上げた。当時、千駄ヶ谷にあった若松プロの事務所に恐る恐る原稿を持って行ったところ、「うん、よくまとまってる」と褒めてくれた。

その時の「ビデオはプライベートフィルムだ」という原稿は、『若松孝二全発言』（平沢剛編、河出書房新社）に収録されているはずである。

プロデューサーを務めた『赤い帽子の女』（82）を特集した時には、監督の神代辰巳さんと対談してもらい、私が原稿にまとめた。このときは、終始上機嫌で、まったく資質が違う神代さんと

「ワカちゃん」「クマさん」と呼び合いながら、互いを尊敬しあっているふたりの語り口がとても面白く、楽しい仕事だった。

最後に若松さんに会ったのは、それから四半世紀も過ぎて、「キネマ旬報」の『実録・連合赤軍あさま山荘への道程《みち》』（08）特集、『キャタピラー』（10）特集でそれぞれインタビューをした時である。もちろん、若松さんは私のことなど忘れていたが、なによりもその鮮やかな復活ぶりがうれしかったし、ひさびさに話を聞きながら、若松孝二のような真にラディカルなインディーズ・スピリットを持った映画作家が、いかに今の日本映画界に必要とされているかを、ひしひしと実感したのだった。

今、追悼の思いで『俺は手を汚す』を読み直してみて、あの東京オリンピックの時に起きた不幸な事故が、意外に若松孝二の作品に深い影を落としているのではないかと思えてきた。「俺は手を汚す」という題に込められた幾重にも屈折した真情、そして、とくに近年の作品には、さまざまな無念を抱えた〈死者〉たちへの鎮魂の眼差しが色濃く宿っているからだ。

大島渚監督は、かつて川喜多和子さんへの弔辞の中で、《世界はまだあなたを失ったことの大きさを知らない。（……）日本はまだ、あなたがいないことの空白が埋めようもないことを知らない》と呼びかけた。この痛切な言葉は、そのまま盟友である若松孝二監督にもそっくりあてはまるのだ。

（12・11）

## 大和屋竺という映画作家がいた時代

前回、急逝した若松孝二監督のことを書いているうちに、若松プロが生んだ天才的な映画作家、大和屋竺《あつし》のことを思い出してしまった。

大和屋竺さんが食道がんで亡くなったのは一九九三年の一月十六日だから、もうそろそろ没後二十年になる。

あれは、七、八年ぐらい前だったろうか、なにかの試写の後で、中原昌也からヘンな外国人を紹介されたことがある。「ジム・オルークといって、大和屋竺の熱狂的なファンなんですよ」と言われて、その時は、そんなタランティーノをさらに過激にしたような日本映画オタクがいるのかとちょっと驚いたが、私が無知だっただけで、実は、ロック・バンド「ソニック・ユース」のメンバーでもある高名なミュージシャンであり、後に若松孝二に師事し、『実録・連合赤軍　あさま山荘への道程』の音楽を担当したのは周知の通りだ。

ジム・オルークならずとも、大和屋竺が若松プロ時代に撮った『裏切りの季節』(66)『荒野のダッチワイフ』(67)『毛の生えた拳銃』(68)の三本のピンク映画を見れば、世界にもまったく類のない特異な映画作家がいたことに驚くだろう。

ときどき、私も、未知なる才能に溢れる映画に出会うと、これは、まるで大和屋竺みたいだ、と呟くことがある。たとえば、エドワード・ヤンの傑作『恐怖分子』(86)を初めて見たときには、真っ先に『裏切りの季節』を思い浮かべたりもした。

私が最も偏愛する大和屋作品は、『毛の生えた拳銃』で、麿赤兒と大久保鷹のトンチンカンな殺し屋コンビと、彼らの標的たるアンニュイたっぷりな吉沢健が渋谷の街で交叉する場面などが、ふいに断片的に記憶に甦ってきたりする。音楽はチェンバロをバロック風にアクセントに使い、中村誠一と森山威男の白熱したプレイも圧倒的に素晴らしく、これは日本映画史上もっとも過激なフリー・ジャズ・シネマでもある。

そして大和屋さんのエッセイがまた見事なのであった。日本映画史上、これほどの名文を書く映画作家はかつていなかったのではないかと思えるほどだ。

たとえば、大島渚の『白昼の通り魔』や加藤泰の『みな殺しの霊歌』(68)の批評などは、同時代の映画評論家よりもはるかに深い洞察と鋭い知見に満ちていた。マキノ雅弘の『次郎長三国志』シリーズと『性賊/セックス・ジャック』の語り口を比較した「大深刻は大軽薄に裏づけよ」という独創的な若松孝二論にも唸ったおぼえがある。

一九七七年初頭、高い評価を受けていた日活ロマンポルノが大きな曲がり角を迎えた時期の「キネマ旬報」に載った「鎖国の至福、ロマン・ポルノ的なるものをめぐって」という論考には次のような一節がある。

《ロマンポルノという造語の妙は、字義上の矛盾を敢えてくっつけて一緒にしたところにあるようだ。もともとポルノグラフィーという奴は人類の絶望の所産であり、イメージ上の暗黒部分にわだかまっていたものだった。誰がポルノグラフィーを見てロマンチックな気分になぞなれるものか。(……)おそらく、その壊滅の一撃の後にくるロマン・ポルノ系作家たちの悪戦苦闘は、このポルノグラフィーのもつ、恐るべき凍結性――ぎりぎり裸形の人間存在が、いかに不動のものであるかを知り、動かざること山の如きにそれをいかに動かすかということにかかっているのだろう》

ロマンポルノの内部から発せられた鋭い根底的な批判で、当時、読んでいても、大和屋自身の呻き声を聴くような思いがしたものだった。実際、シナリオライターとしてロマンポルノ作品を手がけていた大和屋竺は、『愛欲の罠』(73)以後、新作を撮れずにいたし、八〇年代に入っても、いんちきプロデューサーに騙されるなど、辛酸をなめてばかりいたのであった。

その頃、「月刊イメージフォーラム」の編集者になったばかりの私が、まず心に決めたのは、テーマはなんでもよいから、大和屋竺に原稿を書いてもらうことだった。

大和屋さんの没後、荒井晴彦、竹内銃一郎、福間健二の編集によって纏められた遺稿集『悪魔に委ねよ　大和屋竺映画論集』（ワイズ出版）の目次を眺めると、一九八〇年代の前半に書かれた文章の大半は、私が依頼したものであることに気づく。

たとえば、「カメラを持った裸の少年」は、伊藤高志の実験映画『SPACY』（82）『BOX』（90）を論じてもらったエッセイだが、大和屋さんはとても興奮し、とくに伊藤高志が、尊敬する松本俊夫さんの九州芸工大の秘蔵っ子であることを知ると、我がことのように喜んでいたのを憶えている。

鈴木清順の『カポネ大いに泣く』（85）を特集した際には「ドン・キホーテよ、永遠に　鈴木清順・未映画化シナリオをめぐる断章」を書いてもらった。《これらは清順さんといっしょに脚本を作り夢を見続けたわれわれ、具流八郎とその残党の、青春時代の産物である》と断言しているように、資料としても貴重である。

大和屋さんから原稿を受け取った時には、その後、いつも安い居酒屋でビールを一緒に飲んだ。柔和な笑顔が素敵な人で、その日本人離れした仙人のような風貌には思わず見入ってしまうようなところがあった。

当時、同誌に「日活アクション無頼帖」を連載していた山崎忠昭さんが書いていたエピソードが、ゆくりなくも思い出される。その頃、山崎さんの脚本で、台湾を舞台に、猿の脳ミソを好んで食する美食家たちが、猿の霊に祟られて狂ってしまい、やがて人間の脳ミソを喰わずにはおられなくなるという恐ろしい因果話を大和屋さんが撮る、という企画があったのだという。

一緒に飲みながら、その脚本の話題になると、大和屋さんは、うれしそうにディテールの構想を話し始めるので、こちらは頭がクラクラしてしまうのだったが、当然のことながら、このトンデモナイお話は実現せず、幻の企画となった。

その頃、『ツィゴイネルワイゼン』（80）を成功させ、時代の寵児であったプロデューサーの荒戸源次郎が主宰するシネマ・プラセットで、大和屋竺監督、小泉今日子主演の『スウィング』という映画が企画され、たしか浦沢義雄が書いたシナリオを読んだ記憶があるのだが、あれはどうして駄目になってしまったのだろうか。

〈幻の映画〉といえば、早稲田の「稲門シナリオ研究会」で大和屋さんの先輩にあたる山崎さんによれば、大和屋さんがシナ研時代に監督した『０８１５』という作品があるらしい。これは《血液をテーマにした、いわゆるアヴァンギャルド映画であり、血液銀行、屠殺場、血を売る人々の群れなど、血に関する紅のイメージがめまぐるしく氾濫する圧倒的な迫力篇》であったそうである（『日活アクション無頼帖』）。脚本は後の具流八郎のメンバーで、『ツィゴイネルワイゼン』を書く田中陽造だった。

話をきくと、ジョルジュ・フランジュの『獣の血』（49）という傑作ドキュメンタリーを思い起こさせる。そういえば、昔、日仏学院でジョルジュ・フランジュの『壁にぶつかる頭』（59）を見た時にも、どこか不穏なモノクロの映像が大和屋竺に似ているなと思ったものである。

近い将来、大和屋竺ＤＶＤボックスが出るとしたら、ぜひ、この幻のアヴァンギャルド映画を特典映像で付けてほしいと思う。

（12・11）

## 〈元祖オタク〉のシナリオライター、山崎忠昭について

先日、どこかのソフトメーカーから、突然、昔のテレビアニメをＤＶＤ化するので脚本を手がけた山崎忠昭さんの著作権継承者を教えてほしいという電話があった。

なぜ、そのような問い合わせがくるのだろうといぶかしく思ったが、すぐに、二〇〇七年、私が山崎忠昭さんの遺稿集『日活アクション無頼帖』（ワイズ出版）を編集したせいだと得心がいった。

『日活アクション無頼帖』は、一九八三年から八六年にかけて山崎忠昭さんが「月刊イメージフォーラム」に連載していたメモワールである。ホン読みというシステム、プロットライターという職能に関するひねりのきいた考察があり、鈴木清順の『野獣の青春』（63）や中平康の『危《やば》いことなら銭になる』（62）など、山崎さんがシナリオを手がけた傑作の製作秘話が語られ、そして不遇時代の虫明亜呂無や長谷部安春、神代辰巳、佐藤重臣ほか映画人たちの爆笑エピソードが次々に披瀝される。まさに、日活無国籍アクションを中心とした六〇年代カルチュア・グラフィティとしても出色の面白さである。

山崎忠昭さんは、六〇年代後半には映画界を離れ、テレビアニメの世界で活躍するようになるが、私はその方面にはまったく不案内なため、この遺稿集のために、テレビアニメのシナリオで共作することが多かった雪室俊一さんにインタビューをした。

雪室俊一さんは、山崎さんの独特の作風を次のように分析している。

《たとえば、『ルパン三世』もそうだけど、非日常の世界を書かせたら、山崎さんは冴えるんです

よ。だから逆にホームドラマみたいなのは苦手で、書けないんですよ。（……）山崎さんは原作を換骨奪胎するのがうまいんですよ。（『ムーミン』で）「無駄じゃ、無駄じゃ」なんて言っているジャコウネズミとか渡り鳥のようなスナフキンとか、ノンノンの兄貴のエリート、スノークとか、ああいう面白いキャラクターは、全部、山崎さんがつくったんですよ。だって、原作を読んだら、たんなるのどかな話で、ほんとにつまんないんでびっくりしましたもの》

雪室さんは、山崎さんが、途中で『ウィークエンダー』やワイドショーの構成のほうに寄り道し、テレビ局は世代交代が激しいために、アニメの世界に戻った時にはもはや浦島太郎状態になってしまっていたと語っていたが、その指摘は正しいだろう。

山崎忠昭さんは、早稲田大学文学部演劇科を卒業しているが、卒論のテーマは「一九五〇年代のアメリカSF小説」というユニークなものだった。いわば〈元祖オタク〉というべきか。当時、翻訳もされていなかったロバート・A・ハインラインやフレドリック・ブラウン、レイ・ブラッドベリ、シオドア・スタージョンなどのペーパーバックを神保町の古本屋で大量に買いあさっていたと嬉しそうに語っていたのを憶えているが、恐らく、その卒論は担当の大学教授にはまったく理解不能だったのではないかと思われる。

山崎さんの奇想に満ちたアモラルな感覚については、さまざまな逸話が残されている。たとえば、『テレビの黄金時代』（文藝春秋）で、小林信彦さんは次のように書いている。

《山崎忠昭は奇妙なギャグを考える才能があり、のちに小川英と共同で小林旭映画の脚本を書いたが、コワいところもあった。日活でお盆映画を企画したとき、原爆の被爆者の亡霊ものを考え、ぼつになった。「それはまずいでしょう」と、ぼくが言うと、「まずいですかねえ?」彼は納得しない。コワいというのはそういう瞬間であり、おおむねは内向的な、静かな人物であった》

日本テレビの敏腕プロデューサーであった山口剛さんも山崎さんに興味を抱き、藤竜也主演のアクションドラマ『プロハンター』で、脚本を依頼し、プロットを提出してもらった時のエピソードを、「ジャズ批評」二〇一三年七月号「日本映画とジャズ」特集のインタビューで次のように語っている。

《ひとつは、鎌倉の奥に巨大生物を作っている秘密工場があって象のように大きなネズミと戦う奇想天外な話（笑）。もうひとつは、血統書つきの名犬がどんどん失踪する事件で、それはナチスの残党が自分たちの犬の価値を高めようとしている陰謀で、鎌倉の奥に巨大な犬の収容所があるって言う話（笑）。カメラが引けども引けども、何万頭の犬の収容されたアウシュヴィッツが延々と続いていているんです。たしかに話は面白いんだけど、「とても実現不可能です」って言ったら、「ちょっとトイレに行って来る」って言ってそれっきり帰ってこなくなっちゃって（笑）》

たしかに、山崎忠昭さんの書くものには、どこかモラルのタガがはずれた、刺すような〈毒〉と〈狂気〉が宿っていたような気がする。

日本テレビの伝説的なプロデューサー井原高忠がつくったバラエティ番組『九ちゃん！』に集まった三人の作家が、その後、朝日ソノラマからジュブナイルものをそれぞれ発表する。小林信彦の『オヨヨ島の冒険』、井上ひさしの『ブンとフン』、そして山崎忠昭の『悪魔がねらっている』である。小林、井上両氏は、これをきっかけにして本格的に小説の世界に進出し、大きな飛躍を遂げることになる。

いっぽう、山崎さんの『悪魔がねらっている』は、当時、井上ひさしさんが絶賛したと言われるが、あまり話題にはならなかったようだ。澁澤龍彦の『黒魔術の手帖』と『秘密結社の手帖』にインスパイアされたオカルト風味の恐怖小説で、巧みなストーリーテリングは、トマス・トライオンの『悪を呼ぶ少年』を彷彿させるものがあった。『悪魔がねらっている』は、数年前、まんだらけの店頭で、法外な価格が付けられていたのを見かけたことがある。

山崎忠昭さんは晩年、テレビの仕事もなくなり、ビルの清掃のアルバイトをしていた。時おり、幻聴に悩まされるらしく意味不明のことを呟く電話が深夜にかかって来ることが多くなった。私はときどき会っては一緒に酒を飲み、励ますことぐらいしかできなかった。

あれは、亡くなる数年前だったろうか、地下鉄サリン事件が起こり、オウム真理教の幹部が一斉に検挙された時期に、久々に山崎さんに会ったら、事件にまつわる参考試写で岡本喜八の『殺人狂時代』(67)を見た公安の人間が、こういうホンを書いた人物を不審に思ったらしく、突然、会いにやってきたと語っていた。

その時に、「こんなものを書いてみたんですけど、読んでみてくれませんか」と、B5判の用紙にワープロで打たれた小説を手渡された。

題名は『ルミよ　祈りて　闇なる邪悪を祓え』とある。

美少女ヒロイン、ルミが、ある日突然、超能力を授かり、真言密教を武器に巨大な悪と闘うという荒唐無稽なサイキック・アドベンチャー小説である。スティーヴン・キングの『ファイアスターター』と『風の谷のナウシカ』をブレンドさせたようなフシギな味わいがある。とくに大島渚の『少年』(69)を彷彿とさせるような、ヤクザな義父によって当たり屋をやらされている薄倖のヒロイン、ルミの哀切極まりない描写が強く胸を打った。

オウム真理教を思わせる邪悪な新興宗教組織が登場したり、『家畜人ヤプー』ばりの奇天烈で残虐なSMの描写があったり、まったく飽かせない語り口は、山崎忠昭の卓越したストーリーテラーとしての手腕をうかがわせるに充分である。

このグロテスクでイノセントなダークファンタジーの原稿は一部だけ私の手許に残されている。どこか奇特な出版社が、この異能の作家、山崎忠昭の幻の小説を世に出してくれないだろうか。

(13・08)

## 遅ればせながら矢島翠を追悼する

今年(二〇一一年)も数多くの映画人の訃報に接した。八月三十日には、矢島翠が呼吸不全で亡くなっている。享年七十九。ああ、また間に合わなかったという思いがこみあげてきた。実は、数年前から、矢島翠の映画エッセイ集をつくりたいと思っていたからである。新聞の訃報では、評論家の故加藤周一のパートナーであることばかりが強調されていて、名著『ヴェネツィア暮し』(平凡社ライブラリー)を始めとする彼女の優れた仕事について言及したものはほとんどなかった。まともな追悼文すら出なかったのではないだろうか。

矢島翠は『現代のシネマ・アントニオーニ』(ピエール・ルプロオン著、三一書房)、ルイス・ブニュエルの自伝『映画 わが自由の幻想』(早川書房)などの優れた翻訳者としても知られるが、私にとっては、なによりもまず、戦後最高の女性映画批評家であった。とくに、小川徹が編集長として辣腕をふるっていた一九六〇年代の「映画芸術」では、ほぼ毎号のように映画評論を書いており、どれも読みごたえがあった。

この頃の「映画芸術」については、三島由紀夫の次の評言が正鵠を得ている(「映画芸術」一九六六年五月号)。

《『映画芸術』という雑誌は全く面白い雑誌で映画をサカナにして、竹林の七賢人が、浮世離れのした高遠な議論を毎号やっている。浮世とは低俗なる大衆であり、その低俗なる大衆の無意識の部分を、知的に、あるときは社会科学的に分析して、とんでもない結論をみちびき出す。その結論がとてつもなく面白い。世間で悪評高く大コケにコケた映画がここでは傑作の折紙をつけられたりする。なまぬるい良識派の映画批評や、平和主義と見せかけながら政府の文化政策のお先棒をかついでいるような映画批評は、ここには見当たらない》

恐らくは、小川徹自身の〈文芸コンプレックス〉のなせるわざでもあったのだが、六〇年代の「映画芸術」は、高名な文学者や哲学者、文芸評論家などによる〈局外批評〉が主流を占めていた。しかし、こうした〈裏目よみ批評〉の大半は、その悪しき〈政治主義〉ゆえに、今となってはほとんどが読むに耐えるシロモノではない。だが、矢島翠の映画批評には、そうした時代思潮には左右されない、しなやかな知性と批評精神が脈打っており、今読んでも、充分に刺激的なのである。なかでも、吉田喜重とミケランジェロ・アントニオーニについての論考はひと際優れている。

たとえば、私の手許にある「映画芸術」(一九六七年八月号)は「アントニオーニ　日本での9日間」という特集が組まれ、『欲望』(66)の公開に合わせて来日したアントニオーニに、吉田喜重がインタビューした記事が載っている。これは、かつて吉田喜重が書いたアントニオーニ論を矢島翠がフランス語に訳してアントニオーニに送ったところ、彼がとても秀逸な批評であると高く評価したことから実現したものである。

矢島翠には『出会いの遠近法　私の映画論』(潮出版社)という映画評論集がある。追悼の思いもこめて、ひさびさに読み返してみたが、黒澤明、今村昌平、大島渚から若松孝二までを視野に入れて、日本映画における〈母性信仰〉を批判的に検証した「勤勉な巫女たち」がやはり圧倒的だ。

アントニオーニと吉田喜重の映像には《女の視線によるエロティシズムが、どこかにふくまれている》という仮説から論をすすめる「現代映画にあらわれた性」も、フロイトや柳田國男の『妹の力』、吉本隆明の『共同幻想論』を自在に引用しながら、まったく晦渋を感じさせない平易な語り口で、映画におけるセックスの主題を深く追求している。

なかでも「思慕のながれ――フランソワ・トリュフォの世界」は、トリュフォーの映画における〈女の顔〉へのオブセッション、そして《トリュフォの描く弱い男たちは（……）〝棄てられた少年〟の遠い記憶を、その内部にもっている》という指摘には深く啓発させられた。

「そして何も変わらなかった――ジョセフ・ロージーの世界」も、赤狩りでアメリカを追われたロージーの〈独特の女性嫌悪〉を読み解きながら、傑作『恋』（71）を周到に分析したくだりには感嘆させられた。ひさびさに達意の日本語によって書かれた批評を読む悦びというものを味わった気がする。

そういえば、幼少時から矢島翠と親交があり、名文家として知られた須賀敦子は『ヴェネツィア暮し』の解説の中で、《対象を忍耐ぶかくじっくり見定める著者の、まれな教養と素質が、爽やかな理性に支えられてどの章にも光を放っている》と書いている。矢島翠の映画批評の魅力は、まさに、《まれな教養と素質が、爽やかな理性に支えられて》いるところにあるのだ。

一度だけ、矢島翠と言葉を交わしたことがある。もう十五、六年ほど前になるが、ヴェネティア映画祭グランプリを獲った台湾の鬼才ツァイ・ミンリャンの『愛情萬歳』（94）が公開された時のことだ。配給会社のプレノン・アッシュから劇場用パンフレットの編集を頼まれた私は、ぜひ、矢島翠に作品評を書いてもらおうと思った。

というのも、急激な高度成長を遂げた台北を舞台に、高級マンションをセールスする若い女性の凄絶な孤独を描いたこの傑作は、〈愛の不毛三部作〉を撮っていた頃のアントニオーニを、否応なく思い起こさせたからだ。

たしか、試写の後でお茶にお誘いして、感想を尋ねた記憶があるのだが、その時に彼女が、開口一番言った言葉が忘れられない。

「アントニオーニじゃなくて、蔵原惟繕に似ているわね」

まったく意外な指摘だったが、考えてみれば、たしかにマレーシア出身で、台北に留学したツァイ・ミンリャンが描く無機的な都市景観、孤独な心象と、ボルネオで生まれた蔵原惟繕が『憎いあンちくしょう』や『野獣のように見えて』（ともに62）で追求した観念至上主義的な愛のモチーフ、自分の居場所をつねに〈異郷〉として眺めてしまう根無し草のような虚ろさ、コスモポリタンな感覚は、とても似ているという気がする。

結局、矢島翠には作品評は書いてもらえなかったが、その代わりに彼女を深く尊敬していた石原郁子さんが見事な批評を寄せてくれた。石原さんは、すでに『アントニオーニの誘惑　事物と女たち』（筑摩書房）を上梓していたが、たしか、この著作は矢島翠に捧げられていたはずだ。

その後、矢島翠は、フランス映画社の完成披露試写の際に、足元がおぼつかない加藤周一を支えるようにして一緒に見に来ているのを見かけたぐらいで、彼女自身、その頃はもはや映画について書くこともほとんどなかったように思う。

『出会いの遠近法』はすばらしい映画評論集だが、長篇エッセイが中心で、一九六〇年代の「映画芸術」に書かれた数多くの時評、作品評はまだ手つかずのままである。フェミニズムなどという言葉がまだ一般に認知されていなかった時代に、矢島翠は、〈女であること〉の甘えや虚栄を排し、自らの女性性を深く認識しながら、柔らかな批評言語を研ぎ澄まし、果敢に闘ったといえるだろう。

その業績を決して忘れてはならない。（11・12）

## ラディカルな映画史家としての竹中労

最近、新作『明日泣く』の公開に合わせ、内藤誠監督の書き下ろしのエッセイ集『偏屈系映画図鑑』（キネマ旬報社）を編集した。内藤監督の東映時代を中心としたメモワールだが、打ち合わせの際、竹中労がプロデュースした山下耕作監督の『戒厳令の夜』（80）のヨーロッパ篇を、実は内藤監督が撮る予定だったという話をうかがい、急遽、竹中労をめぐる思い出を書き加えていただいた。

というのも、近年、若松孝二の『時効なし。』、中島貞夫の『遊撃の美学　映画監督中島貞夫』（いずれもワイズ出版）といった映画監督の聞き書きによる回想録を読むと、プロデューサーとして関わった竹中労への激越な批判がなされ、長年のファンとしてはちょっとやり切れぬような複雑な想いを抱いていたからである。

伊藤大輔監督が撮るはずだった『祇園祭』（68）をはじめとして、竹中労が製作に関わった映画はなぜか必ずトラブルに見舞われるのである。恐らく、彼が夢想する、あまりに常軌を逸した映画製作へのロマンティシズムは、映画の現場というリアリズムの前ではもろくも潰え去ってしまう運命にあるかのようなのだ。

今年（二〇一一年）は、竹中労の没後二十年に当たる。最近、『KAWADE道の手帖・竹中労没後20年・反骨のルポライター』なるムックも出たが、今、若い世代にとって竹中労はどのようなイメージでとらえられているのだろうか。

私が竹中労の名前を初めて知ったのは一九六〇年代の終わり頃、「話の特集」に連載されていた「メモ沖縄」によってである。まだ返還前の沖縄に現地取材し、そのアメリカ軍基地に占領された生々しい実態を活写したアジテーショナルな文体にすっかり夢中になり、一時は、竹中個人が発行していた「蝶恋花通信」なる小冊子まで定期購読していたほどだ。

そして一九七〇年代に入ると、いよいよ「キネマ旬報」で渾身のライフワークともいうべき連載「日本映画横断」と「日本映画縦断」が始まる。竹中労のすべての著作のなかで代表作といえるのは『傾向映画の時代』『異端の映像』『山上伊太郎の世界』の〈『日本映画縦断』三部作〉と『鞍馬天狗のおじさんは――聞書アラカン一代』（以上白川書院）に違いないが、私は、一九七一年に始まった連載「日本映画横断」も竹中労の筆が冴えわたった傑作だったと思う。

第一回の「『儀式』と斎藤龍鳳の死」に始まり、「大川博の死と東映任侠路線」「無残なり佐藤重臣！」「黒澤明★一時代の終焉」「天使の〝誤爆〟をめぐって」「『夏の妹』と創造社」「大島渚を撃つ！」といった刺激的なタイトルを並べただけでも、一九七〇年代初頭の映画界の混沌とした状況が浮かび上がってくるかのようだ。

とくに『儀式』（71）のカンヌ出品問題をめぐって大島渚をゴシップ風におちょくった映画評論家の佐藤重臣を「このあわれな糞袋、佐藤重臣よ！」などと最大級の罵倒を浴びせながら、ユーモラスに笑殺しきった竹中ブシには、爆笑してしまった記憶がある。

一方で、盟友であったはずの大島渚が『夏の妹』（72）で沖縄を矮小化して描いたために、筆鋒鋭く批判し、さらに訣別にいたるまでが、刻々と毎号、誌上でドキュメントされるのである。それは、まさに〈ケンカ屋・竹中〉の異名をとる竹中労の真骨頂であった。

この白井佳夫編集長時代の「キネマ旬報」は、ほかにも山田宏一の「シネ・ブラボー」、小林信彦の「架空シネマテーク」、渡辺武信の「日活アクションの華麗な世界」などの滅法面白い連載が目白押しで、毎号、狂喜しながら読んでいたものである。

ところが、一九七七年、当時、「キネマ旬報」のオーナーであった大物総会屋・上森子鐵《かみもりしてつ》が、突然、竹中を〈左翼過激派〉と名指しして、「日本映画縦断」の打ち切りを宣言し、白井佳夫も編集長を解任されるという事件が起きた。いわゆる〈「キネマ旬報」事件〉である。

竹中労は上森子鐵を相手取って裁判に持ち込み、一九八七年にはようやく和解に至るのだが、その間、竹中が映画について書く機会はめっきり減ってしまった。一九八〇年代に入ってから不定期刊の映画雑誌「ムービーマガジン」に、竹中労の「映画街縦断」という連載が始まった。今、手許にあるバックナンバーを眺めると、竹中の〈さようなら「上板東映」〉という長篇レポートが載っている。この今や伝説となっている東京・上板橋の名画座にはずいぶん通いつめたものだが、ゲストによるシンポジウムが付いたオールナイト上映会が名物だった。私もこの上映会で竹中労の苛烈極まりない怒号が舞台で飛び交う光景に、何度か立ち遭っている。

その後、竹中労が、私の視界に大きく浮上してくるのは、一九九〇年代に入ってからのテレビの深夜討論番組においてである。当時、すでに肝臓がんに冒され、余命数か月と宣告されていた竹中労は、さまざまな時局的なテーマについて熱弁をふるったが、かつての声高で過激な挑発的言辞は鳴りをひそめ、まるで孤高の名僧の説法を聴いているような静かで説得力のある語り口にすっかり魅了されてしまった。

そんな時、ふと竹中労に編集をしていたビデオ雑誌に映画のエッセイを書いてもらいたいという衝動にかられた。テーマは内田吐夢と決めていた。「日本映画縦断」シリーズが頓挫してしまった後、竹中労が最後に準備をしていた映画の本は『内田吐夢・評伝』だったはずだから。

原稿依頼をすると、竹中労は快諾してくれた。そして、原稿が出来上がると本人から電話があり、「もしよければ、テレビ討論のある夜にテレビ局まできてくれないだろうか、その時に、少し映画の話をしよう」と言ってくれたのだが、私の方でどうしても都合がつかず、結局、ファックスで送ってもらうことにした。

届いた原稿は「巨人、夢を吐く」と題された『妖刀物語　花の吉原百人斬り』（60）についての見事なエッセイであった。そして、レイアウトされた初校のゲラ（校正刷）が戻った時に、なによりも驚いたのは、言葉が行をまたいで「泣き別れ」しないように訂正し、少しでも活字が美しく整然と見えるように細心の配慮がなされていたことだ。この人は、こういう繊細な美意識の持ち主なのだとあらためて深い感銘を受けたのだった。

この原稿を受け取ってから三か月後、一九九一年五月十九日に竹中労は亡くなった。間違いなく、この美しいエッセイは、竹中労の映画に関する絶筆であるはずだ。

「キネマ旬報」のアクチュアルな連載「日本映画横断」、そして「ムービーマガジン」の「映画街縦断」をはじめ、竹中労が映画について書いた単行本未収録の数多くの原稿は未だに手つかずのままになっている。

これまでの旧弊な日本映画史を刷新してしまったラディカルな〈映画史家〉竹中労の業績を、今後、次の世代にどのように伝えていくのか。それは私のような同時代に彼によって多大な恩恵を蒙った者に課せられた責務でもあると思っている。

（11・11）

## 奥村昭夫、ゴダールに殉じたある映画的人生

書店で、『ゴダール 映画史（全）』（ちくま学芸文庫）を見つけた。七百ページを超えるボリューム、二千三百円という価格に一瞬、たじろいでしまうが、ついに、あの二巻本（筑摩書房）のゴダールによる独断に満ちた映画史の講義録が文庫になったのかという感慨を抱いた。と同時に、カバーの見返しの訳者紹介を見ていて、奥村昭夫さんが昨年（二〇一一年）亡くなっていたことを知り、とても驚いた。

奥村昭夫という翻訳者の名前は、ジャン＝リュック・ゴダールと切り離せない。私が初めて奥村さんの訳書を手にしたのは、一九七六年刊の『気狂いゴダール ルポルタージュ：現場のゴダール』（ミシェル・ヴィアネイ著）からだろうか。その後、奥村さんの訳編による大部の『ゴダールの全体像』（ともに三一書房）が出た。これは当時でも七千円以上はしたはずで、まったく手が出なかった。

奥村昭夫は、当時、すでに伝説の映画作家として知られていた。『世界に誇れる日本の芸術家555』（三上豊編、PHP新書）に西嶋憲生による簡にして要を得た記述があるので、引用しよう。

《奥村昭夫（おくむら・てるお）1943年福井生まれ。学生映画から登場し、60年代後半の自主映画・学生映画のなかで哲学的な映像作家として話題となった。東大仏文科在学中にサルトルの影響を受け、「アルトナの幽閉者」の舞台公演を企画するが実現せず、仲間とともにグループ「シネマ・ヴォワイアン」を結成、自主制作した16ミリ映画「猶予もしくは影を撫でる男」（67）が第1

回草月実験映画祭の最優秀作品賞を受賞した。続く「三人でする接吻」(68)、さらに35ミリ映画として劇場で自主公開された「狂気が彷徨う」(70)と、いずれも時代状況を寓意的に批判・告発するような映画であった。(……)》

一九七〇年代に自主上映会で、『狂気が彷徨う』を見たことがある。細部は忘れてしまったが、テナーサックスの高木元輝、ドラムの豊住芳三郎という稀代のデュオによる先鋭的なフリージャズが全篇に鳴り響いていた記憶がある。

そんな映画の印象もあり、奥村昭夫といえば、漠然と理論武装をした難解な気鋭の論客というイメージをずっと抱いていたのだが、八〇年代に「月刊イメージフォーラム」編集部に入って、ゴダールがらみの翻訳をお願いし、初めてお会いした時には、ほんとうに驚いた。まったくシャイで謙虚な方で、口数は少なく、かぼそい声でぽつりぽつりと話すのだが、よく聞き取れないこともしばしばであった。傲慢不遜、狷介不羈な孤高の芸術家といった趣きのゴダールとはまったく対照的な誠実さそのものの佇まいなので、かえって強烈に印象に残っている。

一九八二年に二巻本の『ゴダール/映画史』を出したあたりから、奥村さんの怒濤の翻訳ラッシュが始まる。「六本木シネ・ヴィヴァン」のパンフレットに連載され、後に大幅に加筆してまとめられた『作家主義　映画の父たちに聞く』(リブロポート)は、フランソワ・トリュフォー、ジャック・リヴェット、ゴダールなどヌーヴェル・ヴァーグの映画作家たちが聞き手となり、ジャン・ルノワールやフリッツ・ラング、ヒッチコック、ロベール・ブレッソンといった映画史に屹立する巨匠たちにインタビューしたもので、蓮實重彥・武満徹による対談と並んで、このミニシアターのパンフの名物でもあった。

文字通り、圧倒的だったのは、アラン・ベルガラ編による『ゴダール全評論・全発言』全三巻

（筑摩書房）の翻訳で、ハードカバーで各巻七百ページを超え、三冊を揃えると二万五千円ぐらいになってしまうのだが、ゴダールの全軌跡を同時代的に併走し、完璧に日本語で再現しようとする奥村さんの仕事ぶりは、まさに鬼気迫るものがあり、ほんとうに頭が下がった。

奥村さんの翻訳はその丁寧な訳文もさることながら、詳細をきわめた訳註が読みどころでもあった。疑問点を洗い出す姿勢は徹底しており、その分、とてつもない時間を費やしたはずで、その苦労は並大抵ではなかったはずである。

さらに、この気の遠くなるような息の長い仕事をきちんと受け止める筑摩書房のような出版社が存在することも心強い。

そういえば、数年前、元筑摩書房の間宮幹彦さんから、ふたたび、奥村昭夫さんの翻訳による大部のゴダール本が出る予定だと伺ったことがあった。かつて季刊の映画誌「リュミエール」の編集実務を担当し、その後も「リュミエール叢書」で数々の名著を手がけた間宮さんは、私が最も尊敬する名編集者である。

吉本隆明、山口昌男、柄谷行人、蓮實重彥といった全くタイプの異なるクセの強い思想家、批評家から絶大な信頼を得ている間宮さんのような傑出した編集者は、今の筑摩書房にはもはやいないと思われる。現に、筑摩書房から刊行予定の蓮實重彥の畢生の大著『「ボヴァリー夫人」論』も間宮さんがフリーの立場で編集しているはずである（二〇一四年に刊行）。

ひさびさに、間宮さんに電話をして、奥村昭夫さんが亡くなった経緯や、ゴダール本のことをお聞きしたら、すでに奥村さんの翻訳チェックは終わっていて、校正作業に入っているのだという。その大著は、『ゴダール全評論・全発言』の編者でもあるアラン・ベルガラ編で、書名は『六〇年代ゴダール――神話と現場――』、本文六百九十四ページ、モノクロ写真図版八百十六点、カラー写真図版八十六点という豪華版である。間宮さんは、夏ごろには刊行できるのではないかとおっしゃっていた（二〇一二年に刊行）。

『六〇年代ゴダール』は、『勝手にしやがれ』（60）から『ウィークエンド』（67）まで、つまりゴダールの一九六〇年代の長篇映画の公開時の批評、ルポルタージュ、インタビューなどを網羅した決定版で、ちょうど、山田宏一さんが二〇一〇年刊行した『ゴダール、わがアンナ・カリーナ時代』（ワイズ出版）と対になるような本になりそうだ。

間宮さんが、『ゴダール全評論・全発言』全三巻の編集をしていた頃、「奥村さんは数千枚の原稿用紙が入ったリュックサックを背負って会社にやってくるんですが、そのリュックから机の上に生原稿の束を置くときにドサリと大きな音がして、周りがびっくりするんですよ」と嬉しそうに語っていたのが思い出される。

今回、ちくま学芸文庫に入った『ゴダール　映画史（全）』の元本である『ゴダール／映画史』は、間宮さんの前任者である淡谷淳一さんが担当で、『ゴダール全評論・全発言』は、定年退職した淡谷さんから引き継いだ仕事だった。そして『六〇年代ゴダール――神話と現場――』は、六年ほど前、すでに筑摩書房を定年退職していた間宮さんに奥村さんから企画が持ち込まれ、間宮さんが編集を担当しているのだ。こういう良質な筑摩書房の伝統も、いずれ、立ち消えてしまうのだろうか。

まさに、一九六〇年代後半という騒乱の時代に、アヴァンギャルドな実験映画作家として鮮烈にデビューした奥村昭夫さんが、どのような経緯で、ジャン＝リュック・ゴダールに深く魅入られ、その後半生を、まるで殉教者のように、ゴダールの著作の翻訳に捧げたのかはもはや知る由もない。今は、ただ、合掌あるのみだ。

（12・03）

## 映画狂のミステリー作家、小泉喜美子の思い出

ハリウッドを舞台にした傑作小説を三冊選ぶとすれば、ナサニエル・ウエストの『いなごの日』、スコット・フィッツジェラルドの『ラスト・タイクーン』（ともに角川文庫）、それにバッド・シュールバーグの『何がサミイを走らせるのか？』（新書館）を挙げることに異論はないだろう。

最近、必要があって、『何がサミイを走らせるのか？』を再読し、その訳者あとがきの小泉喜美子さんのマニアックな解説にほとほと感心させられた。小泉喜美子さんは都会的な洒落たミステリー作家として知られていたが、私は、むしろアーウィン・ショーをはじめとする英米の現代小説、ミステリーの優れた翻訳家として親しんでいた。なかでも、かつて植草甚一が「こんなにも謙虚な推理作家はいままでいなかった」と絶賛したP・D・ジェイムズの出世作『女には向かない職業』（ハヤカワ・ポケット・ミステリ）は名訳で、私のお気に入りの一作だった。

その『女には向かない職業』がかつて映画化され、日本で上映されたことがある。といっても一般封切りではなく、一九八二年、まだ焼失する前の京橋フィルムセンターの特集「現代イギリス映画の展望」での一度だけの上映だった。

当時、「月刊イメージフォーラム」の編集者だった私は、このきわめて珍しい作品を、ぜひ翻訳者である小泉喜美子さんに見てもらい、批評を書いてもらおうと考えた。

たしか、フィルムセンターで待ち合わせた際には、やはりミステリー通の映画評論家である渡辺祥子さんも一緒だったと思う。見終わった後で、三人で珈琲を飲みながら歓談した記憶がある。

残念ながら、映画の出来はイマイチだった。とくに小泉さんは、ヒロインのコーデリア・グレイの魅力がまったく描けていないことが不満だったようで、いただいた作品評（一九八三年二月号掲載）でも次のような鋭い指摘をしている。

《原作にはない子供の登場などもその一例だが、最たるものはコーデリアが妙な個人感情に負けてこの事件担当をオリたいと依頼主に申し出、そのあと、彼とベッドをともにするという挿話をつけ加えたのは珍。およそこんなことをする女性ではないというふうに描かれているところが原作の一番の特色なのに！（……）彼女がプロの（卵の）私立探偵としてあくまで冷静非情に事件に対処する立場でいながらなおかつ、女として、人間としての感情を投影せざるをえないところが映画では表現されていない。P・D・ジェイムズの描いたコーデリアの内面は単なる父性や異性への思慕ではなく、もっと大きな人間性に根ざした悲痛な怒りとでもいうようなものである》

小泉さんから原稿を受け取る際には、赤坂の自宅マンション近くのホテルのラウンジを指定された。午後もまだ早い時間だったが、ビール、そしてウィスキーを注文し、すでに赤ら顔でちょっと酔っている感じであった。ちょうど、内藤陳さんと一緒に住んでいた時期だったと思うが、酔うにしたがい、レイモンド・チャンドラーが生んだ私立探偵フィリップ・マーロウを自分の恋人のように連呼する半面、当時、ベストセラーが次々に映画化されていたある日本のミステリー作家を「××××あがりのつまんない奴！」と罵倒する始末で、こちらは、ただひたすら黙って拝聴するだけだった。

今でも思い出すのは、私が、当時、忘れられていた伝説の映画監督プレストン・スタージェスのことを話題にすると、眼を輝かせて、「小林信彦さんがよく書いているけど、戦後のあの頃は、小林さんだけじゃなくて、東京のオマセな高校生はみんなプレストン・スタージェスの『結婚五年目』と『殺人幻想曲』に夢中になったものよ！　友だちの河野基比呂がとくにすごく詳しいわよ、原稿を頼んでみたら？」と教えてくれたことである。あの頃、河野基比古はテレビ東京「木曜洋画劇場」の解説を務めていたが、映画音楽に強い映画評論家という印象だった。思えば、河野基比古は、小泉さんの前夫である生島治郎、そして小林信彦とは早稲田の英文科の同級生であった。

その後、小泉さんとお会いする機会はなかったが、時おり、編集部に電話がかかってきたり、出たばかりのエッセイ集『やさしく殺して』（鎌倉書房）を送ってくれたりした。その頃、生島治郎がベストセラー『片翼だけの天使』のモデルとなった風俗嬢と再婚したことがニュースになり、小泉さんが、その配偶者を差別的な物言いで非難する手記を女性誌に発表したため、生島治郎から絶交されたという話を伝え聞いた。当時、粋とソフィスティケーションを身上とする小泉さんらしからぬ振る舞いだなと思ったのを憶えている。

小泉喜美子さんは、ずっと生島治郎の影を引き摺っていた気がする。その後、内藤陳さんとも別れ、一九八五年、新宿のゴールデン街の酒場の階段から酔って転落し、脳挫傷を負って、意識が戻らぬまま急逝してしまった。享年五十一。

当時から、築地生まれのチャキチャキの江戸っ子で、銀座をこよなく愛した小泉さんが何故、もっとも似つかわしくないゴールデン街で亡くなってしまったのかといぶかしく思う人は多かった。

小泉喜美子という作家については、ふたつの優れたポルトレが残されている。

ひとつは戸板康二の『あの人この人　昭和人物誌』（文春文庫）に入っている「小泉喜美子の博識」で、生前、小泉さんを娘のように可愛がっていた戸板康二の深い愛情が伝わってくる滋味深いエッセイである。

もうひとつは、関川夏央のエッセイ集『水のように笑う』（双葉社）に収められた「あるミステリー作家の思い出」というスケッチである（関川夏央は、今のような居丈高な文芸評論家ではなく、初期の屈託した自虐的なコラムを書いていた頃が一番良い）。関川は、次のように書いている。

《彼女は東京人のわがまま、孤独、粋好み、華やかさへの傾斜、すべてを持っていた。男たちを愛したが、日常生活をともにいとなむのは不得手そうに見えた。マーロウに憧れ、いつもコートの広い背中に頬を押しあてていたいという感じがあった。しかし、酒の入った霧の夜にしかそのようなかりそめの充足はあり得ないのだ、ということも彼女は知っていたと思う。いつもどこかにかすかな不幸がちらついて見えるひとだった。酒と酒のもたらす数瞬の高揚に殉じたという気がした》

小泉喜美子さんの没後、『ミステリー歳時記』（晶文社）、『ブルネットに銀の簪』（早川書房）と続けてエッセイ集が刊行されたが、私が書いてもらった『女には向かない職業』の映画評は、たぶん、どちらにも収められていなかったと思う。

小泉さんが亡くなって十年後に、私はプレノン・アッシュ配給による「プレストン・スタージェス映画祭」の作品選びに関わることになったが、その際にも、ふと、彼女がもし生きていたら、『サリヴァンの旅』や『レディ・イヴ』についてどんな感想をもっただろうかと思わずにはいられなかったのである。

（13・01）

## 田中眞澄の遺稿集『小津ありき　知られざる小津安二郎』

今、映画・文化史家の田中眞澄《まさすみ》さんの遺稿集『小津ありき　知られざる小津安二郎』（清流出版）を編集している。今年（二〇一三年）は、小津安二郎監督の生誕百十年、没後五十年にあたるが、それに合わせて、小津研究の第一人者であった田中さんの小津に関する単行本未収録のエッセイをまとめたいと考えたのだ。

田中眞澄さんにはさまざまな逸話がつきまとっている。

私は、一九七〇年代の半ば頃から、焼失する前の京橋のフィルムセンターに通い始めたが、そのロビーには、必ずいつも長髪で、白いワイシャツ、草履ばき、という怪しい風体の眼光鋭い人物がいた。それが田中さんだった。

田中さんは、後年自ら好んで「フィルムセンター最多有料鑑賞者」という肩書を名乗っていたが、この呼称に何ら誇張はない。田中さんは、のちに「キネマ旬報」の連載「その場所に映画ありて」で、七〇年代のフィルムセンターに棲息していた常軌を逸した映画狂たちの生態を、自嘲を交えつつ諧謔たっぷりに回想していたが、その中心にいたのがほかならぬ田中さんだった。

その頃、新沼千春さんが編集していた映画ファンのガリ版の同人誌「ぴくちゃあ」で、「日本映画監督ベストテン」特集が組まれ、私も参加しているのだが、田中眞澄さんは一位に小津安二郎を選んでいた。「小津作品こそ、日本の〈近代〉の最大の達成なのだ」云々という記述があったのを憶えている。

フィルムセンターで一九八一年に開催された大規模な小津安二郎特集が連日、大盛況となり、八三年には蓮實重彥の『監督 小津安二郎』（筑摩書房）が刊行されて、〈小津ブーム〉は頂点を迎えた。当時、蓮實流の表層批評以外は野暮の骨頂のようにみなす風潮が蔓延する中、一九八七年、田中さんの最初の編著『小津安二郎全発言1933―1945』（泰流社）が上梓された。

田中眞澄さんは、以前から、日常生活のほとんどをフィルムセンターの映画鑑賞と古本屋巡り、国会図書館で古新聞、古雑誌を渉猟することに費やしているという伝説があった。その伝説がまさに真実であったことを物語るのが、『全発言』と『小津安二郎戦後語録集成　昭和21（一九四六）年―昭和38（一九六三）年』（フィルムアート社）という二冊の編著である。

さらに、ほぼ同時期に、「ユリイカ」の臨時増刊『監督　川島雄三』が出ているが、私は、巻末にある田中眞澄編「川島雄三関連文献目録」を眺めた瞬間、感嘆を禁じ得なかった。これほどまでに豊饒な資料は、気の遠くなるような時間をかけなければ精査できるはずがないからである。

その後、編著『全日記　小津安二郎』（フィルムアート社）を刊行し、文字通り、田中眞澄さんは、自他ともに認める小津研究の第一人者となった。文藝春秋の細井秀雄、照井康夫というふたりの映画狂の優れた編集者にも恵まれ、類い稀なエッセイストとしての貌を露わにし始めたのは、その頃からである。

私が田中眞澄さんと親しく口をきくようになったのも、たぶん、田中さんが、文春の雑誌「ノーサイド」で特集「『戦後』が似合う映画女優」を監修していた頃だったように思う。フィルムセンター、あるいは神保町や三軒茶屋周辺の古本屋でばったりと出食わし、そのままなんとなく一緒に安い呑み屋に流れるというケースがたびたびあった。映画の物書きは下戸か底なしの呑兵衛かに大別されるというのが、私の永年の持論で、われわれはまぎれもなく後者であった。

酒席でも、田中さんとは堅苦しい映画論などを交わした記憶はほとんどない。共通の知り合いをめぐる他愛ないゴシップやら、読んだ本の話などが多かったが、はっきり憶えているのは、ドナルド・リチーの評価をめぐってである。

田中さんはドナルド・リチーの『黒澤明の映画』も『小津安二郎の美学』（ともに現代教養文庫）も世評ほどには高くは買ってはいなかった。私も、ドナルド・リチーの本領は、それ以前に書かれた『現代アメリカ芸術論』、『現代アメリカ文学主潮』、『映画芸術の革命』の三冊にあると自論を述べると、田中さんは、我が意を得たりとばかりに、「じつは、『現代アメリカ文学主潮』は十代からの密かな愛読書で、この本で、天才女流作家カースン・マッカラーズの名前を初めて知って、夢中になって読んだんだよ」と嬉しそうに語っていたことが思い出される。

一緒に仕事をしたのは、私が編集した『昭和モダニズムを牽引した男　菊池寛の文芸・演劇・映画エッセイ集』（清流出版）のために「大衆文化としての菊池寛」という序文を書いてもらった時である。わずか四百字詰めで十五枚ほどのエッセイのために、菊池寛の長大な通俗小説を何冊も読破してしまう、その周到さには本当に頭が下がった。

田中さんは、私がつくってきた虫明亜呂無、山川方夫、武田泰淳などのエッセイ集を気に入っていて、自分もその種の雑文集を出したいという想いがあったようである。

私は、今回『小津ありき』を編集するにあたって、小津安二郎という映画作家を中心に据えながらも、田中眞澄という書き手の多様な側面をクローズ・アップしたいと考えた。そこで第一章では小津映画を戦争、家族、メロドラマなど幅広い視点でとらえたエッセイを集めている。第二章では小津の生誕九十周年の時に刊行された『小津安二郎映畫讀本』（松竹映像本部映像渉外室）の小津全作品解説を網羅し、巻末には、小津の助監督だった斎藤武市監督のインタビューを収めた。『小津安二郎映畫讀本』を編集した郡淳一郎さんによれば、田中さんは、「みんな、あの作品解説を読んでくれてないんだよ」と嘆いていたという。

巻頭の「『日本の家族』を描き続けた小津安二郎」という論考において、田中さんは《小津安二郎の描いた家族は、常に解体する》と断じている。この視点が、「小津全作品解説」をつらぬく通奏低音となっているのはいうまでもない。

「『東京暮色』複雑な情感が渦巻く上野駅」というエッセイで、田中さんは、北海道から上京、帰省する際に並んだ上野駅ホームの光景を『東京暮色』(57)と重ね合わせてスケッチしているが、こういう私的な回想はきわめて珍しい。

「長野日報」に連載された「小津安二郎と蓼科高原」も、小津と信州という風土を結びつけた卓抜なエッセイである。こういう微細な発見に富む、味わい深いエッセイは田中さん以外には誰も書けないだろう。

ドイツ映画祭のパンフレットに寄稿した「ルビッチュ、ルビッチ、そして小津――日本に生きたルビッチ映画」、フィルムセンターのニューズレターに載った「〈あいつはあれでいいんだ、儲かるシャシンは俺が作る〉――小津安二郎と清水宏の蒲田時代」といった長篇エッセイは、田中さんの博覧強記が存分に発揮され、見事なものである。

田中眞澄さんとは、ここ十年ほど、毎年、年末に新宿紀伊國屋ホールで澤登翠さんの活弁によるサイレント映画上映会を聴いた後、気のおけない映画仲間と居酒屋「犀門」での忘年会になだれ込むのが慣わしとなっていた。二〇一一年十二月二十九日の深夜、やはり、ほろ酔いの田中さんと新宿で別れたその数時間後、田中さんは急逝してしまった。

『小津ありき』は、これまでの小津を主題にした『小津安二郎のほうへ　モダニズム映画史論』(みすず書房)、『小津安二郎周游』(文藝春秋)、『小津安二郎と戦争』(みすず書房)とは、また一味違う、田中さんの小津へのアプローチを堪能できるエッセイ集になっていると思う。しかし、田中さんには、「文學界」に連載した「その場所に文学ありて」、「キネマ旬報」に連載した「その場所に映画ありて」を始めとして厖大な単行本未収録の原稿がある。いずれ私なりの視点で雑文家としての田中眞澄さんの魅力にスポットを当てられたら、と願っている。

(13・05)

## 白鳥あかねメモワールと池田敏春のこと

私が企画・編集した白鳥あかねさんの聞き書きの自伝『スクリプターはストリッパーではありません』（国書刊行会）がようやくできあがった。一九五五年、日活にスクリプターとして入社し、小林旭の人気を決定づけた「渡り鳥」シリーズをはじめとする日活アクション映画の黄金期から、神代辰巳、藤田敏八、根岸吉太郎らの才能が開花したロマンポルノの現場を経て、ディレクターズ・カンパニーとの熱い共闘……と、戦後映画界の盛衰をみつめてきた白鳥さんのメモワールは、日活ファンのみならず日本映画ファンには必読といっておきたい。

本書には、今村昌平、浦山桐郎、長谷川和彦、曽根中生といった常軌を逸した型破りな映画人たちが続々登場し、産経新聞で書評を書いてくれた中条省平さんの表現を借りれば、《現場そのものがドラマチックな人間喜劇》の様相を呈するが、そのなかでも、ひと際、鮮烈な印象を与える人物が池田敏春である。

池田敏春は、ロマンポルノで復活した日活に一九七四年に入社して『天使のはらわた　赤い淫画』（81）、さらに、ディレクターズ・カンパニーの第一作『人魚伝説』（84）を監督したが、興行的に不入りとなる。その後、『魔性の香り』（85）、『死霊の罠』（88）などの秀作を撮り、ディレ・カンを離れた後は映画の他オリジナル・ビデオも数多く手がけるが、二〇一〇年、『人魚伝説』の舞台となった三重県伊勢志摩の海上で自死した。

白鳥さんは、本書で次のように語っている。

《私が池田の訃報を聞いたその日に、渋谷の名画座（シネマヴェーラ渋谷）でちょうど『人魚伝説』をやっていたんです。矢も盾もたまらず観に行って、涙がとまらなかったですね。でも観終ったら池田が死んだのも納得できたというか、こんな映画をつくったら、死ぬしかないのかなとも思いましたね。それほどすごい映画でした》

私も深く同意するが、今や、原発誘致問題などアクチュアルなテーマを内包するカルト・ムーヴィーとして高い評価を得ている『人魚伝説』も、公開時には賛否両論であったように思う。当時、熱狂的な擁護者ではシネセゾンにいた市井義久さんがひとり気を吐き、後に、キネカ大森で池田敏春特集を組んだ時など、私が在籍していた「月刊イメージフォーラム」に、連日のように来場を鼓舞するファックスを送ってきたことが思い出される。

というのも、『人魚伝説』が公開される直前、「月刊イメージフォーラム」の八四年四月号で、「日本映画への発言」という特集を組み、池田敏春監督のインタビューや『人魚伝説』の製作ノートを掲載していたからだ。

この特集では、八四年の時点で、一般映画、自主映画を問わず活躍中の若手監督二十人に抱負・提言を書いてもらったが、巻頭の『神田川淫乱戦争』（83）で商業映画デビューしたばかりの黒沢清と早大シネ研のエースとして絶大な人気があった山川直人の対談の組み合わせには、いかにも当時の時代の気分が反映されていると思う。この時、池田敏春は、原稿を書く時間がないというので、編集部に来てもらい、私が談話を纏める形になったが、初対面の池田監督は、終始うつむくような感じで人見知りが激しい方だなという印象を持った。

池田監督はこんなふうに当時の心境を語っている。

《（……）『人魚伝説』は単純に女が主人公で、いかに活劇として成立させるかということに興味があったんです。（……）現場でも、僕自身の自己暗示というか錯覚がスタッフや役者たちに伝わり、一種、別な表現を使えば〝共犯幻想〟というか、幻想を共有することで画面に熱気なり力が生じることはあると思うんです。今回の現場はそんなことを初めて感じさせてくれました。それと同時に自分の恥しさ、羞恥心みたいなことを強烈に意識させられましたね。（……）今度、角川で撮ることになった『湯殿山麓呪い村』は、『人魚伝説』と同じように〝殺戮〟が主題になるんですが、『人魚伝説』が、全篇、鮮血で真っ赤だったから、今回は血を一滴も見せない殺戮は可能か、ということを考えているんです》

七〇年代に一部で聖典のように読まれた『共犯幻想』（嗚呼、真崎・守！）というフレーズが自然に吐露されるのが、いかにも池田監督らしいと思える。

チーフ助監督・渡辺容大の手になる製作ノートも、四百字詰めで五十枚を超えるボリュームがあり、この伝説的な映画の過酷な現場が、実に活き活きと描かれていて読みごたえがある。この中に、白鳥あかねさんが創作し、撮影されたものの、編集段階で惜しくもカットされてしまった幻のシーンについての記述がある。

ヒロインのみぎわ（白都真理）とセックスした翌朝、心の葛藤を持てあましながら一人引き上げていく祥平（清水健太郎）が、客引き女と出会う場面である。シナリオではこうなっている。

客引き女　「あんさん燃えとんのやないの。もう一晩どないや。」
祥平　「女なんかもう顔も見とうないわ。」
客引き女　「あいにくやな、船着場はあっちやに。」
祥平　「この道は、どこ行くんか？」

客引き女　「坂上ったら墓や。」
祥平　「こっちは？」
客引き女　「どんづまりや。」
祥平　「どんづまり……け。」

清水健太郎が好演した不甲斐ない、地元の大立者の息子の末路を暗示するかのような秀逸なシーンだが、ちなみに、この客引き女を演じたのは、白鳥あかねさん自身だったそうで、これはぜひ見てみたかった！

最後に、池田敏春監督と会ったのは、一九九二年、私が「AVストア」の編集長時代で、パイオニアLDCが製作した『くれないものがたり』（プロデューサーは、今を時めく『この世界の片隅に』を製作した真木太郎さんだった！）のゼロ号試写をイマジカで見た時だった。赤江瀑の短篇の映画化で、修学旅行で京都を訪れた高校生が、妖しい香の世界に魅せられていく物語だった。スーパー16で撮られ、本来オリジナルビデオ作品としてつくられた作品だが、あまりに完成度が高かったために、劇場公開されたのではなかったろうか。

『くれないものがたり』は、京都の街の佇まいや、日本家屋、とくに障子の部屋や庭の灯籠が、突如、深紅に染まり、蠱惑的な幻想空間へと変貌する、鈴木清順ばりのケレンたっぷりの演出に瞠目させられた。とりわけ、ヒロインを演じた竹井みどりが優美に官能的に撮られていたのには感嘆した。そんな感想を伝えると、池田監督は照れたように苦笑するばかりだった。その直後に、竹井みどりにインタビューしたのだが、彼女も池田敏春の繊細な演出ぶりを称賛していた。

当時から、池田敏春といえば、血みどろの殺戮や暴力的な描写ばかりが取り沙汰されがちだったが、『くれないものがたり』は、綿密な色彩設計や日本的な情緒を画面ににじませる端正で正攻法の演出に唸った。思えば、『天使のはらわた　赤い淫画』の泉じゅん、『人魚伝説』の白都真理、そして『くれないものがたり』の竹井みどりにしてもすべて彼女たちにとって代表作といってよい。池田敏春は、なによりも女優を美しく撮れる監督であったことは特筆されねばならない。（04・05）

## 大島渚、あるいは〈強靭なセンチメンタリスト〉

今、大島渚監督のエッセイ集『わが封殺せしリリシズム』（清流出版）を編集している。

私は、ずっと以前から大島渚監督の書いたものを、ある視点でまとめてみたいという思いを抱いていた。

私が映画を意識的に見始めた一九七〇年代の初め頃には、大島渚はなによりも難解なアート・シアターを代表する映画作家であった。当時、地方に住む高校生にとっては、『絞死刑』『少年』『新宿泥棒日記』『東京战争戦後秘話』といったATGの大島作品は名のみ知るだけで、その映画を実際に見る機会はまったくなかった。だから、『儀式』も封切りでは見ていない。

その代わり、当時、朝日新聞に連載されていた「わが思索　わが風土」というコラムで大島渚が書いていた文章は愛読しており、スクラップしておいた。それゆえ、私にとっては、大島渚という名前は映画監督である前に、まず優れたエッセイストとして深く印象づけられたのだった。

この連載コラムは、ほかに武満徹、小田実、武田泰淳、吉田健一などの錚々たる面々が執筆しており、のちに朝日新聞社から単行本として出版されたが、たぶん、大島の単著には収められてはいないはずである。

この大島のコラムの第一回目には次のような気になる一節がある。

《私はふと、指折り数えてしまう。死ぬまでに、あと何本の映画をつくれるかと。私はあと一年で四十になる。五十までの十年間に十本。それから六十までに五本。六十から、いくつで死ぬかしらないが、割合長生きするつもりであと五本。合計二十本。しかしそれは甘い計算だ》

まさか、大島自身、一九九六年に脳出血で倒れ、その後、過酷な闘病生活を強いられることになろうとは想像だにしなかったであろうが、自分の映画作家としての将来を冷静に見通した予見的な文章である。

その後、私は、名画座や特集上映会で大島の全作品を追いかけるようにして見たが、当時、よく「西のゴダール、東の大島渚」と喧伝されたようなラディカルで難解、かつ政治的で前衛的な映画作家というイメージとは、やや異なる感想を抱くようになった。

私は大島渚作品でベスト三を選ぶとすれば、『愛と希望の街』『日本春歌考』『少年』を挙げたいのだが、とくにデビュー作『愛と希望の街』と『少年』は、硬質な抒情と強靭なセンチメントが溶け合った名作ではないかと思っている。

大島渚はデビュー当時から、戦後日本映画の苛烈な批判者として自らを位置づけ、先行世代を全否定するような言説を常に表明し続けていたが、その積極的な発言とは裏腹に、彼自身の資質の根底にあるのは、この〈センチメント〉ではないかと私は考えているのだ。

大島渚の初期の著作には『戦後映画・破壊と創造』『同時代作家の発見』（ともに三一書房）、『魔と残酷の発想』『解体と噴出』（ともに芳賀書店）、『体験的戦後映像論』（朝日新聞社）、といった挑発的な書名が目立つが、その中には、大島のセンチメントが滲むような秀逸なエッセイも少なからず含まれている。

二〇〇八年、四方田犬彦の編集で『大島渚著作集』全四巻（現代思潮新社）が刊行されたが、名高い「「眠れる獅子？・松竹大船」を批判する」「それは突破口か？――日本映画の近代主義者たち」といった論考がほぼ網羅され、〈戦後日本映画の革命児〉としての大島渚のイメージを補強する内容になっていると思われる。

しかし、今回、私がクローズアップしたいと考えたのは、このような人口に膾炙した〈強い、ラディカルな変革者〉ではなく、〈繊細で心優しいセンチメンタリスト〉としての側面なのである。

その大島渚のセンチメントがもっともあらわに表出されているのが追悼文である。

なかでも伝説的な〈武闘派の映画評論家〉として知られた斎藤龍鳳の追悼はこのうえなく美しい。

たとえば、次のような、独特の呼びかけるような調子には、その深い哀しみを帯びた〈声〉の所在がはっきりと感じとれるのだ。

《龍鳳よ。斎藤龍鳳よ。ぼくは確かに君の叫び声を聞いたよ。君の叫びは、ぼくたちの時代の無念さを伝えていた。映画批評などを書いて生きねばならなかった君の無念さを伝えていた。それは君が自分の生活を語った文章にあったような美しくも悲しい響きだった》

また、一九九三年六月に、くも膜下出血により急逝した盟友・川喜多和子さんの葬儀で読まれた弔辞も、あたかも慟哭するような痛切な〈声〉の響きが忘れがたい印象を残す。

私は、この斎藤龍鳳の追悼文と川喜多和子さんの弔辞こそは大島渚によって書かれたもっとも感動的な文章ではないかと密かに思っている。したがって、本書に、このふたつの追悼文を収めることは、当初から考えていたことである。

そして、本書の企画内容を夫人で女優の小山明子さんに説明し、ご快諾をいただいたのだが、電話で話している際に、小山さんが、ふと「そういえば、森川英太朗さんが亡くなった時に、大島が読んだ弔辞もとても感動的だったわ」とおっしゃった。

森川英太朗は、大島監督と同様に、〈松竹ヌーヴェル・ヴァーグ〉を牽引したひとりであり、武家社会の非合理を糾弾した時代劇『武士道無残』（60）を一本撮っただけで、映画界を去って行った伝説の映画監督である。

小山さんの言葉が気になって、その後、手を尽くしたところ、ご遺族と連絡が取れ、大島監督の弔辞を入手することができた。

私は、今回、初めて知ったのだが、森川英太朗と大島渚は京都二中の同級生で、野球選手としてならした森川は、大島監督の永年の大親友だったのだ。森川は大島から一年遅れで、松竹京都撮影所に入社し、大島が松竹退社後につくった創造社に一時、在籍していたが、その後電通に入り、最後は母校である慶應義塾大学で教鞭を執っていたのだ。

この森川英太朗の葬儀で読まれた弔辞は、活字化されるのは今回が初めてだが、やはり斎藤龍鳳、川喜多和子の追悼文に匹敵するような心を打つすばらしいものである。

大島渚は、その弔辞の最後で、森川英太朗が助監督時代に同人誌に発表した「壬生浪」というシナリオについて触れている。ちょうど、その前に『御法度』の最初の製作発表が行われたために、新撰組を描いたその幻のシナリオとの奇しき因縁に言及しているのだが、この弔辞を読んだ直後、同じ一九九六年二月に、大島渚はロンドンで脳出血に倒れるのである。

病魔に襲われる直前に書かれたこの感動的な弔辞を含め、単行本未収録の貴重な文章が数多く収められたこのエッセイ集は、大島渚の未知なる魅力が発見できるはずである。

（11・03）

『わが封殺せしリリシズム』は刊行後、二〇一六、一七年に中国と台湾でも翻訳出版された。

## 「ぼくの映画というのは、ぼくの悶えみたいな気がする」——大島渚追悼

二〇一三年一月二十一日、大島渚監督の通夜に行く。築地本願寺での映画監督の葬儀に出席したのは、二〇〇一年の相米慎二監督以来のことである。車椅子の鈴木清順、篠田正浩、山本富士子、山田洋次、北野武などの顔が見えて、さながら戦後の日本映画史を支えた映画人が一堂に会したような感があった。

その訃報以来、大島渚という映画監督の偉業については、さまざまな人がさまざまな視点で語っているが、ここでは、あくまで私が自分の眼で見た大島さんの印象、思い出を書いてみたい。

最初に大島渚監督の姿を見たのは、たしか、一九七〇年代の半ばごろ、当時、先鋭的だった自主上映組織「カトル・ド・シネマ」の最後の上映会が四谷公会堂で行われた時で、『儀式』の上映の後、大島さんをゲストに主催者側とのティーチ・インが開かれた。当時は『白昼の通り魔』『絞死刑』『日本春歌考』などの大島作品が名画座にかかることは稀で、ホールでの自主上映で見るほかなかったのだ。最初に主催者代表が、『儀式』を批判しつつ、なぜ最終上映に大島作品を選んだのかを説明したが、続く大島さんの激烈な反批判に、彼らはまったくグウの音も出なかったという記憶がある。

この時に、激烈でポレミークな論客・大島渚というイメージが、強く印象づけられたのだった。

次に、大島さんとじかに会ったのは、「月刊イメージフォーラム」編集部に入った直後の一九八

二年である。大島さんは『戦場のメリークリスマス』のクランク・インを控えており、ロケ地であるラロトンガ島に出発する直前に、編集部でロング・インタビューを行ったのだ。聞き手はダゲレオ出版代表の富山加津江さんと編集長の服部滋さんで、私は隅のほうでただ黙って聞き入っているだけであった。

この時は、さながら大島さんの独演会という様相を呈し、にこやかに、『戦場のメリークリスマス』が実現するまでの経緯を、ほぼ三時間、まったく淀みなく語っていた。このロング・インタビューは、『戦メリ』の公開時に出た増刊号「それでもまだ君は大島渚が好きか⁉」に収録されたと記憶するが、大島さん自身は、ゲラに目を通す機会はなかったはずである。

私は、テープ起こしをしながら、その発言が一言一句、まったく訂正する必要のない完璧な原稿として完成されていることに、ただ驚嘆するばかりだった。こういう稀有な人物は、私が知る限り、詩人の谷川俊太郎さんだけである。

このインタビューの際に、強く印象に残ったことがある。富山加津江さんが、大島さんの発言に反応して、ふっと笑ったのだが、大島さんが、突然、激昂し「笑うな！」と大声で叫んだのである。その場が、一瞬、凍りついたようになり、次の瞬間、大島さんは、なにごともなかったように、またにこやかに笑いながら、話し始めたのだが、あの一瞬の憤怒に満ちた一喝は、いったいなんだったのだろうと思う。それは、明らかに、『朝まで生テレビ』の視聴者を意識した上でのパフォーマンスである「バカヤロー！」発言とは次元が違う異様な迫力を感じさせた。

しばらくして、私は、『同時代作家の発見』に収められた「『仁義なき戦い』＝深作欣二」という卓抜な大島さんのエッセイを思い出した。

大島さんは、昔、アテネ・フランセ文化センターの全作品連続上映で、ある学生から、「ヤクザ映画を一回撮ってみたらどうですか」と質問された際、「その時私の体をつんざいた理不尽な怒りの記憶は、今も私のなかになまなましい」と書いている。そして、「それはどういう意味ですか」と語気荒く言い返し、激情に駆られて、その学生と言い合いになってしまい、最後には、「私はヤクザ映画を撮らないのではなく、撮れないのだ！」と強弁したままにもの別れとなった気まずい顚末を振り返っている。

当時、ATGとの提携による一千万映画の映画づくりに疲れ果て、なんらかの方向転換を模索していた大島さんにとって、その学生の質問は最大級の好意的な申し出であるかもしれないと、一応、理解を示しながら、しかし、と大島さんは次のように書く。

《あの時、私にはその好意がよくわかっていたのだ。しかしそれは好意であるだけに私の窮境へグサリと突き刺さるものだった。痛さに私は飛びあがったのだ。そして跳ねた。ありとあらゆる論理の鎧で身を守ろうとした。それはボロボロの新聞紙の鎧であったけれども》

私は、一昨年（二〇一一年）、大島渚とは、ラディカルな戦後日本映画の変革者としての貌とは別に、過敏で抒情的な資質を隠し持った芸術家であるという視点からエッセイ集『わが封殺せしリリシズム』（清流出版）を編纂した。しかし、さらに裏を返せば、大島さんは、その自ら封印した柔らかでリリックな部分に触れられると、制御しがたい理不尽な怒りが込み上げてくるという実にやっかいな映画作家でもあったのだと思う。

その後、大島さんには、一九九〇年に、「AVストア」の創刊号でもインタビューをしているが、その時には、ビデオ・レンタル全盛時代の映画作家の悲惨と不幸をユーモアたっぷりに語ってくれた。さらに、デビュー当時に熱烈に擁護した花田清輝や斎藤龍鳳のことを懐かしげに回想していたことなども思い出される。

小山明子さんは、大島監督の葬儀を伝えるテレビで、最後に大島さんが大好きだったお酒を唇にしめらせて飲ませたエピソードを語っていたが、私も一度だけ、大島さんと酒席をともにしたことがある。

あれは、やはり一九九〇年の真夏の暑い時期だったと思う。新橋にあるＴＣＣ試写室でヨリス・イヴェンスの『風の物語』（88）の試写があり、見終わると出口のところで映画評論家の松田政男さんに声をかけられた。そして、そのうしろには大島監督がいて、なぜか、三人でそのまま新橋のガード下の汚い居酒屋に流れたのだ。大島さんは洒落た絣の和服を着ていたが、当時、大島さんはテレビのワイドショーに出まくっていた時期だから、周りの昼間から酒を飲んでいる労働者風の男たちがびっくりしていたのをよく憶えている。

冷奴をたのみ、生ビールを何杯も飲み干しながら、見たばかりのヨリス・イヴェンスの新作をこき下ろす大島さんがなんとも痛快であった。ちなみに、この時は大島さんに奢っていただいた。

大島さんは、その生涯に数え切れないほどのインタビュー、発言を残しているが、私がもっとも強く印象に残っているのは、キネマ旬報社の『世界の映画作家6　大島渚』の中で、聞き手の読売新聞記者・林玉樹が、《同じ松竹大船育ちで、自己完結的な世界をつくる山田洋次に対して、大島さんは自分に不便なもの、夾雑物と格闘するタイプである》と指摘した上での問いかけを受けた、次の言葉である。

《一口でいうと、ぼくの映画というのは、ぼくの悶えみたいな気がする》

大島映画が甘美な自己陶酔とはほど遠い、独特の居心地の悪さ、挑発性を秘めているのは、見る者が、この大島さんの〈悶え〉に共振するせいなのである。

（13・01）

## 加藤泰を愛した女たち　あるいは袴塚紀子追想

先日、ラピュタ阿佐ヶ谷のモーニング特集「昭和の銀幕に輝くヒロイン・桜町弘子」で、桜町弘子のトークショーがあり、満員札止めの中、『車夫遊侠伝　喧嘩辰』(64)の上映ともに、加藤泰監督にまつわる数多の感動的なエピソードが語られたという。

桜町弘子といえば、加藤泰作品のヒロインとして、まず第一に挙げられる名女優だが、支配人の石井紫さんによれば、桜町さんは近所の高円寺にお住まいで、彼女の行き付けの喫茶店に、特集のチラシが置いてあるのを見つけて、度々来場されるうちにトークが実現したのだという。

桜町弘子さんは、近々、池袋の新文芸坐で始まる加藤泰特集でもトークをするらしい。これまで、あまり人前には出ない方という印象があったのだが、敬愛する加藤泰の映画を語り継ぐのだという、強い意志のようなものを感じる。

ここで、私は、ゆくりなくも、加藤泰の映画を心の底から深く愛したもうひとりの女性を思い出す。袴塚紀子《はかまづかのりこ》さんのことだ。

袴塚さんとは、一九七〇年代の終わり頃に知り合ったと記憶するが、当時、すでに仲間内の映画ファンの間では熱狂的な加藤泰ファンとして知られており、『明治侠客伝　三代目襲名』(65)を二十回以上見ているという伝説があった(彼女は熱烈な鶴田浩二ファンでもあった)。

袴塚さんは、その頃たしか、独立してプロダクション映芸を立ち上げた小川徹の「映画芸術」編集部にいたと思う。といっても、当時の「映画芸術」は経営的にも青息吐息な状態であったはずだから、給料をもらっていたとは思えないし、恐らくボランティアのようなものだったに違いない。

袴塚さんは、小川徹が好みそうな「女性が感じるロマンポルノ」みたいなイロモノ記事は一切書かなかったが、好きな監督の撮影現場ルポには必ず登場していた。むしろ、それを書くために「映芸」につき合っていたのではないかとすら思えるほどだ。

今、手許にある「映画芸術」のバックナンバーを眺めると、一九七七年の六・七月号には「特報！　十年の歳月夢の如し　目の当たり見た奇想天外！　清順演出の20日間」と題された彼女の鈴木清順の『悲愁物語』のレポートが載っている（これは数人の執筆者で書き分けたようだ）。

そして七七年の八・九月号が「加藤泰『陰獣』強行撮影の30日間」という『陰獣』のルポルタージュ、八一年二月号は「加藤泰『炎のごとく』ロケのぞき記」というレポートである。八五年二月号の「山下耕作　やくざ映画は復活するか」は、『修羅の群れ』の撮影現場での山下耕作監督へのインタビューが中心である（袴塚さんは加藤泰と同様、山下耕作の大ファンで、とくに『博奕打ちいのち札』（71）を熱愛していた）。

どれも、とても読み応えがあるが、たとえば、『炎のごとく』の現場ルポでは、一見、自分の思い入れを抑制した客観的な記述で現場でのやりとりを淡々と再現している。しかし、その合間、合間に監督や役者のインタビューが挟まれ、そこから菅原文太や佐藤允《まこと》たちの加藤泰作品への熱い思いや監督への深い尊敬の念、人間的な魅力といったものが実に生き生きと浮かび上がってくるのである。

一九八五年、加藤泰が急逝し、「月刊イメージフォーラム」でささやかながら追悼特集を組んだ。その際に、キャメラマンの丸山恵司、鈴木則文監督らの追悼文と合わせて、袴塚さんにはグラビアページを、加藤泰の映画の名科白の引用で構成してもらった。当時、まだビデオはそれほど普及していなかったから、ほとんど彼女自身の記憶に頼るか、シナリオからの採録だったはずだが、実際には、シナリオは参照する程度であったと思う。

たとえば『喧嘩辰』からは「俺ァな、何処でもいいんだ。この俺が俺のまんま、誰でもねえ、俺のまんまだ、真直ぐに生きていける所を探してやって来たんだ」という内田良平の泣かせる名科白が引用されていた(脚本・加藤泰、鈴木則文)。

『男の顔は履歴書』(66)からは「先生、これだけは信じて。私が愛したと言えるのは先生だけよ。サヨナラ」「マキ、マキ、何かが間違ってるよ。何かが間違ってるよ」という安藤昇と中原早苗の切なくなるような白熱したダイアローグが引かれている(脚本・星川清司、加藤泰)。

『三代目襲名』からは、「わかってくれ……阿呆な男や、しやけど、わいはそういう生き方しか出来へんねん」という鶴田浩二の苦い諦念に満ちた科白(脚本・村尾昭、鈴木則文)。

そして『みな殺しの霊歌』(68)からは、「だがな、俺には我慢出来ないんだ。お前達は寄ってたかって、一番キレイなものをメチャメチャにこわしやがった」という佐藤允の極めつけの科白が採られている(脚本・三村晴彦)。

こうやって、忘れがたい名科白を書き写しているだけでも、フツフツと加藤泰の映画独特の熱く迸るような情感のうねりが目に浮かぶようである。

『みな殺しの霊歌』は、マンションの一室でブルーフィルムを見ていた五人の有閑マダムが、集金に来たクリーニング屋の少年を部屋に引き入れて輪姦し、少年はショックのあまり投身自殺を遂げる。そして少年を弟のように可愛がっていた佐藤允が女たちを次々に惨殺していくのだ。この日本映画史上もっとも謎めいた畸形的なノワール・メロドラマの傑作については、袴塚さんとも何度か語り合った。

今でもふっとよく思い出すエピソードがある。袴塚さんは奈良女子大学の英文科出身で、卒論のテーマはたしかＪ・Ｄ・サリンジャーの『ライ麦畑でつかまえて』だった。そして『ライ麦畑〜』と『みな殺しの霊歌』を比較しながらふたつの作品がいかに同じものであるかを熱っぽく語って止まなかった。

イノセントなものを守ろうとする主人公ホールデン少年の潔癖なモラルを饒舌な独白体に仮託して表現したサリンジャーの永遠のロングセラーと、イノセントなものを汚されたことへの理不尽なドス黒い憤怒を描いた悪夢のような加藤泰の映画とは、一見、相反するかにみえて、双生児のように似ているというのが、彼女独自の見立てだった。

こういうユニークな視点で作品を読み取る力量があるのにもかかわらず、袴塚さんは、いわゆる映画批評に手を染めることはなかった。これみよがしに映画に託して安易に自己の思い入れを吐露することを極端に嫌い、ただの映画ファンであればよいといった潔い自己韜晦に徹しているフシもあった。

私が、最後に編集者として、袴塚さんと一緒に仕事をしたのは、一九九六年にキネマ旬報社から出たデイヴィッド・シップマンの『ジュディ・ガーランド』の翻訳である。

袴塚さんの語学力には定評があり、当時、ジョン・フォード関連の翻訳を一手に手がけていた高橋千尋さんが彼女に翻訳チェックを依頼していたのは有名である（彼女は熱烈なジョン・フォード信者でもあった）。ふたりの共訳である『映画のクォート事典　いつか、どこかで、このセリフ』（ハリー・ホーン著、フィルムアート社）でも、「袴塚さんに誤訳を逐一指摘された」という話を、高橋千尋さんから苦笑交じりに伺ったことがある。そんなこともあって、私は彼女にこの大部の評伝の翻訳を依頼したのだ。

『ジュディ・ガーランド』は、二段組み五百ページを超える大著だけに、翻訳作業は大変だったはずだが、輸入盤のジュディ・ガーランドのCDを何十枚も購入して、丁寧に聴き込み、この不世出の天才エンターティナーの生涯を追体験しようとしていた。

今、思い起こしても不思議なのは、訳者あとがきとプロフィールを書くことを拒んだことだ。なんとか説得してあとがきは書いてもらったが、プロフィールは載せられなかった。彼女の頑なまでの匿名への意思とはいったい何だったのだろうか。

その後、しばらく、袴塚さんとは会う機会はなかったが、数年前、突然、彼女の訃報が届いた。友人たちと遺品の整理をし、映画関係の資料は、神保町の矢口書店に一括して引き取ってもらったが、とくにフレッド・アステアの文献の厖大さには、思わずめまいがしそうだった。

二年ほど前だったか、酒席で関本郁夫監督が、ぽつりと「袴塚紀子は、映画に殉じちゃったのかなあ」と悲しげに呟いていたことが思い出される。一九七八年三月、今はなき伝説の名画座、上板東映で「関本郁夫の夕べ」と題された関本作品五本立てオールナイト上映のイベントがあり、袴塚さんはその司会を務めていたのだ。関本監督への偏愛も、恐らくは、彼が加藤泰の助監督を務めていたことにその理由の一端があったはずである。

加藤泰の映画は、永遠に語り継がれるだろうが、決して安寧ではなかったその晩年の仕事をまるで私淑した弟子のように克明に記録し続けた袴塚紀子というひとりの女性がいたことを永く心に留めておきたいのだ。

（12・06）

# あとがき

やはり、まずはこのあまりに〈後ろ向き〉過ぎるかもしれない、フシギな本の成り立ちについての弁明から始めたいと思う。

五十代も後半にさしかかった頃だろうか。だんだんもの忘れがひどくなる一方で、はるか昔、見たことや聞いたこと、あるいは出会った人物などがふいに鮮明に記憶の底からよみがえってきたりすることが多くなった。映画でいえば、二、三日前に試写で見たばかりの新作はきれいさっぱり忘れてしまっているのに、数十年前に一度しか見たことのない作品のあるシーンの断片がはっきりと思い出されたりするのだ。

ちょうど、そんな時期に、私がフリーランスの編集者となって以後、ずっと単行本の編集を手がけてきた清流出版から、社のホームページを作ったので、なにか映画にまつわる連載をやってみないかというお声がかかった。

月に二回のペースで、（四百字詰め原稿用紙で）七、八枚程度、内容は自由で、という依頼に、最初は戸惑った。時々、映画雑誌に批評らしきものは書いていたが、ネットのスペースを使って新作紹介をやるのもあまりに芸がなさすぎるという気がした。

さて、では、どうするべきだろう。

私はそれまで「スターログ日本版」「月刊イメージフォーラム」「一枚の繪」「AVストア」といった雑誌の編集者をやってきたが、その十数年の編集者生活で出会った人物、あるいはつくった書物、好きな作家、音楽家、俳優などをめぐっての回想ならなにか書けるのではないか。そんな漠然とした気持ちを抱えたまま、「高崎俊夫の映画アットランダム」が始まった。この連載は二〇一〇年の四月から始まって一四年の七月まで続いた。

その間に、高峰秀子、大島渚、若松孝二、原田芳雄、安田南、矢島翠、クロード・シャブロル、奥村昭夫、田中眞澄といった映画人の訃報に接し、中には個人的に親しかった人物もいて、この連載自体が一種のレクイエムのような趣きのものに変わっていった。

私自身、この連載は、毎回、備忘録のメモのようなつもりで楽しみながら書いていたのだが、次第に、意外な反響が聞こえてきた。

たとえば、「ドナルド・リチーのアンダーグラウンドな戦後史」を読んだ東京新聞の記者が、ドナルド・リチーが亡くなった時に追悼を頼んできたことがあった。「日活ロマンポルノ考　堀英三という映画記者がいた」を読んだ朝日新聞の記者が『一条さゆり　濡れた欲情』の記事を書くので話を訊きたいと言ってきたこともある。彼はこの取材のために、とうの昔に定年退職した堀英三にもわざわざ会いに行ったそうである。そして堀英三がこのコラムを読んで、しみじみとなつかしがっていたという話を聞いた時には、とても嬉しかった。

「色川武大のサブカルチャー・エッセイの魅力」は、色川武大の同名小説を原作とする内藤誠監督の映画『明日泣く』の劇場用パンフレットに転載されたりもした。

大笑いしてしまったのは、映画『ノルウェイの森』の公開時に、「ふたつの『ノスフェラトゥ』

あるいは村上春樹との映画談議」を読んだとおぼしきフジテレビの朝のワイドショーのスタッフが、これからクルーを出すので村上春樹について三十分ほど喋ってほしいと電話してきたことで、これは丁重にお断りした。

この連載が終わってからも、清流出版を通じて、読者からの手紙やメール、あるいは未知の編集者から原稿依頼がたびたびあったが、「あれはいつ単行本になるんですか」という問い合わせも少なくなかった。とくに物書きや編集者の友人にそう言われると、フリー編集者である私自身、未曽有の出版不況に喘ぐこの業界では、ネットの連載をまとめることがいかに至難の業であるかを身に染みて知っているので、曖昧な返事をするほかなかった。

ところが、この連載を本にしましょうという奇特な編集者が現れたのである。国書刊行会の樽本周馬さんで、樽本さんは、私が聞き手を務めた白鳥あかねさんの自伝『スクリプターはストリッパーではありません』の編集者でもある。私は、樽本さんと一緒に仕事をして、その綿密にして細心な仕事ぶりは瞠目すべきものであることを知っているので、今回は、大まかな構成を作ったあとは一切をお任せすることにした。

「映画アットランダム」は九十四回続いたが、本書にはそのうち七十二回分を収録している（各篇の末尾に掲載年月を記した。例：二〇一一年八月→（11・08））。ただし、「映画批評家としての淀川長治」だけは「キネマ旬報」に書いたものである。淀川長治というもはや伝説的な映画評論家に関しても私という一編集者から見たスケッチを残しておきたかったからである。

なお、原稿については記憶違いなどもあったので、すべてにわたって大幅に修正・加筆している。また、その後、新たに発見したこと、気づいたこと等は、本文の後に付記した。

書名に関しても樽本さんにお任せしたが、「祝祭の日々」とは、ゲラを読んだ彼が、年配者、私と同世代、そして若い世代が本書を読んで抱くであろう感慨はこういうものではないかというのが命名の由来だという。

私はすぐさまアーネスト・ヘミングウェイの『移動祝祭日』を思い浮かべたが、同時に連想したのは、佐藤重臣の遺稿集『祭りよ、甦れ！』（ワイズ出版）だった。この書名は、私が「月刊イメージフォーラム」の編集者時代に担当していた重臣さんの連載タイトルからとられている。

当時は、一九八〇年代半ばで、アングラ全盛時の「映画評論」編集長時代を重臣さんがなつかしげに振り返っているので、たかだか二十年前の六〇年代をこんなふうにノスタルジックに回顧してよいのかなあとやや反撥を感じたものだが、佐藤重臣さんの享年をすでに超えてしまった私自身が似たような心境になっているのだから、我ながら世話はない。

表紙カバーは最初、私のオールタイムベストの一本であるロバート・アルトマンの『ロング・グッドバイ』、ニコラス・ローグの『WALKABOUT　美しき冒険旅行』のスチールも考えたが、結局、プレストン・スタージェスの『サリヴァンの旅』でいくことにした。配給会社プレノン・アッシュがスタージェス映画祭を企画した際、これだけは絶対に入れてほしいと進言したのが『サリヴァンの旅』だった。男装のヴェロニカ・レイクの魅惑、甘い感傷と乾いたスラップスティックの精神が混淆したこのスタージェス喜劇を私はずっと偏愛しているのである。

前見返しには、昨年十月、百歳で亡くなったダニエル・ダリューへの追悼の思いを込めて、マックス・オフュルスのオムニバスの名作『快楽』の第二話「メゾン・テリエ」のもっとも好きなワン・シーンを使った（後見返しは第三話「画家とモデル」のシモーヌ・シモン）。

ダニエル・ダリューはオールド・ファンの間では〝白痴美〟などと形容されるが、私は、彼女の知性と美しさが真に輝いたのは、マックス・オフュルスの『輪舞』『快楽』『たそがれの女心』の三本であると信じて疑わない。

最後に、改めて国書刊行会の樽本周馬さん、長年のコンビである装丁の西山孝司さん、そしてこの連載のそもそものきっかけを作ってくださり、映画本を中心に四十冊もの書籍を自由につくらせてくれた元清流出版株式会社社長・加登屋陽一さんに深い感謝を捧げます。

どうもありがとうございました。

高崎俊夫

二〇一八年一月二三日

著者　高崎俊夫（たかさき　としお）
1954年福島県生まれ。編集者・映画批評家。「スターログ日本版」「月刊イメージフォーラム」「一枚の繪」「ＡＶストア」の編集部を経て、フリーランスの編集者に。手がけた単行本は『ワイルダーならどうする？　ビリー・ワイルダーとキャメロン・クロウの対話』（キャメロン・クロウ／宮本高晴訳）『ニコラス・レイ　ある反逆者の肖像』（ベルナール・エイゼンシッツ／吉村和明訳）『ロバート・アルトマン　わが映画、わが人生』（デヴィッド・トンプソン編、川口敦子訳、以上キネマ旬報社）、『オペラとシネマの誘惑』（三谷礼二）『わが封殺せしリリシズム』（大島渚、以上清流出版）、『無限地帯』（宇田川幸洋）『日活アクション無頼帖』（山崎忠昭、以上ワイズ出版）、『テレビの青春』（今野勉、ＮＴＴ出版）『ドキュメンタリーは格闘技である　原一男 VS 深作欣二 今村昌平 大島渚 新藤兼人』（原一男、筑摩書房）、『スクリプターはストリッパーではありません』（白鳥あかね、国書刊行会）、『ニセ札つかいの手記　武田泰淳異色短篇集』（武田泰淳、中公文庫）ほか多数。現在映画批評・書評・ルポを「キネマ旬報」「ジャズ批評」「CD ジャーナル」「映画.com」「産経新聞」「文學界」「サンデー毎日」などに寄稿。

編集協力　猪熊良子　桂彰成　小山明子　山川みどり

祝祭《しゆくさい》の日々《ひび》
私の映画アトランダム

2018年 2 月25日初版第 1 刷発行

著者　高崎俊夫
発行者　佐藤今朝夫
発行所　株式会社国書刊行会
〒174-0056　東京都板橋区志村1-13-15
電話 03-5970-7421　ファックス 03-5970-7427
http://www.kokusho.co.jp
印刷製本所　三松堂株式会社

ISBN 978-4-336-06248-2
落丁・乱丁本はお取り替えします。

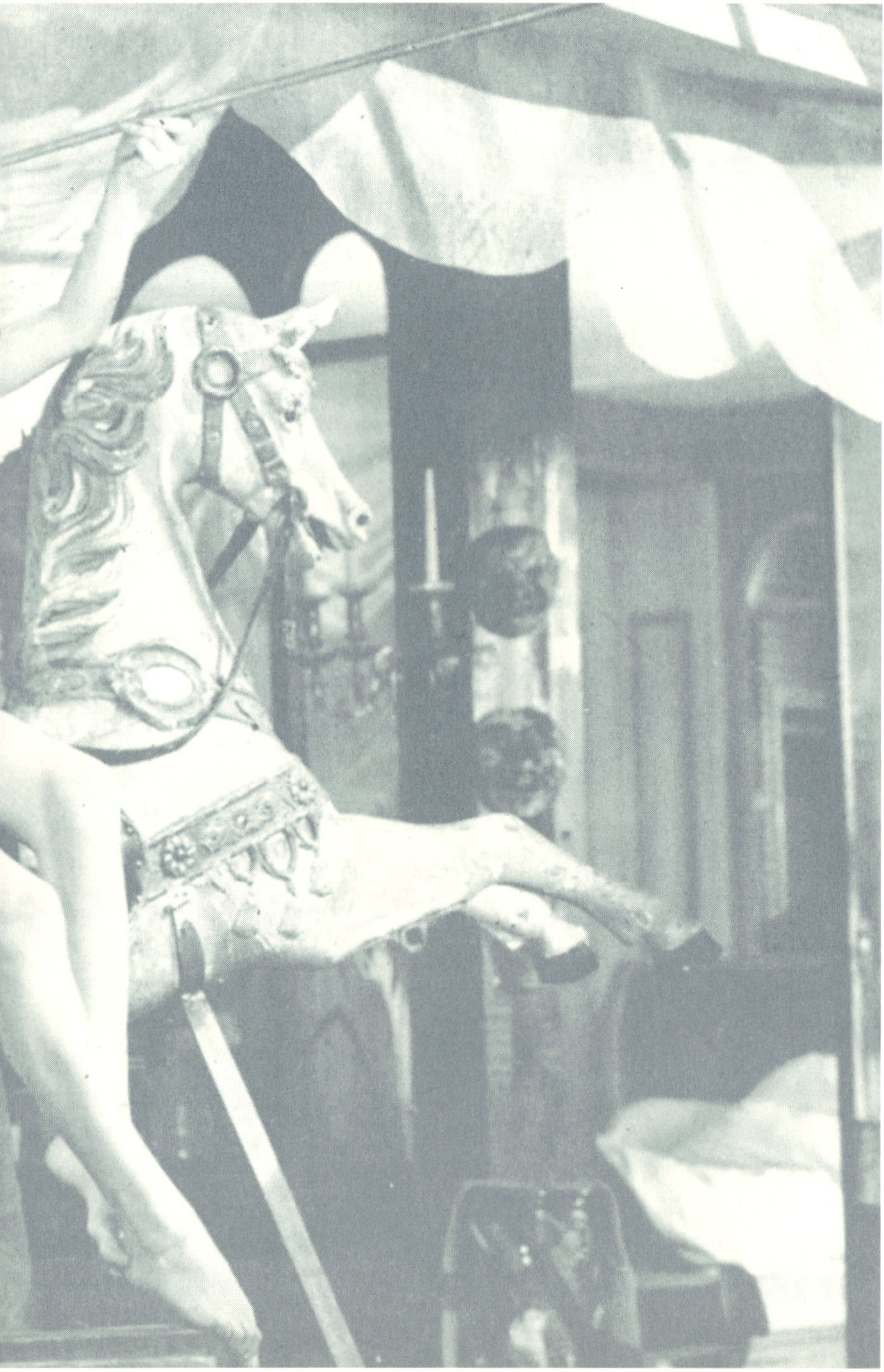